老年人防骗维权攻略

【第二版】

陈洪忠 赵雅薰 ◎著

中国法治出版社
CHINA LEGAL PUBLISHING HOUSE

序　言

　　截至2023年底，全国60岁及以上老年人口已达到2.97亿、占总人口的21.1%，其中65岁及以上老年人口2.17亿、占总人口的15.4%。① 我国人口老龄化具有老年人口规模巨大、老龄化进程速度快、应对人口老龄化任务重三个显著特征。随着老年人口的日益增多，涉老案件数量呈上升态势，老年人在民间借贷、交通事故、婚姻家庭和劳务合同纠纷等方面涉诉风险依然较高。② 中国银联发布的《2023年移动支付安全大调查报告》显示，77.7%的大龄群体收到过诈骗信息。电诈分子针对性实施虚假购物、虚假网络投资理财、刷单返利等类型诈骗，大龄群体中遭遇这三类诈骗方式的占比分别为32.4%、21.7%和21.1%，明显高于其他诈骗方式。③ 惊讶之余，想到自己曾经也被骗过两次：一次是被骗走了一部手机；另一次是好心帮助"来京迷路之人"吃饭和住

---

　　① 《党的二十届三中全会〈决定〉学习辅导百问》，学习出版社、党建读物出版社2024年版，第185页。

　　② 《中国老龄协会发布2023年度全国老年人权益保护典型案例》，载中国老龄协会网，https://www.cncaprc.gov.cn/gzdt/193932.jhtml，最后访问时间：2024年5月27日。

　　③ 《重点关注"一老一少"！77.7%大龄群体收到过诈骗信息》，载光明网，https://m.gmw.cn/2024-02/05/content_1303654367.htm，最后访问时间：2024年5月27日。

宿，结果被骗走100元。

老年人被诈骗已经成为一个值得关注的社会问题。一些诈骗分子甚至以诈骗为业，即便因此被多次定罪判刑，但刑满释放后仍然不断翻新诈骗手法，更加猖獗地作案。诈骗犯罪常导致老年人遭受重大财产损失，不仅其一辈子辛苦积攒的养老钱在一瞬间被骗走，甚至连其住宅也成为别人的"善意取得"，害得他们无家可归。

2018年，北京老龄法律研究会承担了全国老龄工作委员会办公室一项关于整理编撰全国一年内侵犯老年人案件的老龄法律研究任务，《老年人防骗维权攻略》（第一版）是该项目的副产品。

该书第一版于2019年9月面世。2020年5月，国家新闻出版署将该书纳入了《2020年农家书屋重点出版物推荐目录》，使更多的人有机会接触到本书。该书出版以后，得到读者的普遍好评，尤其受到中老年人的热烈欢迎。该书包含近200个大有启迪价值的戏剧性悲情故事，不仅可使读者对经常发生的25类诈骗行为有深刻认知，使其铭记在心，时刻提防被诈骗，还可使其通过学习相关法律知识，积极与犯罪行为作斗争。

转眼间，《老年人防骗维权攻略》一书已经出版面世四年多了，看过该书的老年人已经为自己筑起了防骗的"铜墙铁壁"，书中揭露的诈骗预谋已无法再近身滋扰。但是，仍然有25类诈骗行为在全国各地轮番上演，骗术形式层出不穷。为不断巩固守护老年人财产的防线，弥补其对于防骗意识认知的不足，应广大热心读者的迫切要求，我们产生了再版写作的冲动。

《老年人防骗维权攻略》（第二版）在保持了原版书整体框架的基础上，新增了近百个案例，在每一种犯罪类型中都增加了近三年新发生的典型案例，使全书剖析精选案例达近200个，既保持了案例的典型性和时代性，又使维权方略体系更加充实、生动和全面。同时，新增了对虚假广告、强迫交易和藏品诈骗类型犯罪的防范内容，这些都是近年来针对老年人发生较多的诈骗手段，新版更加注重建立健全全社会参与的老年人防骗体系。

本书的读者群体以老年人及其家人为主，同时还包括关注老年人的法学者、保护老年人权益的立法司法机关和其他社会主体。对老年人的子女而言，开卷有益，赠书也是一种孝老的表现，本书中的研究成果可以让家里老人免受意外的财产损失和精神打击。本书仍以案例研究破题，写作力求通俗易懂。本书深入剖析老年人被骗的各类社会原因，以防骗维权为探究方向，攻略部分内容丰富、亮点突出，每一节前的导读顺口溜，既是读前摘要，也是防骗口诀，可以让老年人看后轻松掌握防骗方略和维权途径，保护好晚年的平安幸福。对于不法分子犯罪行为的刑事定性，均在章节开头引言中进行了简单的介绍，阅读本书的老年人最好也能在该书的帮助下掌握这些相关的法律知识，以便了解相关犯罪的构成，更好地举一反三，提升防骗反诈意识。学习法律知识对于培养法律意识也很有意义，全民法律意识的提升对中国法治社会的建设大有裨益。

因为《老年人防骗维权攻略》（第一版）特别注重对2018年全年诈骗老年人案例问题的梳理和总结，其年度系统性非常强，对于相关研究具有很高的基础性作用，新版写作时删除的20多个典型案例也是非常宝贵的，原版书籍与新版虽然内容有重叠，但仍然有其独立的价值。

本书与2021年中国法制出版社出版的《民法典时代如何立遗嘱》一书都是老年人维护自身人身权、财产权的必备普法工具书和身边的当代故事会，希望它们能成为老年人的自卫之盾。

是为再版序。

北京老龄法律研究会常务副会长兼秘书长　陈洪忠

2024年11月

目　录

第一章　生活中如何避免受骗上当 / 001

第一节　投资收益可练，不要背着家人 / 003

第二节　一生节俭持家，不可贪图便宜 / 010

第三节　养老金靠积累，行歪门反蚀米 / 017

第四节　戏法艺术欣赏，生活岂能依靠 / 025

第五节　健康人人追求，帝王屡栽"捷径" / 031

第六节　治病特效秘药，不忘信息辨伪 / 039

第七节　馅饼天降别信，不陷"丢包"圈套 / 048

第八节　戏剧场景乱真，当心预谋骗局 / 057

第九节　好友搓麻利智，老千反而被骗 / 064

第十节　信仰调养心态，迷信往往害己 / 075

第二章　如何避免成为经济犯罪的受害者 / 083

第一节　存银行最保本，沾非吸折大部 / 084

第二节　"投资""养老"兼顾，"两不误"型非吸 / 091

第三节　最美丽之言辞，阴险集资诈骗 / 100

第四节　合同法律文件，成为诈骗工具 / 111

第五节　不觉中被洗脑，非法传销害人 / 128

第六节　使用假币诈骗，专挑老人下手 / 136

第七节　虚假广告宣传，贪心非法利润 / 146

第八节　恶势强迫交易，被骗陷入虎口 / 157

第三章　一般侵害老年人财产权的防范 / 167

第一节　寻求非分刺激，被盗被骗常伴 / 168

第二节　孤老无伴夜长，搭伴难，贼"牵挂" / 180

第三节　谋求国家补贴，实有招摇撞骗 / 192

第四节　密码泄露他人，财产瞬间失盾 / 203

第五节　势单力孤体弱，"两抢"小心提防 / 212

第六节　判断力相对弱，切莫轻信失财 / 219

第七节　孤守独居老人，谨防入室隐患 / 226

第八节　欺侮老人可耻，严惩敲诈勒索 / 232

第九节　非法行医误治，生命重要远离 / 243

第十节　藏品价格无常，梦想翻倍难圆 / 251

第四章　老年人维权途径 / 263

第一节　老年人权利概述及维权途径 / 264

第二节　律师的作用和如何聘请律师 / 280

第三节　社会组织在老年人维权中的作用 / 293

后　记 / 299

第一章
生活中如何避免受骗上当

一般，老年人群体可支配的资产相对较多，有一些老年人退休后不甘被社会"忽视"，总想有所作为；也有一些老年人比较看重小恩小惠；还有一些老年人阿尔茨海默病症状明显；更有具备以上综合"症状"的……因此，诈骗老年人财产，成为一些犯罪分子绞尽脑汁"钻研"的"课程"。

诈骗罪，是指以非法占有为目的，用虚构事实或者隐瞒真相的方法，骗取数额较大的公私财物的行为。

根据《刑法》[①]第266条的规定，诈骗公私财物，数额较大的，处3年以下有期徒刑、拘役或者管制，并处或者单处罚金；数额巨大或者有其他严重情节的，处3年以上10年以下有期徒刑，并处罚金；数额特别巨大或者有其他特别严重情节的，处10年以上有期徒刑或者无期徒刑，并处罚金或者没收财产。《最高人民法院、最高人民检察院关于办理诈骗刑事案件具体应用法律若干问题的解释》第1条第1款规定，诈骗公私财物价值3000元至1万元以上、3万元至10万元以上、50万元以上的，应当分别认定为《刑法》第266条中规定的"数额较大""数额巨大""数额特别巨大"。鉴于我国地域辽阔，同法第1条第2款规定，各省、自治区、直辖市高级人民法院、人民检察院可以结合本地区的经济社会发展状况，在前款规定的数额幅度内，确定本地区应执行的具体数额标准。第2条第1款规定，依法酌情

[①] 全称为《中华人民共和国刑法》，为表述方便，在不影响理解的前提下，本书在引用法律法规名称时，均省略全称中的"中华人民共和国"字样。

从严惩处的情形有：（1）通过发送短信、拨打电话或者利用互联网、广播电视、报刊杂志等发布虚假信息，对不特定多数人实施诈骗的；（2）诈骗救灾、抢险、防汛、优抚、扶贫、移民、救济、医疗款物的；（3）以赈灾募捐名义实施诈骗的；（4）诈骗残疾人、老年人或者丧失劳动能力人的财物的；（5）造成被害人自杀、精神失常或者其他严重后果的。

本章案例虽以典型诈骗罪作为分节基础，但不乏对于抢劫罪、盗窃罪的判定。这主要是基于犯罪分子在对老年人实施诈骗的过程中当场使用暴力而转变成的抢劫罪行，或是在诈骗过程中秘密窃取了老年人的财物，导致犯罪客体发生变化，因而才被认定为其他罪行。因为本书的读者群定位于老年人，所以尽量根据一般老年人认知的上当类型进行分节写作。

第一节　投资收益可练，不要背着家人

> 想老有所为可理解，"褚橙"横空世人羡。投资之前须谨慎，需要家人共协商。攀亲不是送温暖，十有八九为索财。高息回报是噱头，项目皆说有利图。子女多来嘘寒暖，关键时刻能把关。提倡社会多平台，能让老人有作为。

我们常把最开始锻炼做买卖的行为称作"练摊"。一些老年

人与社会接触的机会有限，退休后并不能很好地适应社会环境，表现为过于保守、不愿学习新知识、与子女存在明显的代沟、不愿意与子女沟通，许多老年人之所以被骗，就是因为其背着家人投资。

老有所为、积极养老，是一种健康的养老方式。2002年，74岁的褚时健与其妻子在云南省玉溪市承包荒山种植橙子，开始了其第二次创业。2012年，褚时健种植的"褚橙"通过电商平台开始售卖，由于"褚橙"品质优良，常被销售一空，褚时健也因此成为"中国橙王"。2018年，云南褚氏果业股份有限公司成立，由90岁高龄的褚时健任董事长一职，直至去世。[①] 所以说，老年人投资兴业不是不可以，但是经商如下海，如果我们没有经商经验的积累，"练摊"就应当尽量与子女交流沟通，听取晚辈的意见和建议。

◎ 典型案例

【案例1】钟某在某市经营保健品商铺，听闻有人以卖保健品的名义卖"原始股票"，在联系了所谓的"公司"工作人员并就利益分配达成一致后，召集包括被害人邓某、王某在内的众多老年人在其经营的商铺内开会，宣传所谓的"原始股"，称买股票送保健品，每股价格为3300元，购买即可参与分红。在此鼓

---

① 《从"烟王"到"橙王"：褚时健走了，享年91岁》，载上观新闻微信公众号，2019年3月5日发布，最后访问时间：2024年7月19日。

动下，邓某支付了 3300 元购买了一股，王某支付 9900 元购买了三股，二人均拿到了所谓的"股权证"。后钟某联系邓某，称可以帮助邓某把"股票"卖出赚钱，以需支付手续费、滞纳金、缴纳税款的名义多次骗取邓某钱款 12200 元。最终，钟某累计骗取 25400 元。钟某虚构股票买卖事实骗取钱财数额较大，被以诈骗罪追究刑事责任。①

【案例2】周先生在重庆工作，其双亲都居住在成都。周先生的父亲年事已高，已经退休多年。前段时间，周先生忽然听说其父亲竟然把家中的房子抵押了，并将房子抵押所得和老人的积蓄一共 83 万元全部给了开按摩店的胡某。得知此事的周先生心里十分不安，连忙赶回成都老家，向父亲询问此事。老人告诉周先生，自己是去盲人按摩店做按摩时听他们老板介绍了一个投资项目，老板声称资金只要投入 1 年半，就能获得连本带息超过 6 倍的收益，而且投入越多，收益越高。在胡某的不断游说下，老人最终动了心，瞒着家人偷偷把房子拿去抵押贷款，并通过微信和银行卡转账陆续把 83 万元全部交给了胡某。胡某承诺，这 83 万元在 1 年半后最少能获得 500 万元的收益。就这样，老人眼看着超过了约定的时间，却未能收到任何收益，因感到不安，才把

---

① 本书未明确标注出处案例为作者根据工作、研究经验，在实践过程中收集整理而得，并经编辑加工，仅为具体说明相关法律问题，供读者研究参考。

此事和盘托出。①

【案例3】被告人高某在为孟某提供房屋出租中介服务时与之结识，在此过程中高某逐渐取得了孟某信任，后二人结为干姐弟。2004年至2016年，高某以投资入股、合股做古董生意、资产被银行冻结需要活动经费为由，先后多次在某宿舍、某医院等处，累计骗取孟某50万元。

被害人孟某报案称："高某说有个姓杨的婆婆跟着他赚了五六万元。我料想他既然认我当姐姐，就不会骗我，所以给了他3万元作为投资，他当时就给了我几千元的回扣，这使我更相信他了。后来高某称他和一个中国香港人在香港路开了一家古董店，想邀请我入股做生意，我考虑了一段时间后，答应了他的邀请。一笔是2006年以投资做生意的名义，一次性给了3万元；2011年以后在某医院大概给了20万元。高某拿到钱后都没有写借条，我一直很信任他，他总说我是他姐姐，怎么会骗我？之后，他还威胁我说，如果我不配合，就一分钱也拿不回来。于是我就只能听他的，一次次地拿钱给他。后来我的子女发现放在我这儿的钱都没有了，他们就让高某过来将之前拿的钱算了一下，保守计算有50万元。"

法院以被告人高某犯诈骗罪，判处有期徒刑10年6个月，

---

① 《老人瞒着家人抵押房屋贷款做投资，83万1年半收益500万？》，载网易网，https://www.163.com/dy/article/DUJ2JVR50524DO15.html，最后访问时间：2024年5月24日。

剥夺政治权利1年，并处罚金人民币2万元。

◎ 防骗攻略

像褚时健这样著名的商业人士，其之所以能够在74岁时二次创业成功，不仅是因为其拥有相关经验，而且是因为其经营的是实体行业。我们许多老年人，以前或是知识分子，或是医生、工人、农民等，对商业风险知之甚少，往往在没有见到经营实体的情况下，仅出于对他人的信任就押上了自己的养老钱，结果就被骗了。

1. 在陌生行业下海，要让家人多参谋

许多诈骗分子都会先编造一套理由"稳住"老年人，并在诈骗过程中叮嘱老年人一定要瞒着自己的子女。例如，在"以房养老"案件[1]中，多半是因老年人瞒着子女"以房养老理财"而受骗的，直到房子被过户，新房主来强行收房，甚至老年人被赶出家门时，子女才知道事情的经过，但一切为时已晚。

投资有风险，这是真理。如果有某种投资稳赚不赔，那么它不是欺诈就是诈骗。[2] 老年人在投资兴业或者进行大额理财时，

---

[1] 参见《"以房养老"看似美，一不小心房屋丢》，载陈洪忠：《老年人权益维护案例精选与解析》，中国法制出版社2018年版，第255～274页。

[2] 欺诈，是指在民事活动中，故意以不真实的情况使对方陷入错误的认识，从而达到设立、变更或消灭一定民事法律关系的不法行为，但没有非法占有的目的；诈骗的主要表征是主观上具有占为己有的故意。

无论遇到多么冠冕堂皇的稳赚理由，都要让自己的子女来做参谋，许多骗术是过不了信息渠道较多的年轻人这一关的。

2. 子女要主动过问老年人的财产去向，这不是干涉，而是一种关爱

因两代人各自的经历不同，随着年龄的变化和时代的变迁，无论子女和父母的关系看上去有多么亲密，两代人之间的代沟都或大或小地客观存在着。

很多时候子女会觉得与父母无法沟通，甚至对消除代沟这件事感到绝望，进而以逃避的方式来避免争吵。其实代沟往往都是因为沟通较少，没能理解和包容彼此而造成的。我们要做到孝老，只有多拿出点时间慢慢和父母沟通，代沟之上才会架出畅通之桥。中年人、青年人的优势是一直与时俱进，而老年人则开始恋旧，越来越不敢尝试新东西。我们要时常回过头来引导老年人领略新世界的精彩，带他们去感受新时代的气息。

有差异才有代沟，只有交流顺畅了，老年人才愿意把自己的想法都说出来，也愿意把大项的财务开支及时通报子女，子女也就能较容易地帮其指出投资风险所在，当好老人家的"投资参谋"了。

有些子女不希望父母退休后再创业，一是担心父母劳累，二是担心父母承受不了风险。其实，老年人如果确实想创业，实现一回人生梦想，作为子女可以给予支持。只要有事情做，老年人就会感觉生活充实，身心才会更健康。

3. 社会应当努力为老年人搭建更多的创业平台

大多数退休老年人对于二次创业并不太感兴趣，他们只会想继续找一份适合自己的工作，既可以打发时间，又能有一份额外收入。在一些大城市，越来越多的城市志愿者都是由退休老年人担当的，他们为社会平安和秩序井然继续贡献着自己的力量。

但是，仍有不少老年人的确想去创业，只是被诸多困难所牵绊而不能实现。调查报告显示，2015 年，日本新创业人群中约 1/3 是 60 岁及以上的老年人，30 年前这个数字只是 8%。[①] 而我国目前的老龄化程度与 30 年前的日本基本相当。老年人是社会的宝贵财富，我们要为越来越多有创业需求的老年人提供一个良好的社会环境，构建一个科学的老年人劳动权保障制度体系，这既是对老年人应有的关爱，也是积极应对即将到来的全面老龄化社会的题中应有之义。

[①] 《支持老年人才创业 不是把老人都推向市场》，载央广网，https://www.cnr.cn/shanghai/xsl/20180715/t20180715_524301321.shtml，最后访问时间：2024 年 5 月 27 日。

第二节　一生节俭持家，不可贪图便宜

> 天上不会掉馅饼，贪图小利吃大亏。免费送的是套路，后续才是真陷阱。先交钱后退款，一副诱人好算盘。一旦钱财到了手，跑路以后没处找。其实骗局不高明，售后索票现原形。购物要去大超市，正规有序不出事。基层组织要给力，宣传多去偏僻地。防范工作做到位，就是敬老有作为。

许多老年人都是勤俭持家一辈子，但是难免有部分老年人喜欢占小便宜，会中"先付款后退款"即先套近乎后骗钱的招数。

这些骗子一般都会以超市活动、敬老公益等为噱头，表示会连续搞多日的活动，如5日或者7日。他们先是以便宜的商品先付款后退款，再逐渐变为买卖贵重物品。第一天付款时，大家一般还是会怀疑的，大部分人会先观望，但是由于付出金额很少，因此一小部分人也就购买了。等到第二天真的全款退还了，前一天买的东西白得了，这就使人半信半疑了，于是就又购买了一件新商品，昨天犹豫的老年人这时感到后悔了，参与的人也就明显多了起来。第三天，这件新商品的钱又全额退还了，这时老年人就真相信了，有的老年人还帮着骗子们宣传，这样就有更多的人排队购买贵重的物品……一旦骗子们认为得手了，他们就会逃之

天天。这类案件频发，骗子失约当日就会有不少人报案，尽管这些老年人恍然大悟，但为时已晚。

◎ 典型案例

【案例1】被告人郭某、王某在网上购买毛巾、洗发水、洗衣液、菜板及某高标识的空气净化器、电压力锅等，租用某酒店会议厅，冒充某高电器公司员工，以宣传产品搞活动为幌子，通过讲课宣传、发放礼品、选购产品后再全额退款等手段，使群众产生免费赠送产品的错误认识，进而骗取付某等7人共计16100元。被告人郭某、王某已退赔被害人付某、李某1、李某2、张某、闫某、程某全部损失并已取得谅解。法院分别以被告人郭某、王某犯诈骗罪，判处拘役5个月，并处罚金人民币5000元。①

【案例2】某日，被告人罗某、罗甲（罗某之子）伙同他人（另案处理）由罗甲驾驶轿车从武汉市某区至某村，四人携带大量传单、劣质眼镜、假银圆、决明子、鞋垫、牙膏等物品到某村，以"送眼镜、送银圆、送空调"为幌子进行诈骗活动。在某稻场，罗某担任活动主持人，宣传眼镜功效、讲授养生知识，免费发送红色卡片和绿色卡片、决明子、鞋垫等物品，用于骗取村民的信任，并推销移动空调，承诺当日只需支付210元，次日可送价值990元的空调一台，罗甲及他人负责登记、收钱、分发红

---

① （2020）豫0222刑初413号，载中国裁判文书网，最后访问时间：2024年5月28日。

色卡片和绿色卡片，骗取李某等77位老年人共计15410元。

法院以被告人罗某犯诈骗罪，判处有期徒刑10个月，并处罚金人民币15000元；被告人罗甲犯诈骗罪，判处有期徒刑8个月，并处罚金人民币10000元。

【案例3】 被告人李某、杨某等16人在重庆市多地，以某公司、某超市等厂家搞产品销售宣传活动为由，实施诈骗作案。被告人李某将上述人员分为4组，分别实施诈骗作案。在各小组中，一人负责主讲产品宣传，其他成员负责搭设场地、维持秩序、发放礼品等工作。诈骗所得钱款由李某在扣除各组成员工资（每日100元至200元）及其他成本后，由李某、杨某、许某及王某均分。具体作案方法为：

第一天，被告人李某、杨某、许某各自带领组员，到达不同作案地点。由主讲人（李某、杨某、许某）向村民宣称他们是某公司、某超市等厂家搞产品宣传活动的，活动时间为6日至8日，并开展现金兑奖活动，同时会给村民免费发放小礼品。之后，他们告知村民第二天会带新产品来做宣传，且依然有免费礼品相送及现金兑奖活动等。

第二天，被告人李某、杨某、许某各自带领组员又来到作案地点，先介绍电压力锅，之后拿出不锈钢盆，以10元的价格卖给村民，随后又把10元退给村民，并说让大家积极帮助宣传；接着开始卖电压力锅，并称数量有限，每台460元，同时给买锅的村民每人发1张友情回报卡，称明天将卡带来，会有回报给大家，且告知村民第三天会带来新的高科技产品，还会继续进行现金兑奖活动。

第三天，被告人李某、杨某、许某各自带领组员再次来到作案地点。先介绍多功能食品加工机，然后让前一天买电压力锅的村民拿出友情回报卡，并将460元现金退还给他们。接着开始"卖"多功能食品加工机，先让村民以10元或者20元买一张卡，再让他们凭该卡以450元价格"买"1台多功能食品加工机（进价160元，下同），再发1张友情回报卡。之后，告知村民明天将友情回报卡带来，依然有惊喜、有回报。在"卖"完多功能食品加工机后，有时会以每副100元的价格向村民"卖"眼镜（进价25元，下同），并谎称该眼镜有治疗白内障、老花眼等功能，同时也给"买"眼镜的村民每人发1张幸福卡，并告知明天把幸福卡带来，依然有惊喜、有回报。被害人因被告人之前的退款行为而误认为购买产品的钱款之后同样会返还，进而"购买"了多功能食品加工机、眼镜。但第三天活动结束后，李某、杨某、许某等人逃离了作案地点。

被告人李某、杨某、许某等人在此期间作案共计20起，共计骗取761名被害人购买多功能食品加工机633台、眼镜532副，涉案金额共计234710元。

法院认为，被告人李某、杨某、许某以非法占有为目的，虚构事实，隐瞒真相，诈骗他人钱财，数额巨大，其行为均已构成诈骗罪。故以被告人李某犯诈骗罪，判处有期徒刑4年6个月，并处罚金人民币 15000 元；被告人杨某犯诈骗罪，判处有期徒刑 3 年 10 个月，并处罚金人民币 12000 元；被告人许某犯诈骗罪，判处有期徒刑 3 年 2 个月，并处罚金人民币 10000 元。

【案例 4】被告人史某、高某等 9 人单独或结伙分别至多地，以商品宣传的名义，采取先发放宣传单及赠送小礼品的手段吸引群众关注，以交 300 元领一个电锅，第二天再退款、发红包及赠送礼品等为诱饵，诱使多名被害人购买商品，在收到货款后携款而逃。其中，被告人史某、岳某、史某甲共同作案 7 起，诈骗金额共计 30000 余元；被告人高某参与作案 2 起，诈骗金额共计 9000 余元；被告人岳某参与作案 5 起，诈骗金额共计 20000 余元；被告人韩某参与作案 5 起，诈骗金额共计 33000 余元；被告人陈某参与作案 4 起，诈骗金额共计 30000 余元；被告人宋某、张某共同作案 3 起，诈骗金额共计 12000 余元。

法院以被告人史某等 9 人犯诈骗罪，分别判处 1 年 1 个月以下不等有期徒刑，并分别处以人民币 6000 元以下不等的罚金。

【案例 5】2019 年 8 月至 12 月，被告人王某、刘某和罗某（另案处理）等人，采取欺骗手段推销某品牌净水机，以许诺先收款后退款但实际不予退还的形式，在河南省甲县、乙县等村，分别骗取刘某芳等 30 人购买净水机 30 台，金额共计 78000 元，多数被害人被骗时年龄均在 65 岁以上。

法院认为，本案诈骗行为分为两个阶段：第一个阶段是宣传造势，通过赠送礼品吸引群众围观，诱骗群众错误地认为可以免费获得礼品，交付的钱可以返还；第二个阶段是虚假宣传某品牌净水机的功能和价格，虚构可以免费安装某品牌净水机、安装后交钱再返钱的事实，赠送礼品、安装某品牌净水机的目的是骗取被害人的信任，所赠送的礼品、某品牌净水机是诈骗使用的犯罪工具，是实施诈骗犯罪的成本，被害人安装某品牌净水机是被欺骗后的被动接受行为，被害人因陷入错误认识而交付的钱款数额即被告人诈骗犯罪数额，犯罪数额不应扣除礼品及某品牌净水机价格。被告人伙同他人共同诈骗老年人财物且数额巨大，应依法从严惩处。判决被告人王某犯诈骗罪，判处有期徒刑10年6个月，并处罚金人民币30000元；被告人刘某犯诈骗罪，判处有期徒刑2年，并处罚金人民币5000元。①

◎ 防骗攻略

以上每个案件中的犯罪分子诈骗手法虽不尽相同，但都是先让老年人占点小便宜，正应了"占小便宜吃大亏"的古训。有报道称，一伙人以先交款后退款、免费送药为名，吸引了许多老年人纷纷参加活动，一些老年人甚至无视子女的劝阻。张先生的父母也执意要交几万元参加这一活动，张先生说服不了他们，只好带着父母去向记者求助……

---

① （2021）豫15刑终74号，载中国裁判文书网，最后访问时间：2024年5月28日。

1. 不贪小便宜就不会上当受骗

对于声称免费送药、赠送礼品、低价换取超值商品、先交款后退款的活动，对于那些过于热情、套近乎的推销人员，对于所谓免费体检、咨询、讲座的非正规社会组织的"公益"活动，老年人都要保持高度警惕。先给好处后骗钱，基本上成为此类诈骗犯罪的定律。无数案例证明，不贪小便宜就不会上当受骗！

2. 购物要尽可能到正规超市，购物须索要发票

从以上案件可以看出，该类诈骗案件被告人多选择没有大型超市的偏远地区，有的则是打着大型超市的旗号，以"促销"为噱头实施诈骗。俗话说，"跑得了和尚跑不了庙"。首先，购物应当去正规超市。不法分子一旦诈骗得手就会立马遁形，而正规超市、大型连锁超市一般不会凭空消失，市场监管体系也比较健全，诈骗犯罪难以进行。

其次，要查看举办活动的企业，要求活动方出示营业执照等凭证，去企业信用信息公示系统查询相关信息、企业的注册人和注册资本等。本书案例中就有打着已注销企业的旗号行骗的，这种诈骗形式只需经过简单查询就能戳破骗局。

诈骗分子一般无法开具发票，只要索要发票就会使之现出原形。而且，发票不仅可以用于记账、帮助理财，还可以在投保、作证时使用；电器之类的发票可作为保修凭证，购买到假货可以凭票投诉等。发票是证明购买商品价值的唯一证据，只有发票上

的价格才是最真实的价格。

3.各级政府部门和偏远乡村组织要做好宣传防范工作

笔者随机询问过一些老年人，他们都能确认这种类型的诈骗，并表示绝对不会上当。因为这种诈骗形式已经广泛存在了多年，基本话术也是万变不离其宗，只要防骗活动宣传到位，老年人一般就能自行识别，不会上当。上述案例中的被害人基本都是没有接受过类似的防骗教育，且思想上无戒备的老年人。

第三节 养老金靠积累，行歪门反蚀米

> 养老保险有规范，缴存积累是前提。贪图小利不划算，临时抱佛不能干。相信"能人"走捷径，行贿损财又害己。要享福利行正道，一切歪门不提倡。养老保障党重视，基本制度会跟上。

养老保险，全称是社会基本养老保险，是国家和社会根据一定的法律和法规，为解决劳动者在达到国家规定的解除劳动义务的劳动年龄界限，或因年老丧失劳动能力退出劳动岗位后的基本生活而建立的一种社会保险制度。党的二十大报告中指出，健全社会保障体系。社会保障体系是人民生活的安全网和社会运行的

稳定器。健全覆盖全民、统筹城乡、公平统一、安全规范、可持续的多层次社会保障体系。完善基本养老保险全国统筹制度，发展多层次、多支柱养老保险体系。实施渐进式延迟法定退休年龄。扩大社会保险覆盖面，健全基本养老、基本医疗保险筹资和待遇调整机制，推动基本医疗保险、失业保险、工伤保险省级统筹。促进多层次医疗保障有序衔接，完善大病保险和医疗救助制度，落实异地就医结算，建立长期护理保险制度，积极发展商业医疗保险。加快完善全国统一的社会保险公共服务平台。健全社保基金保值增值和安全监管体系。健全分层分类的社会救助体系。[1] 可见，国家对于养老保险的规范是十分严格的，对因各种原因没有缴存养老保险的老年人也都逐步有了相应的保障措施。

◎ 典型案例

【案例1】被告人刘某在某街道办事处药房内与被害人王某（66岁）、高某（65岁）夫妇二人攀谈，当其得知王某未能办理养老保险并深以为憾时，便谎称自己是劳动局工作人员，可为其办理养老保险。在取得被害人信任后，刘某以交费为由先后骗取王某、高某钱款共计18000元。之后，被告人刘某乘坐

---

[1] 《习近平：高举中国特色社会主义伟大旗帜 为全面建设社会主义现代化国家而团结奋斗——在中国共产党第二十次全国代表大会上的报告》，载中国政府网，https://www.gov.cn/xinwen/2022-10/25/content_5721685.htm，最后访问时间：2024年5月24日。

公交车时，又与被害人梁某（63岁）攀谈，谎称可帮其补交养老保险，在取得被害人信任后，以交费为由先后骗取梁某钱款共计6100元。

法院以被告人刘某犯诈骗罪，判处有期徒刑1年10个月，并处罚金人民币10000元。

【案例2】被告人黄某在某县与谭某结识，黄某谎称其认识领导能办理养老保险，骗取了谭某的信任。2017年12月，黄某以给谭某的丈夫牛某办理养老保险的名义骗取谭某83000元；2018年5月，黄某以给谭某的亲家朱某办理养老保险的名义骗取谭某的女婿徐某27000元；2018年7月，黄某以办理养老保险需要送礼的名义骗取谭某15000元；2019年7月，黄某以养老保险已经办好，拿保险本需要给人送礼的名义骗取谭某9000元。黄某共骗取他人钱款134000元。

法院以被告人黄某犯诈骗罪，判处有期徒刑3年，并处罚金人民币5000元。

【案例3】被告人汪某谎称其是某市副市长、某市纪委书记，以帮助被害人杨某家申请低保、办理养老保险为由，骗取杨某20000元。

法院以被告人汪某犯诈骗罪，判处有期徒刑5年，并处罚金人民币10000元。

【案例4】自2014年开始，被告人林某以能帮他人办理社会养老保险、低保为名收取他人办理费用，但其并没有办理社会养老保险、低保的能力，在收取被害人马某等人的费用后，为了掩盖事实真相，林某找他人制作假的"某省社会养老保险费（基金）专用收据"给部分受害人，并用自己诈骗获得的钱款支付部分先受骗的被害人，谎称是社保开支。林某作案共计83起，涉案总金额达281.464万元。

法院以被告人林某犯诈骗罪，判处有期徒刑14年，并处罚金人民币20万元。

【案例5】 被告人刘某原系某镇政府的保安人员。2019年11月至2020年6月，刘某对外谎称有关系可以办理养老保险、找工作、户口迁移等事项，以此骗取多名被害人的办理费用共计57.36万元，如2019年11月至2020年6月，刘某对外谎称有关系可以办理社保关系挂靠企业后的退休手续，办理后即可享受相应的退休金和职工医疗等待遇，且在支付费用后数月内即可实现上述待遇，还为此与被害人签订了书面协议，约定办理不成即可退费的条款，以此为由收取被害人办理上述事宜的代办费，从而骗取被害人李某16万元、何某6.5万元、夏某1万元、汤某3.5万元、邱某甲17万元、邱某乙23万元、谢某甲22万元、陈某12.35万元、谢某乙32.614万元……刘某在骗取上述被害人的办证费用后即挥霍一空，并未将其实际用于办理退休手续。

法院认为，被告人刘某的供述与被害人的陈述能够相互印证，证实刘某与被害人签订双方协议的目的是取得被害人信任后便于实施诈骗。刘某在无法为被害人代办退休相关事宜的情况下，并未按照约定来履行退费义务，反而将所骗取的巨额资金挥霍一空，印证了刘某非法占有他人财物的主观意图明确。法院以被告人刘某犯诈骗罪，判处有期徒刑11年，并处罚金6万元。①

【案例6】自2016年5月以来，被告人房某冒充某通讯公司河北省分公司暗访员、养老办主任的身份，宣称能够为没有工作的人员办理某通讯公司河北省分公司的养老保险。女性满55周岁、男性满60周岁后每人每月可领取2000元的退休金，未满年龄人员每月可领取500元的生活费。为了取得被害人的信任，房某组织被害人到某通讯公司各营业点拍照，到外地旅游，承诺办理退休手续后可享受报销取暖费、免费旅游等待遇，宣称办理养老保险后还可购买该公司位于海南等地的员工福利房，并将租借的本地高档小区房屋包装成某通讯公司福利房组织被害人参观。房某在收取"保险金"后，只向部分被害人按照约定支付了少量数额的"退休金"和"生活费"，之后便不再支付。截至2019年6月，被告人房某以代办养老保险为名诈骗100名有办理养老保险需求人员共计368.75万元，其中，房某除以发放"退休金""生活费"的名义向部分被害人支付78.4万元外，其余均用于个人消费等。此外，房某还以疏通关系"捞人"为名骗取他人16万元。

法院以被告人房某犯诈骗罪，判处有期徒刑13年，并处罚

---

① （2020）渝0106刑初978号，载中国裁判文书网，最后访问时间：2024年5月28日。

金 20 万元。[①]

◎ 防骗攻略

建立养老保险制度，为老年人提供基本生活保障，使其老有所养，既是社会保障的重要方面，也是应对人口老龄化的一项重要措施。

1. 养老金只能靠缴存积累，并无捷径可寻

因为养老保险是全民实施的，被保险人享受待遇的时间较长，费用收支规模庞大，所以全社会统一规则、统一管理和统一组织实施，要想通过正规渠道以外的方式取得养老保险是不可能的。如果有"能人"出现，那就一定是以占有为目的地虚构身份和能力，一旦相信，上当受骗就是必然的。

值得注意的是，如果老年人明知所给付财物是用来行贿的，受贿人因此被追究了刑事责任，那么所付出的财物是要被上缴国库的，自己还可能因犯行贿罪而被追究刑事责任。

2. 要养老金充盈需早谋划，避免临时"抱佛脚"

60 周岁以上的老年期，是我们每个"不夭折"的人之必经人生阶段。因此，即使你现在还很年轻，即使你还不算是老年人，对于养老金的准备也不能忽视。

[①] 《检察机关惩治养老诈骗违法犯罪典型案例（第二批）》之案例四，载最高人民检察院网，https://www.spp.gov.cn/xwfbh/wsfbh/202211/t20221109_592264.shtml，最后访问时间：2024 年 5 月 27 日。

新时代的最强音之一，就是追求美好的晚年生活。除了为基本养老金准备的社会保险要坚持长年足额缴存外，补充养老金也不可忽视，一定要早做准备。

补充养老保险包括企业年金、团体商业养老保险以及试点的个人补充养老保险产品。企业年金，是对国家基本养老保险的重要补充，又称为"企业退休金计划"或"职业养老金计划"。团体商业养老保险，即公司员工每年按一定的工资比例向保险公司缴纳保险费，保险公司为员工集体提供保障，包括预存管理年金保险、团体投资年金保险、团体延期年金保险、团体分红年金保险四种；前两项也被称为"企业补充养老保险"。个人补充养老保险产品，是指个人储蓄性养老保险，参保对象包括已参加基本养老保险，并按时缴纳基本养老保险费的与原单位签订协议保留社会保险关系后有劳动收入的人员、从事非正规就业的人员、在单位内办理待退休手续后有劳动收入的人员、经市劳动和社会保障局批准的其他人员。要求参加补充养老保险的人员，需携带本人身份证到就近的区县社保中心办理有关手续。

只有平时养老金准备充分了，人们进入老年期时心中才会踏实，才不会去临时"抱佛脚"，不法分子的这种诈骗预谋也就没有了可钻的空子。

3. 建立健全福利养老金制度

在案例6中，为了隐瞒其没有真正为他人办理养老保险的事实，被告人房某向部分被害人按照约定支付了少量数额的"退休金"和"生活费",制造已经给被害人办理养老保险的假象。

福利养老金制度,是指在我国基本养老金制度之外所设立的一种针对无保障老年人的福利制度。福利性养老金政策与我国现阶段倡导的适度普惠型社会福利相呼应,是一项适度普惠型的现金福利政策。由于种种原因没有缴存养老保险的老年人,如果有基本的养老保障,也会减少他们寻求非法途径解决养老资金的想法。

党的二十大提出"推动实现全体老年人享有基本养老服务"[1]。2023年5月,中共中央办公厅、国务院办公厅印发的《关于推进基本养老服务体系建设的意见》,是推动解决养老服务"急难愁盼"问题,实现老有所养的重要制度设计。[2]2024年《政府工作报告》提出,加大农村养老服务补短板力度。[3]2024年一号文件《中共中央 国务院关于学习运用"千村示范、万村整治"工程经验有力有效推进乡村全面振兴的意见》强调,健全农村养老服务体系,因地制宜推进区域性养老服务中心建设,鼓励发展农村老年助餐和互助服务;健全城乡居民基本养老保险

---

[1] 《习近平:高举中国特色社会主义伟大旗帜 为全面建设社会主义现代化国家而团结奋斗——在中国共产党第二十次全国代表大会上的报告》,载中国政府网,https://www.gov.cn/xinwen/2022-10/25/content_5721685.htm,最后访问时间:2024年7月9日。

[2] 《学习贯彻〈关于推进基本养老服务体系建设的意见〉系列谈③基本养老服务体系建设"怎么好"》,载民政部网,https://www.mca.gov.cn/n1288/n1290/n1316/c1662004999979993854/content.html,最后访问时间:2024年6月24日。

[3] 《政府工作报告——2024年3月5日在第十四届全国人民代表大会第二次会议上》,载中国政府网,https://www.gov.cn/yaowen/liebiao/202403/content_6939153.htm,最后访问时间:2024年7月9日。

"多缴多得、长缴多得"激励机制。①2024年5月，民政部联合农业农村部等部门印发《关于加快发展农村养老服务的指导意见》，首次在全国层面专门对发展农村养老服务作了总体性、系统性部署，为实施积极应对人口老龄化国家战略、乡村振兴战略，加强农村公共服务体系建设提供重要政策引导，为加快推进中国特色养老服务体系成熟定型奠定坚实基础。②可见，为了养老金而去冒险"补办"，得不偿失。

第四节　戏法艺术欣赏，生活岂能依靠

> 戏法背后有玄机，专找老人来"炫技"。障眼法中藏陷阱，涉及现金须当心。魔术戏法小伎俩，不被迷雾遮双眼。老有所学得真知，科学常识见长远。陶冶情操无厚非，莫将戏法当财道。精神充实不信邪，道高一丈破圈套。

老年人本应对客观世界有更加深刻的认识，可有的老年人却

---

①《中共中央 国务院关于学习运用"千村示范、万村整治"工程经验有力有效推进乡村全面振兴的意见》，载中国政府网，https://www.gov.cn/gongbao/2024/issue_11186/202402/content_6934551.html，最后访问时间：2024年6月24日。

②《民政部养老服务司有关负责人就〈关于加快发展农村养老服务的指导意见〉相关问题答记者问》，载中国政府网，https://www.gov.cn/zhengce/202406/content_6957141.htm，最后访问时间：2024年7月9日。

因相信"魔力"而犯一些低级的错误，甚至追求以"戏法"增加财富。还有一些老年人，稍不留神，钱财就被不法分子用障眼法给骗走了。一定要留心：街头戏法背后有阴谋！

◎ 典型案例

【案例1】 被告人阔某在某汽车站雇乘被害人张某的摩托车后结识张某，以购买土鸡共同分食、租赁房子等为由加深与张某的接触并取得其信任。当晚，阔某留宿在张某租住的住宅中，并在聊天过程中谎称其曾从他人处习得白纸变钱的能力。次日9时许，阔某借机向张某演示了白纸变钱的"戏法"，趁张某不备用调包的方式将3张百元面值的人民币替换成3张白纸，让张某深信其能使白纸变钱。后张某将23300元交由阔某变钱。阔某将款项装入黑色塑料袋中，要求张某闭眼并跪拜发誓不泄露此事，趁机用事先准备好的另一个装有冥币的黑色塑料袋予以调包，并将该黑色塑料袋交给张某让其放入自家的一个行李箱内。之后，阔某以需购买变钱的特殊纸张为由，将张某带至某超市附近，以需给卖纸人孙子红包、买烟等事由向张某索要1100元，后以需单独购买纸张为由趁机逃离。

法院以被告人阔某犯盗窃罪，判处有期徒刑10个月，并处罚金人民币25000元。[①]

[①] （2020）闽0982刑初128号，载中国裁判文书网，最后访问时间：2024年5月28日。

【案例2】被告人蔡某、黄某经过预谋，一人打着做生意、算命为幌子接近被害人并与其聊天，另一人利用卜算和变戏法的手段制造出将烟盒中的钱变多的假象予以配合，取得被害人的信任。之后，二人恐吓被害人家中会有灾难，并谎称其会作法消灾，让被害人交出财物装入烟盒中进行作法。在作法及交还烟盒的过程中，趁被害人不注意进行调包，窃取被害人的财物后伺机逃离。二人在多地利用该手段作案5起，窃取被害人陈某、傅某、兰某、王某、邓某的财物价值共计19864元，所得赃款二人平分。

法院以被告人蔡某犯盗窃罪，判处有期徒刑1年4个月，并处罚金人民币5000元；被告人黄某犯盗窃罪，判处有期徒刑1年，并处罚金人民币3000元。

【案例3】被告人叶某与邓某经密谋，通过搭讪将被害人苏某带到某村一在建楼房内，二人用事先准备好的道具，分工配合，表演少钱变多钱的把戏。苏某信以为真，便将16785.5元现金和一张银行储蓄卡交给叶某，请求叶某变出更多的钱。叶某趁机套取了苏某的银行卡密码，后趁邓某分散苏某的注意力时，用事先包装好的2袋食用盐将苏某的16785.5元现金及银行卡调包盗走。得手后，叶某分赃得现金6600元，邓某分赃得现金10185.5元，二人约定苏某银行卡中的钱归叶某所有。同日17时许，叶某通过ATM机（自动取款机）将苏某卡中的14700元盗走。苏某被盗金额共计31485.5元。

法院以被告人叶某犯盗窃罪，判处有期徒刑2年3个月，并处罚金人民币10000元；被告人邓某犯盗窃罪，判处有期徒刑2年，缓刑2年6个月，并处罚金人民币10000元。[1]

【案例4】 近年来，针对不法商贩骗取老人钱财的报道不少，由于每起犯案数额小、立案难，案发概率较小。例如，广州杨老伯的被骗经过如下：他在回家的路上买了一斤香蕉，但当他给商贩零钱时，商贩说："我零钱很多，要不你给一张100元的，我好找些零钱给你？"当时杨老伯并未多想，便从口袋中掏出一张百元大钞给商贩。商贩收钱后，找给杨老伯98元。但当杨老伯想把钱放进口袋时，商贩突然把钱夺了回去："不好意思，我数错了。"还没等杨老伯反应过来，小贩又把一沓已经卷起来的钱塞进杨老伯手中，便匆匆离去。杨老伯拆开一数，发现所谓的98元竟只有18元，即一张10元和8张1元的人民币。而等他反应过来时，商贩早已消失在街道中。

【案例5】 2018年12月5日，某派出所接到村民报案：8时许，一男子来本村小卖部内购买香烟，在付钱时以找零钱重复数钱的方式，骗走1050元。近日，其他乡镇也有类似案件发生，犯罪嫌疑人专门针对农村小卖部、超市经营者且年龄偏大的受害人，多起案件证据同一指向明显，其都与12月5日在本村小卖部内实施诈骗的嫌疑人的特征相仿，办案民警确定这是一起涉及面极广的系列诈骗案，因此对近期发生在辖区内的类似

---

[1] （2019）桂0924刑初168号，载中国裁判文书网，最后访问时间：2024年5月28日。

案件进行了全面梳理，并调阅了大量案发现场视频，掌握了嫌疑人的活动规律。2018年12月10日晚，经专案组民警5个日夜的追踪和蹲点守候，在一旅馆内将犯罪嫌疑人张某抓获。经查，张某（男，55岁，已有两次犯罪前科）在该地诈骗作案6起，案值5000余元。①

◎ 防骗攻略

很多看似老套的街头戏法，可能会让人吃大亏，而且，许多骗子都是利用老年人警惕性低、防范能力差的特点，专门针对老年人行骗。

1. 戏法虽不一定能被看破，但没有的东西是绝对变不出来的

戏法，也称魔术，是一种看似违反客观规律的表演。它能够产生特殊幻影，是以迅速敏捷的技巧或特殊装置把真实的动作掩盖起来，使观众感觉到物体变化的一种杂技。凡是呈现于视觉上不可思议的事，都可称为魔术。而表演者下功夫去练习，然后让人们去观看这种不可思议的表演效果，就是"表演魔术"。

案例1、案例3中的这种利用戏法公然诈骗的案件并不少见，被害人似乎是"大脑短路"，好像是被迷惑了而受骗。案例

---

① 《流窜"变戏法"的骗子逮住啦~》，载搜狐网，https://www.sohu.com/a/281902352_120051467，最后访问时间：2024年5月27日。

1是在本书第1版出版以后才发生的诈骗事件。既然每年都有多起类似案件发生，我们就应当积极宣传，杜绝其他老年人再犯类似错误。

2. 要相信科学、学习科学

《老年人权益保障法》第4条第2款规定，国家和社会应当采取措施，健全保障老年人权益的各项制度，逐步改善保障老年人生活、健康、安全以及参与社会发展的条件，实现老有所养、老有所医、老有所为、老有所学、老有所乐。

所谓老有所学，是指老年人根据社会的需要和本人的爱好，学习掌握一些新知识和新技能，既能从中陶冶情操，又能学到"老有所为"的新本领。我们有许多人坚持"活到老，学到老"的人生准则，这既能使我们精神充实，见识增长，也能使我们相对更加健康长寿。老有所学并不是为了得到一个新学历或新学位，而是为了实现老年人的"以学促为"和"学为结合"。

有了科学知识武装头脑，街头戏法诈骗也就失去了实施的空间。

3. 陌生人拿了您的钱再还回时，一定要小心

案例4、案例5中的戏法般骗钱时常发生，但因涉及金额小，报警很难。老年人每当遇到对方将钱拿走再还回来的情况时，一定要注意一下手中的钱数，如果是100元或50元的大票，就要注意是否被换成了假币；如果找回来的是零钱，那么一

定要注意是否还是正确的数额。

第五节 健康人人追求，帝王屡栽"捷径"

> 自古未有长生药，秦皇寻丹成笑谈。自然规律不可违，生老病死一循环。包治百病怎能信，健康心态是良药。儿女要为老人想，多陪运动也是孝。要想身体多强壮，科学调理是强项。正确选择保健品，小摊面前莫动心。

从秦始皇时期开始，有许多帝王举国力去寻找长生不老丹药，但往往都活得并不长久。人人都会追求健康长寿，老年人一般也会感到身体状况在走下坡路，为了恢复健康的体魄而相信药补，有的一不小心就上当受骗了。

生产、销售假药罪，是指生产者、销售者违反国家药品管理法规，生产、销售假药，足以危害人体健康的行为。只要具有主观故意生产、销售假药的行为，即构成本罪。根据《刑法》第141条规定，生产、销售假药的，处3年以下有期徒刑或者拘役，并处罚金；对人体健康造成严重危害或者有其他严重情节的，处3年以上10年以下有期徒刑，并处罚金；致人死亡或者有其他特别严重情节的，处10年以上有期徒刑、无期徒刑或者死刑，并处罚金或者没收财产。药品使用单位的人员明知是假药而提供给他人使用的，依照前款的规定处罚。

根据《刑法》第142条之一规定，违反药品管理法规，有下列情形之一，足以严重危害人体健康的，处3年以下有期徒刑或者拘役，并处或者单处罚金；对人体健康造成严重危害或者有其他严重情节的，处3年以上7年以下有期徒刑，并处罚金：（1）生产、销售国务院药品监督管理部门禁止使用的药品的；（2）未取得药品相关批准证明文件生产、进口药品或者明知是上述药品而销售的；（3）药品申请注册中提供虚假的证明、数据、资料、样品或者采取其他欺骗手段的；（4）编造生产、检验记录的。有前款行为，同时又构成本法第141条、第142条的规定之罪或者其他犯罪的，依照处罚较重的规定定罪处罚。

《最高人民法院、最高人民检察院关于办理危害药品安全刑事案件适用法律若干问题的解释》第2条规定："生产、销售、提供假药，具有下列情形之一的，应当认定为刑法第一百四十一条规定的'对人体健康造成严重危害'：（一）造成轻伤或者重伤的；（二）造成轻度残疾或者中度残疾的；（三）造成器官组织损伤导致一般功能障碍或者严重功能障碍的；（四）其他对人体健康造成严重危害的情形。"第3条规定："生产、销售、提供假药，具有下列情形之一的，应当认定为刑法第一百四十一条规定的'其他严重情节'：（一）引发较大突发公共卫生事件的；（二）生产、销售、提供假药的金额二十万元以上不满五十万元的；（三）生产、销售、提供假药的金额十万元以上不满二十万元，并具有本解释第一条规定情形之一的；（四）根据生产、销售、提供的时间、数量、假药种类、对人体健康危害程度等，应当认定为情节严重的。"第4条规定："生产、销售、提供假药，具有下列情形之一的，应当认定为刑法第一百四十一条规定的'其他特别严重情节'：（一）致人重度残疾以上的；（二）造成三人以上重伤、中度残疾或者器官组织损伤导致严重功能障碍的；（三）造成五人以上轻度残疾或者器官组织损伤导致一般功能障碍的；（四）造成十人以上轻伤的；（五）引发重大、特别重大突发公共卫生事件的；（六）生产、销售、提供假药的金额五十万元以上的；（七）生产、销售、提供假药的金额二十万元以上不满五十万元，并具有本解释第一条规定情形之一的；（八）根据生产、销售、提供的时间、数量、假药种类、对人体健康危害程度等，应当认定为情节特别严重的。"

因销售假药罪突出一个"骗"字，即以假药骗取钱财，故其与诈骗罪有相似之处。销售假药罪与诈骗罪的区别在于：（1）侵犯的客体不同。生产、销售假药罪侵犯的客体是国家药政管理制度和公民的生命权、健康权，而诈骗罪侵犯的则是公私财物的所有权。（2）客观方面的表现不同。生产、销售假药罪在客观方面表现为生产、销售假药，足以严重危害人体健康的行为，而诈骗罪在客观方面则表现为行为人采取虚构事实、隐瞒真相的方法，使财物所有人、管理人信以为真，从而自愿交出财物的行为。（3）定罪的标准不同。生产、销售假药罪以足以严重危害人体健康为构成犯罪的标准，而诈骗罪则以诈骗公私财物的数额较大为构成犯罪的标准。

一般情况下，销售假药罪与诈骗罪不会构成牵连犯，但在有些案件中，如果行为人为达到销售假药的目的，进行了其他虚构事实、隐瞒真相的行为，而且主要是这部分行为导致消费者陷入认识错误的，就可能构成销售假药罪和诈骗罪的牵连犯，如2009年新疆李某销售假药案[1]。该案中，被告人李某虚构事实，以"中国慢性病康复协会"会诊的名义，以免费讲课、检测为诱饵，私售假"糖脂宁胶囊"，并在网络、电视、报纸等媒体上随意夸大药物疗效，骗取消费者购买假"糖脂宁胶囊"。后因新疆喀什地区两名糖尿病患者服用假"糖脂宁胶囊"后死亡而案发。本案中，李某为达到销售假"糖脂宁胶囊"的目的，使用了多种欺骗手段，导致二人死亡，其手段行为构成诈骗罪，目的行为构成销售假药罪，按照牵连犯从一重罪处断的原则，应以销售假药罪论处。但如果销售假药的行为未导致食用者死亡或其他特别严重的后果，不足以严重危害人体健康，且符合诈骗罪构成要件特征的，则以诈骗罪论处。

---

[1] 《新疆药监局："糖脂宁胶囊"假药是以讲座为名兜售的》，载央视网，https://news.cctv.com/society/20090204/107081.shtml，最后访问时间：2024年5月27日。

◎ 典型案例

【案例1】 被告人梁某伙同李某、张某1（另案处理）通过赠送礼品等方式吸引老年人客户，虚构所销售的"太赫兹量子鞋""富硒麦芽黑谷粉"等产品为宇航员专用且能够治疗各种疾病的事实，利用老年人追求健康的心理，通过高价售卖产品的方式，先后骗取被害人林某（男，83岁）10900元、吴某（女，65岁）5000元、张某2（女，79岁）10000元、司某（女，84岁）12800元、李某1（男，66岁）6600元、王某（女，57岁）2776元、杨某（女，58岁）1488元。上述涉案7名被害人被诈骗金额共计49564元。

法院以被告人梁某犯诈骗罪，判处有期徒刑2年6个月，并处罚金人民币8000元；被告人李某犯诈骗罪，判处有期徒刑2年，并处罚金人民币3000元。

【案例2】 被告人刘某、李某、郑某、黄某、林某经事先共谋，将槟榔包装成包治百病的草药"山珍果"。在作案过程中，由林某负责望风，李某负责摆摊卖药，刘某、郑某、黄某负责做托儿，共同实施诈骗。2018年3月3日，5名被告人在福建省作案，刘某以让被害人陈某帮忙购买"山珍果"并给予好处费为由，按照之前的分工相互配合，骗取陈某4400元，后逃离现场；2018年3月6日，5名被告人在一家医院门口，以同样的方法骗取被害人赖某2700元，后逃离现场。

法院以被告人刘某、李某、郑某、黄某、林某犯诈骗罪，分别判处拘役4个月或5个月不等，并分别处罚金人民币3000元。

【案例3】被告人李某、胡某伙同王某在菜市场内摆摊。按事前分工，胡某和王某负责向菜市场的老年人发放传单，胡某身穿少数民族服饰表演魔术，而李某则给前来观看魔术表演的老人品尝药酒等引诱老人上钩，并将一颗"乌鸡白凤丸"（每盒市场价10多元，每盒6颗）碾碎后，再加工成十几颗小药丸，向前来观看的群众吹捧该药为"神药"，能包治百病。受害人梁某在李某等人的吹捧下，口服了11粒药丸，李某等人便以每粒500元的价格向梁某收取钱财，骗取了梁某5500元。

法院以被告人李某、胡某、王某犯诈骗罪，分别判处5个月或者6个月拘役并缓刑，并分别处罚金人民币5000元。

【案例4】被告人刘某、向某、周某（批捕在逃）、谭某（未抓获）从湖南省某市来到某县境内，采取冒充"神医"包治百病、画符"调包"的方式窃取他人财物。2017年9月30日至10月8日，在某县窃取被害人康某现金5600元、一本地老妪一枚黄金戒指（价值人民币1169元）、被害人罗某现金2000元与一副金耳环（价值人民币933元）等。

法院以被告人刘某犯盗窃罪，判处有期徒刑1年6个月，并处罚金人民币15000元；被告人向某犯盗窃罪，判处有期徒刑1年4个月，并处罚金人民币15000元。

【案例5】被告人金某、刘某、白某、韩某、金某1、杨某6人预谋冒充"神医"进行诈骗。在某市，由金某冒充"神医"，其余人员分别物色作案目标，最终白某将被害人李某（72岁）以治病为由骗至金某处，随后金某利用硫磺软膏涂抹李某手臂冒烟谎称排毒、以黄连上清丸冒充藏药、使用银针假扎舌头通穴的方式骗取李某财物，由刘某、韩某陪同李某到银行取得现金12000元后逃离现场。

法院以被告人金某等6人犯诈骗罪，分别判处有期徒刑6个月至8个月不等，并分别处罚金人民币1000元至2000元不等。[1]

◎ 防骗攻略

1. 苛求健康长寿、寻求良药，可能会与不法分子不期而遇，一不小心就会伤财、伤神还伤寿

老年人要"服老"，要调整好心态。包治百病的神药并不存在。老年人要学会科学养生，有需要时，要去正规医院寻求医疗或者康养帮助。

在近年来审判的案件中，老年人因相信包治百病的"神药"而被坑骗，有的老年人因此被诈骗了钱财，有的老年人因此被盗窃。案例4中的被害人康某在被骗的过程中，由周某负责扮演"神医"，向某负责扮演求医妇女，刘某负责将向某与康某带往周某处，谭某负责在周围望风。周某在"治病"过程中，将康某的5600元现金以"调包"方式盗走。

---

[1] （2021）川0112刑初380号，载中国裁判文书网，最后访问时间：2024年5月28日。

保持好的心态，随遇而安，知足常乐，寿命自然会长。如果苛求良药，不法分子就会在您"寻药"途中设伏，可能会让您得不偿失。

2. 普及科学健康知识，树立正确健康观念

人民健康是民族昌盛和国家富强的重要标志。健康也是广大人民群众的期盼和追求，维护人民健康是我们党性质和宗旨的重要体现。2024年5月，国家卫生健康委等三部门联合印发《全民健康素养提升三年行动方案（2024—2027年）》，提出的主要目标有：优质健康科普产品供给更加丰富，健康科普服务的覆盖面、触达率和有效性进一步提升；健康科普信息传播环境更加清朗，权威健康科普作品全方位、多渠道推送，虚假错误信息得到坚决遏制；健康教育人才队伍更加壮大，医疗卫生机构和医疗卫生人员投身健康教育的专业性、主动性、创造性进一步增强；动员社会各界支持参与更加广泛，社会力量和人民群众参与健康教育的机会和平台进一步拓展等。

有老年人的社区要按照政府的统一部署和要求，开展好健康知识的普及，定期为老年人查体，邀请保健专家或者医生回答老年人的健康问题。老年人只要有了一定的科学意识，以上不法分子吹嘘的"灵丹妙药"也就很容易现出原形了。

3. 子女要多陪老年人到室外活动，缓解老年人的健康忧虑

老年人经常到室外活动，会有益于健康长寿。一家三代人或

四代人常去室外赏游，老年人精神上可能会得到很大的满足；经常交流，能够及时排解老年人在健康方面的忧虑，还会在很大程度上避免老年人单独"听课"而导致被骗的情形发生。

4. 学会正确选择保健品

首先，要清楚保健品是特殊食品，不能替代药品。宣传保健品有疾病治疗、预防作用，都是法律所禁止的。

其次，要通过正规的渠道购买保健品，并注意查验商家是否证照齐全。保健品必须注明生产企业名称、标识（蓝帽子）及批准文号，相关产品信息可在国家市场监督管理总局网站上查询。购买保健品时要索要正规发票、咨询商家地址和联系电话，并且核对发票上单位名称是否与实际销售厂商名称一致。要尽量到证照齐全的店铺购买，避开无店铺的现场销售，以免经营者抵赖或者"跑路"。

第六节　治病特效秘药，不忘信息辨伪

> 什么"特效""秘制"药，各种幌子夸奇效。电话骚扰打广告，先编身份后卖药。有病要到医院治，当面寻医才可靠。遇到问题不放心，医生、律师作指导。

前一节说的是没有病的老年人因追求健康长寿而被骗的情

形。另外，老年人大多处于慢性病的多发期，一般都需要长期服药。但是，面对突然冒出来的所谓"特效药""秘制药"，一定要在思想上予以设防，特别是老年人，要警惕虚假关爱，要知道世界上没有包治百病的"神药"，患病后应到正规的医疗机构就医，不轻信所谓的"特效药""神药""进口药"，以防落入诈骗"陷阱"；如遭不法分子骗取钱财，请务必保留好相关证据，并在第一时间向公安机关报案，通过法律途径维护自身的合法权益。

◎ 典型案例

【案例1】2022年5月，80多岁的卢某接到陌生电话，对方自称是"营养师"，能够帮助调理身体。因常年患有糖尿病，并伴有眼干、眼涩等眼部疾病，卢某便向"营养师"咨询是否能够调理以上疾病。对方称其公司正在销售一款名为"灵芝益寿胶囊"的药品，正好可以治疗卢某的疾病，而且只需花3600元购买一个疗程服用，就可以"药到病除"。卢某听到高昂的价格后泄下气来，并以"再考虑考虑"为由挂断电话。本以为事情就此落下帷幕，没想到突如其来的"惊喜"再次点燃了卢某的希望。"我们已经研究过您的病情，'灵芝益寿胶囊'可以说是为您量身定做的，但是考虑到您家庭贫困，我们为您申请了贫困补助，可以五折购药。"次日的电话中，对方自称是"首席营养专家"，而前一日与卢某通话的是自己的学生，因为卢某的病情十分对症，所以才为卢某申请了优惠名额。见对方如此"体贴"又"照顾"自己，卢某痛快地购买了一个疗程的"灵芝益寿胶囊"。很快，卢某就收到了"神药"，满心欢喜地服用后，却失望地发现"神药"并没有一点作用。意识到被骗的卢某第一时间向公安机关报案。

警方调查后发现，2022年3月至7月，犯罪嫌疑人蔡某、王某等人成立北京某健康科技有限公司（以下简称"科技公司"），以75元一盒的价格购进大量功效为补气固本、滋补肝肾的普通药品"灵芝益寿胶囊"。而后，该科技公司招募话务员王某1、胡某、侯某、关某等20余人，组织其按照公司培训的话术向老年人拨打电话，虚构"健康营养师""健康专家"等身份，以"包治百病""治愈糖尿病、脑血栓"等理由，向老年人高价推销"灵芝益寿胶囊"。

具体流程为：科技公司分为三个层级，一线员工负责给客户打电话赠送礼品，客户签收之后，其把客户信息分配给二线的员工。二线员工按照公司培训的话术给客户打电话，在问清客户的病情后，便称"灵芝益寿胶囊"恰好对症，从而进行出售。三线员工则针对购买过"灵芝益寿胶囊"的客户，再次进行跟进推销。如果客户称效果不明显，则就回复说其之前买得不够，还需再来几个疗程，具体价格会以"优惠"的名义稍微低于二线员工的出售价格。

针对家庭困难的老年人，则以"申请贫困补助"为由，降低药品价格，并利用优惠名额诱导老年人购买。此外，蔡某公司还低价购进保健药品，经过大肆宣传、夸大药效，再高价转卖给老年人。

短短5个月的时间，该犯罪团伙用上述方法共计诈骗416名被害人，涉案金额达1530000余元，犯罪地包括江西九江、湖南长沙、广东深圳等地，遍布全国十几个省市。

2023年2月，检察院针对该案依法提起公诉，认为被告人蔡某、王某等人的行为触犯了《刑法》第25条、第266条之规定，应以诈骗罪追究其刑事责任。

最终，法院以被告人蔡某、王某等10人犯诈骗罪分别判处有期徒刑10年8个月至1年不等的刑罚，并处罚金，追缴被告人违法所得，责令退赔被害人的损失，对作案工具予以没收。①

【案例2】被告人李某利用从他人处获取的老年人信息，组织被告人吴某、于某、被告人李某甲、任某（已判决）、张某甲（已判决）等人冒充某保健品公司员工，以免费发放购物券、健康讲座等名义电话邀请老年人参加活动，由被告人吴某冒充医学博士等以宣讲、看病的方式，将低价购入的某保健食品等宣传为有治疗功效的药品、保健品高价出售给参与活动的老年人。具体事实如下：2019年11月24日，李某组织被告人吴某、于某、李某甲等人在北京市海淀区、丰台区等地，以上述方式向被害人吴

---

① 《416位老人购"神药"被骗……》，载光明网，https://m.gmw.cn/2023-07/30/content_1303459693.htm，最后访问时间：2024年6月24日。

某 1（男，84 岁）出售某保健品 15 瓶，骗取 14100 元。其中，被告人吴某负责"讲课""看病"，于某负责协助管理现场，李某甲负责发放礼品、放风。2019 年 11 月 28 日，李某组织吴某、于某、李某甲等人在多地，以上述方式向被害人陈某（男，81 岁）出售某保健品 12 瓶、真人圣方 8 瓶，骗取 19600 元。

法院以被告人李某犯诈骗罪，判处有期徒刑 10 个月，并处罚金人民币 10000 元；被告人吴某犯诈骗罪，判处有期徒刑 9 个月，并处罚金人民币 8000 元；被告人于某犯诈骗罪，判处有期徒刑 8 个月，并处罚金人民币 4000 元；被告人李某甲犯诈骗罪，判处有期徒刑 7 个月，并处罚金人民币 2000 元。[①]

【案例 3】 2019 年 8 月 2 日，被告人漆某驾驶摩托车至江西省宜某县被害人张某、周某甲家中，用可乐兑水冒充"蛇药"，假扮捕蛇人捕捉事先藏匿的已拔出毒牙的眼镜蛇，佯装身中蛇毒，后服用"蛇药"迅速解毒，并谎称"蛇药"为祖传秘方，可以治愈张某的疾病。在骗取被害人张某、周某甲信任后以 3500 元的价格销售此"蛇药"，骗得现金 3200 元。

2019 年 8 月 4 日，漆某驾驶摩托车至宜某县被害人周某乙家中，以同样的手法骗取周某乙信任，以可治疗高血压为由向周某乙销售"蛇药"，骗得现金 2000 元。

2019 年 8 月 5 日，漆某窜至宜某县刘某甲家中，以同样的手法诈骗刘某甲，在意欲向刘某甲推销自己的"蛇药"时被村民唐

---

① （2020）京 0108 刑初 1458 号，载中国裁判文书网，最后访问时间：2024 年 5 月 28 日。

某、邹某等人当场识破，唐某等人将漆某控制并报警。

法院以被告人漆某犯诈骗罪，判处有期徒刑9个月，并处罚金人民币2000元。

【案例4】被告人张某以甲公司的名义与乙公司签订委托生产合同，乙公司以16元／瓶的价格为甲公司等四家公司生产某膏药后，由张某等人将其冒充鼻炎特效药进行销售。为使被害人相信为其诊疗鼻炎的是知名老中医汪某、汪某甲等人，张某等人组织工人在肖某位于重庆市某区的公司写字楼房间内搭建中医馆场景，并聘请老年人冒充老中医拍摄宣传照片，同时制作虚假的锦旗，由公司员工扮演患者予以赠送。为加大公司宣传力度，张某、王某、罗某等人寻找网络推广公司为其提供宣传服务，并在多个知名网络资讯平台大量投放宣传广告。涉案公司对外宣称老中医汪某将对鼻炎患者开展一对一诊疗，根据不同病情配置不同药物，并留下了老中医的微信账号。患者经前述资讯平台添加汪某等人的微信账号后，由涉案公司业务员冒充治疗鼻炎的老中医汪某、汪某甲等人进行一对一诊疗，并向被害人销售一人一方的单独配制鼻炎药。肖某、徐某、张某、罗某、王某、郑某、王某甲明知公司业务员无医疗资质，仍然指示业务员冒充老中医汪某的身份，通过事先设置的诈骗话术模板为被害人进行鼻炎诊疗，并将价值16元／瓶的某膏药冒充鼻炎特效药以200—1000元不等的价格向被害人销售获利。为进一步扩大诈骗成果，公司设置售后组再次以老中医汪某、汪某甲的名义，实时跟进被害人的治疗情况，并适时向被害人进一步销售该虚假鼻炎特效药，同时按照话术模板应对被害人的质疑。该犯罪团伙累计诈骗金额为2893396元，被害人合计1000余人次。

法院以被告人张某等7人犯诈骗罪，分别判处3年以下不等有期徒刑，并分别处人民币15000元以上40000元以下不等罚金。

【案例5】被告人李某驾驶小轿车搭载其母亲吴某到重庆市的乡镇上，吴某采用与被害人拉家常，进一步称"特效药"可以治疗疾病的方式骗取被害人的信任，将被害人带至李某处，李某将不具有治疗疾病效果的某咀嚼片、某雪莲软胶囊等当作"特效药"卖给被害人，多次骗取老年被害人的钱财，涉案金额共计7572元。

法院以被告人吴某犯诈骗罪，判处有期徒刑6个月，并处罚金人民币2000元；被告人李某犯诈骗罪，判处拘役5个月，并处罚金人民币2000元。[①]

◎ 防骗攻略

以上案件涉及的"药材"、医疗研究机构等，大都具有一定的知名度，各案的"话术"都具有典型性。这些案件应当予以广为宣传，避免老年人上当受骗。

---

① （2020）渝0111刑初433号，载中国裁判文书网，最后访问时间：2024年5月28日。

1. 购药、用药，一定要得到正规医生的指导

医学是通过科学或技术手段处理人体的各种疾病或病变的学科，研究领域大方向包括基础医学、临床医学、法医学、检验医学、预防医学、保健医学、康复医学等。想要成为医生，需符合《医师法》《医师资格考试暂行办法》《传统医学师承和确有专长人员医师资格考核考试办法》的有关规定，通过严格的医师资格考试和考核才能执业。

老年人身体不好应当到正规医疗机构进行诊疗。如果因为某种机会遇到了某种"特效药"或者"秘制药"，千万不要急于付款，而要先去咨询医生，一定要听取医生的建议，这样一般就不会上当受骗了。

2. 老年人最好多与医生、律师做朋友

我们每个人都应当结交医生和律师朋友。医生可以帮助你健康长寿，而律师是帮助你平安幸福。医生、律师朋友越多越好，因为他们一般分工很细、专业性很强。如果遇到以上案例中的任何一种诈骗情形，那么一个及时的电话就能帮我们躲过"此劫"了。

靠卖药或保健品骗钱的不法分子，有的并不是靠编造更多的奇妙疗效，而是靠小恩小惠、先买后返等手段骗取钱款，这种入手不入口的情况就没有必要请教医生了，而应当请教律师。

3. 社会应当及时在老年人群中宣传典型案例

随着医养康养相结合的深入发展，律师担任村（居）法律顾

问的越来越多，卫健委和司法行政机关应当指导医护人员、服务律师在进行医药科普或者普法活动时，及时发布最新的以"特效药""保健品"为噱头的诈骗案例，曝光诈骗新话术、新招数，保持警钟长鸣。

近年来，比较典型的一种诈骗授课活动情形是：活动开始的时候，"讲师"会带着老年人做轻松的游戏活动，帮老人拍打肩膀，让老人放松警惕。接下来是煽情，比如讲这一代老人多么不容易，经历抗战、自然灾害，一辈子都不舍得花钱，现在老了就要为自己舍得。通过讲一些困难时期的典型事例，大多数老年人都会跟着进行痛苦的回忆。当"火候"差不多时，"讲师"会抛出一些名人因患癌症而去世的例子，使老年人对死亡的恐惧感骤增，惜命的老年人这时就被攻陷了。如果还有老年人未被"俘虏"，那么骗子就会进入孝子环节，"讲师"给老年人讲自己孝敬爸妈的事情，树立自己的孝子形象，声泪俱下，老年人也跟着感动落泪。此时，再进行一个现场认亲环节，孤独的老年人在这一环节几乎全部被瓦解了。"讲师"最后会宣布一个非常大的折扣，台下的骗子带着老年人拼命叫好鼓掌，表达感谢，这时音乐响起（一般是《感恩的心》或者《运动员进行曲》），销售人员会冲到老年人跟前，激动地问老年人要一套还是要两套（这里就有一个话术，不让老年人思考而直接让他/她做选择），如果老年人还在犹豫，销售人员就会猛拍他/她的后背，告诉他/她这批货数量有限，再不买就要被别人抢走了，这时其他同伙会过来抢他/她手里的货：王阿姨这套产品你要不要啊？不要我拿给李叔了，他要两套……就这样又一个"被骗狂潮""成就"了……

如果老年人能够认清上述诈骗情形，那么他们被类似情形洗脑的可能性就会大大降低。

第七节 馅饼天降别信，不陷"丢包"圈套

> 看到"丢包"多个心，提出"分钱"别当真。天上馅饼地陷阱，别人钱财莫私分。骗子都会设圈套，心思诡秘手段狠。拾金不昧是美德，不起贪念不失本。

有人说，诈骗防不胜防。这主要是因为一些诈骗分子事先已经做足了功课。

"拾金不昧"是社会倡导的美德，现实中却有人贪小便宜，捡到东西想"拾金而昧"。"丢包党"抓住了部分人的这种心理，通过"假装掉钱包，捡到钱包的'我们'有福同享一起分"的方式诈骗老年人的钱财。

◎ **典型案例**

【案例1】2020年6月至8月，为获取非法利益，被告人张

某伙同龙某（另案处理）采用虚构捡钱"分钱"的方法，骗取被害人刘某、潘某的黄金首饰、现金等财物，共计价值29961元。具体事实如下：（1）2020年6月14日，张某、龙某来到某县城内寻找作案目标，见刘某在某街道老菜市场买菜，龙某将事先准备好的手提包偷偷扔在地上，假意路过捡拾，要刘某不要声张，等会儿给其"分钱"。而张某则假扮路人，在旁策应，声称要参与商量。随后张某、龙某两人将刘某带至旁边小店内假意商量。张某称包内美元值很多钱，要龙某取现金来分给二人，龙某在去取钱时提出，二人要将贵重物品交给自己保管，而自己则将捡到的手提包交给二人保管。张某假意同意，并率先将自己的手机与现金交给龙某，刘某信以为真，也将其随身携带的黄金戒指、黄金手链以及170元现金交给龙某，获得钱、物后，龙某以取钱为由离开现场，张某则以出门查看为由逃离现场。经鉴定，案涉黄金手链价值12558元、黄金戒指价值2080元。（2）2020年8月22日，被告人张某伙同龙某携带一个装有美元、秘鲁币的手提包来到某菜市场，采用同样的方式骗得被害人潘某黄金手镯一个、黄金项链一条。经鉴定，黄金手镯、黄金项链共计价值15153元。

法院以被告人张某犯诈骗罪，判处有期徒刑1年，并处罚金人民币20000元。①

【案例2】2020年4月至8月，赵某联系何某、张某甲（均

---

① （2021）湘0624刑初86号，载中国裁判文书网，最后访问时间：2024年5月28日。

另案处理）及被告人江某共谋以老年人为作案对象，以"丢包"的方式实施犯罪。具体事实如下：（1）2020年4月27日，江某伙同赵某、何某来到湖北省某县某村卫生室门口，锁定被害人杨某为目标，赵某、江某上前与杨某搭讪，趁机将一个装有废纸的黑色方便袋扔在地上。而后，赵某以捡到钱要与杨某"分钱"为由，将杨某骗至附近偏僻路段，何某随后骑摩托车经过，谎称自己丢了装有10000元现金和金银首饰的包，要求检查杨某身上的财物。赵某、江某否认捡到包并配合杨某将其随身携带的一对黄金耳环及500元现金拿出来交给何某检查，何某检查后称并非自己所丢财物，赵某遂从何某手中接过财物，假装将耳环及现金装进黑色方便袋塞给杨某，使杨某误以为财物已到自己手中。随后，赵某、江某以跟何某对质为由离开现场。（2）2020年4月29日，江某伙同赵某、何某采取上述手段窃取了被害人郭某的一枚黄金戒指（价值1842元）。（3）2020年8月18日，江某伙同赵某、张某甲采取上述手段窃取了张某乙的一枚黄金戒指。（4）2020年8月19日，江某伙同赵某、张某甲采取上述手段窃取了被害人丁某的黄金项链一条（含吊坠，价值8505元）、黄金耳环一对（价值1966元）以及现金300元。被告人江某伙同他人窃取财物价值共计13113元。

  法院以被告人江某犯盗窃罪，判处有期徒刑1年3个月，并处罚金人民币3000元。①

---

① （2021）鄂0822刑初41号，载中国裁判文书网，最后访问时间：2024年5月28日。

【案例3】被告人卢某、张某商量实施"丢包诈骗",并于2017年9月29日到某市寻找作案目标。在某医院遇到受害人李某后,卢某遂上前与其搭话,张某见机将事前准备好的用毛巾包裹的冥币偷偷丢在地上,卢某上前捡起来并将受害人李某带至下西街一巷道内准备"分钱",张某随后追至,便问二人有没有捡到其10000多元和银行卡,二人称未捡到,张某便要求检查二人的现金、银行卡,李某便将现金600元及银行卡交给卢某,同时将密码告知卢某,卢某、张某以去银行检查为由让李某在原地等待,二人迅速逃离现场。二人持受害人银行卡在银行ATM机上取出现金5000元,后二人回到住处将骗得的5600元平分。2017年10月9日,卢某、张某在某医院后门遇到受害人张甲,又如法炮制,骗取张甲5000元现金并将其平分。2017年10月28日,卢某、张某再次以相同的手段骗取受害人海某装有现金的黑色背包,二人翻找包内发现1900元现金及一些医院票据,二人遂将1900元现金平分,背包和票据被扔到垃圾桶。卢某、张某以上三次作案,诈骗金额共计12500元。

法院以被告人卢某犯诈骗罪,判处有期徒刑1年9个月,并处罚金人民币8000元;被告人张某犯诈骗罪,判处有期徒刑1年6个月,并处罚金人民币8000元。

【案例4】2017年11月初,被告人张某、景某二人相约外出实施"丢包诈骗"。同年11月10日,两被告人乘车窜至某镇街道,张某将装有冥币的塑料袋偷偷丢在被害人张丙(女,1930

年12月出生）跟前，然后当着张丙的面说捡到了钱，主动提出与张丙找个人少的地方"分钱"，并将张丙带到一荒地内，景某随后赶到，假称有人看见张某和张丙捡了钱包，要求张某与张丙将身上的现金和首饰拿出来检查，张丙不同意取下自己的首饰，两被告人强行将张丙随身佩戴的一对黄金耳环、一枚黄金戒指及一个银质手镯摘下，又故意将"捡"到的钱包（冥币）塞给张丙，后二人携带张丙的耳环、戒指和手镯逃离现场。经价格部门认定，上述涉案耳环、戒指和手镯共计价值2754元。

2017年11月11日，两被告人又窜至某乡街道菜市场附近，寻找作案目标。张某将一包冥币偷偷丢在赶集的村民蒋某（女，1939年11月出生）跟前，以同样的方法，将蒋某带到街道附近一处巷道内"分钱"。随后，景某跟随到场，谎称有人看见张某和蒋某捡到钱包，要求张某和蒋某将身上的钱和首饰给他检查一下，景某看后，假意称不是他的钱，张某即提出去对质，将蒋某佩戴的一对金耳环摘下，并将捡到的"钱"（冥币）塞给蒋某，然后假意跟景某去找人对质，趁机离开现场。经价格部门认定，上述涉案耳环价值1575元。

法院认定被告人张某、景某以非法占有为目的，以"冥币"诱骗高龄老人，然后以暴力手段，强行劫取他人财物，其行为构成抢劫罪。故以被告人张某犯抢劫罪，判处有期徒刑3年，并处罚金人民币5000元；被告人景某犯抢劫罪，判处有期徒刑3年，并处罚金人民币4000元。

【案例5】6名被告人先后在多地以"丢戒指"方式猖狂诈骗作案。其中，被害人周老太陈述笔录证明："2018年4月26日11时30分左右，我在路口碰见一名骑自行车的男子，他下车在路边捡到一个蓝色盒子，对我说里面是一枚戒指，问我是否看到，我说我看到了，他说给我5000元，让我不要告诉别人。后另一名男子过来问我们有没有捡到一个戒指盒，我和捡到戒指的男子都说没看到，对方就走了。捡到戒指的男子把戒指给我，说这个戒指值50000余元，让我在路边等他取钱回来，并要求我把项链押给他，我把项链给了他，后这名男子就不见了。我感觉被骗了，就报警了。我被骗了一条金项链，999千足金、32克、圆柱形无坠，该项链是我于2016年1月20日以9536元购买的，当时金价是298元1克。"经鉴定，周老太项链价值人民币11040元。与"丢包诈骗"常用冥币当道具一样，戒指盒里的戒指也是骗人的道具，根本不含金，还伪造了价格50000余元的足金价签。①

【案例6】2018年8月至9月，被告人唐某、占某二人合伙，一人做局假装拾得他人遗失的（假）首饰并让受害人看见，另一人做托儿谎称失主过来询问后离开，做局者再以见者有份、承诺"分钱"、支取现金需要质押物为由，骗得被害人佩戴的真首饰后迅速离开现场，并将所骗首饰卖掉后获利均分的方式多

---

① （2018）京0105刑初2123号、（2019）京03刑终304号，载中国裁判文书网，最后访问时间：2024年5月28日。

次实施诈骗。其中：（1）2018年9月1日，在某小区北门西行30米处附近，由占某做局，唐某做托儿，骗得被害人刘某一条金项链，价值5153元。（2）2018年9月11日，在某县一门市附近，由唐某做局，占某做托儿，骗得被害人郭某一个金手镯，价值14783元。（3）2018年9月12日，在某电力局附近，由占某做局，唐某做托儿，骗得被害人桑某一个金手镯，价值14471元。

法院以被告人唐某、占某犯诈骗罪，分别判处有期徒刑2年，并分别处罚金人民币20000元。[①]

◎ 防骗攻略

"丢包诈骗"花样不断翻新，一不小心，禁不住诱惑的老年人就会被套路。

1. 把本节案例看两遍，"丢包陷阱"就会绕着走

尽管"丢包陷阱"是一种较为传统的诈骗套路，但其仍然时有发生，这意味着防骗宣传还有待加强。

近年来审判的"丢包诈骗"案件很多，除了以上6种典型案例的犯罪手段外，在其他案例中，有的"丢包"诈骗分子还会以被害人捡到他的钱包为由对被害人钱包进行检查，如果有银行卡，一般会要求被害人提供银行卡及密码进行查证，同时，诈骗分子会趁被害人不备，用自己相似的银行卡与被害人的银行卡偷

[①] （2019）冀0110刑初111号，载中国裁判文书网，最后访问时间：2024年5月28日。

偷进行调换，离开后再在 ATM 机上从容地取走银行卡内的现金。在案例 5 中，6 名诈骗分子两人一组专门挑选没有摄像头的地点流窜作案，被骗对象也多为佩戴金手镯的老年人，作案经过只有 3 分多钟时间，没有特别预防的老年人根本反应不过来，因为时间短还没来得及"端详"犯罪分子长相，被骗后在指认罪犯时就很难，除了抓住现行犯，司法机关追究被告人其他犯罪的难度非常大，所以即使抓住罪犯也难以罚当其罪。

在案例 2 和其他案例中，还有趁机偷钱的。例如，"丢包"诈骗分子追过来要求二人质证时，"捡包"诈骗分子将其身上的钱拿出来给被害人检查，然后两名诈骗分子会让被害人也把身上的钱拿出来。当被害人将身上的现金拿出来后，"丢包"诈骗分子随即从被害人手中接过钱假意数钱，并在"捡包"诈骗分子的掩护下，从被害人的现金中窃走部分现金，然后将剩余的钱还给被害人。例如，被告人李某、刘某在一次数钱中就盗窃了被害人 4400 元，法院以犯盗窃罪分别判处被告人李某、刘某有期徒刑 7 个月和 6 个月，并分别处罚金人民币 1000 元。再如，2020 年 8 月 4 日，被告人余某伙同阳某在某县实施"丢包诈骗"。在某农贸市场附近看到被害人苏某戴着金首饰在街上走，阳某假装苏某儿子的朋友，将其骗至一居民楼三楼到四楼的楼梯间。阳某在楼梯间捡到一个余某事先放好的黑色皮质钱包，包内有很多现金，他将捡到的钱包放进随手捡起的白色编织袋中，并示意苏某不要声张。随即余某找过来，询问两人是否捡到了一个钱包，然后要求苏某将身上佩戴的金银首饰放入蛇皮袋中以作担保，阳某趁苏某不注意，将蛇皮袋中物品盗走，然后假装将蛇皮袋交给苏某保管，两人借机离开。余某、阳某以上述手段，窃取苏某一个19克的金手镯、一枚4克的金戒指，共计价值9844元。

以上几种情况都非常典型，如果看上两遍再琢磨琢磨，就知道什么是"丢包诈骗"了。知晓社会上还会有不法分子实施这样典型的诈骗，我们就不会轻易被"套路"了。

2. 要坚守道德底线，要做守法模范

"丢包诈骗"的被害老年人，除案例4中被告人趁机抢劫的外，都是眼看着"包的主人"在焦急寻找，仍急于用自身财物去换取更多的不义之财，或者用贵重财物"抵押"以便分得不义之财，结果掉进陷阱致自己随身财物或者银行资金被骗走。

"拾金不昧"一直是作为中华民族传统美德来规范社会基本行为的，我们大多数人都是唱着"我在马路边捡到一分钱"长大的，"拾金不昧"属于传统道德的一个底线。1986年通过的《民法通则》（已废止）规定，拾得遗失物，应当归还失主。2007年10月1日起施行的《物权法》（已废止）进一步规定，拾得人应当及时通知权利人领取，或者送交公安等有关部门。相关规定都已纳入《民法典》[①]，意味着拾金不昧实际上是现行法律的要求，否则就可能构成违法侵占。因此，对于道德修养好、自觉遵

[①] 《民法典》第314条规定："拾得遗失物，应当返还权利人。拾得人应当及时通知权利人领取，或者送交公安等有关部门。"

守法律的老年人，这种诈骗犯罪是永远不会伤及他的。

3. 精神文明建设应当持续加强

随着中国特色社会主义市场经济的发展和社会主义民主政治的完善，人们的思想意识、精神状态也发生了深刻的变化。我们要适应这种新形势，形成有利于社会主义现代化建设和全面改革的舆论力量、价值观念、文化条件和社会环境，防止种种迷失方向的危险，振奋全国各族人民的巨大热情和创造精神，用几代人的努力建设起社会主义现代化强国。各级政府和社会组织，要深化中国特色社会主义和中国梦的宣传教育，弘扬民族精神和时代精神，加强爱国主义、集体主义、社会主义教育，引导人们坚定中国特色社会主义道路自信、理论自信、制度自信、文化自信，使全体人民在理想信念、价值理念、道德观念上紧紧团结在一起，共筑、共圆中国梦。

第八节 戏剧场景乱真，当心预谋骗局

假戏真做布剧情，设好情节骗老人。给点差价尝甜头，你若贪心他得逞。遇见"好事"长点心，先找子女来权衡。各种"戏路"多宣传，骗子必然现原形。

我们的社会已经发展到了信息时代，信息的虚实越来越复杂、越来越难以判断。但是，信息永远不是独立存在的，软件离不开硬件，虚也离不开实。然而，新的诈骗犯罪阴谋不断，诈骗过程就像是专门导演的一出"戏"，老年人应当不断提高甄别能力。

◎ 典型案例

【案例1】2021年3月，被告人何某、韦某共同商量决定寻找老年人实施诈骗。同年3月16日，两被告人窜到某市某区，由何某负责在某区政务中心附近寻找诈骗目标，见被害人黄某（84岁）途经此处，何某主动上前与黄某搭讪，取得其信任，将被害人黄某诱骗至某麻纺厂对面，后韦某按照事前的约定，假装是收购国库券的老板上前与何某攀谈，故意让黄某知道转手倒卖国库券给韦某可以赚取每张20元的差价。何某假装自己的钱不够，邀请黄某一起出资倒卖国库券共同赚取差价。黄某信以为真，回家取了5000元现金交给何某，两被告人得到钱后借机离开现场。同年3月19日，何某、韦某又窜到某县，采取同样的方式，骗取被害人李某（79岁）15000元。

【案例2】2017年7月22日，被告人章某、范某在某镇集市，使用福利彩票存根冒充"香港龙头股票"，谎称出车祸急需现金，由范某假扮低价出售股票的人、章某假扮与被害人合伙购买股票的人，骗得被害人宋某（时年65岁）支付40000元，所得赃款两人平分。

2017年7月27日,章某、范某在某镇集市,以上述作案方式骗得被害老年人邓某支付26000元用于购买假股票,所得赃款两人平分;2017年9月9日上午,被告人章某、龚某在某农贸市场,以上述作案方式,骗得被害人刘某支付20000元用于购买假股票,所得赃款两人平分;2017年9月10日上午,被告人章某、龚某在某集市,以上述作案方式,骗得被害老年人余某支付100000元用于购买假股票,所得赃款两人平分。

被告人章某伙同他人累计实施诈骗4次,诈骗金额共计186000元;被告人范某伙同他人累计实施诈骗2次,诈骗金额共计66000元;被告人龚某伙同他人累计实施诈骗2次,诈骗金额共计120000元。

被告人章某、龚某、范某诈骗老年人的财物,酌情从重处罚。法院以被告人章某犯诈骗罪,判处有期徒刑5年,并处罚金人民币50000元;被告人龚某犯诈骗罪,判处有期徒刑2年7个月,并处罚金人民币30000元;被告人范某犯诈骗罪,判处有期徒刑2年4个月,并处罚金人民币30000元。

【案例3】被告人李某、张某在某医院内,由李某冒充"卖家",张某冒充"买家",经张某搭讪或冒充熟人等方式,取得被害人信任,再以虚构"购买货物"、与"卖家"李某关系弄僵为由,让被害人帮忙垫付货款交给"卖家"李某,作案成功后二人伺机逃离现场。其间,采取上述方式诈骗老年人徐某现金3800元、老年人郑某现金2800元,李某、张某分赃后挥霍一空。

法院以被告人李某犯诈骗罪，判处有期徒刑7个月，并处罚金人民币6000元；被告人张某犯诈骗罪，判处拘役6个月，并处罚金人民币6000元。

【案例4】 2017年3月24日，被告人刘某伙同伍某、肖某携带定位测量仪器和用红布包装好的"金龟"、藏书，驾驶摩托车来到覃某家中，三人冒充国家电力工作人员，以电力公司需要在覃某家屋后修建电塔为名，邀请被害人覃某夫妇到屋后帮忙挖坑修建电塔。肖某在替换覃某挖坑后，趁覃某夫妇不注意将事先准备好的"金龟"和藏书扔在坑内，接着肖某把"金龟"挖出来，引诱大家平分"金龟"。而后，伍某假装联系香港老板来收购"金龟"，肖某假装联系电力公司误导覃某夫妇对"金龟"的认知。随后，刘某、伍某、肖某以分"金龟"为诱饵，骗取覃某夫妇51000元和黄金戒指一枚。经鉴定，被骗黄金戒指价值1350元。

2017年8月3日，被告人刘某伙同伍某以上述作案方式，骗取被害人李某夫妇10000元。

2017年8月8日，被告人刘某伙同伍某、肖某来到吴某家中，三人冒充国家电力工作人员以分"金龟"为名，骗取被害人吴某夫妇20000元。

被告人刘某属多次诈骗老年人财物，应酌情从重处罚。法院以被告人刘某犯诈骗罪，判处有期徒刑3年6个月，并处罚金人民币5000元。

【案例5】 被告人常某同赵某、齐某（二人已判决）共谋诈骗他人钱财。次日上午，赵某租赁高某（已判决）的轿车，赵某、齐某、常某三人携带提前购买的旧版人民币6张（壹分、贰分、伍分面值各2张）出发前往某综合市场门前，后按分工各自寻找作案目标。12时许，常某看见段某在银行门前三轮车上休息，遂上前同段某搭讪，谎称其大量收购旧版纸币。齐某乘机上前攀谈，称其舅舅曾在银行工作，存有大量旧版纸币，并假装打电话联系其表弟谈购买纸币之事。常某让段某帮忙跟着齐某去其"表弟"处取纸币。齐某、段某找到假扮齐某"表弟"的赵某，拿出事先准备好的旧版纸币返回常某处验货，常某见到后称要以每套180元大量收购。齐某、段某二人返回赵某处后，三人商定以每套100元的价格收购500套旧版纸币。齐某同段某商定，二人合伙将500套旧币从赵某处收购，再高价出售给常某，从中赚取差价。二人租乘高某轿车到段某家取现金和存折后又来到赵某处，齐某将之前准备的一沓冥币假称20000元现金给了赵某，段某给了赵某现金19600元。赵某以不够50000元为由，拒绝交付500套旧版纸币，齐某让段某到综合市场东口找常某先预支10000元。段某走后，齐某、赵某二人坐进高某、常某事先在西环路边等候的轿车逃离现场。

法院以被告人常某犯诈骗罪，判处有期徒刑1年，并处罚金人民币3000元。

◎ 防骗攻略

这组案例比较多，并非只是因为案件多，而是因为案件各有特点，并且都很典型，所以抓取的比例较大。老年人虽然阅历较为丰富，但是反应较慢，在犯罪分子的"精心布局"面前，比较容易上当，等反应过来时，犯罪分子可能早已逃之夭夭了。

1. 遇到需要花钱的"好事"时，一定要先通报一下自己的子女

相对于老年人，年轻人掌握社会经验的程度和洞察事物的敏锐性相对都要强一些，老年人与晚辈共同面对问题时，在很大程度上能够避免上当受骗的发生。

本节案例中的诈骗分子"戏"演得再好，也都是破绽百出，只是因为老年人被诈骗分子精心设计的特别环节蒙蔽了心智，一不小心就入"戏"当真了，一步步滑向了被骗的陷阱。但"万骗不离其宗"，只要有亲人看到这出"戏"中的一个片段，整个骗局可能就会被戳穿。

2. 要对"戏路"及时进行宣传，避免重蹈覆辙

案件都各有"戏"路，犯罪分子也都各有"角色"。以上案例中的被害人都有一个共同特点，那就是既好奇又贪心，遇到事情总想弄个明白，不知不觉就入戏了，一步步跟着诈骗分子"导演的剧本"转，很快就掉进了诈骗分子精心设计的圈套。当老年人遇到"好事"或者"机会"并且同时面对多个陌生人时，一定要想想：是否有人是托儿？这些人背后会不会有陷阱？只要对以上案例情景、场景有了一定的印象，就相当于打了预防针，防骗意识自然会增强，许多骗局都是可以识破的。

例如，以收购老版人民币为借口，被告4人合伙诈骗。按分工，李某以收购老版人民币为借口寻找对象，李甲则躲在附近见机行事。如有人询问，李某便告知其以每套180元的价钱收购，李甲则趁机上前，称其亲戚有大量该套纸币，但因其现金短缺无法全部购买，并和李某动员被害人去购买李甲亲戚的纸币。之后，假扮李甲亲戚的屈某携带大量仿旧版人民币出现，每套售价100元，现金支付。李甲和被害人分头筹钱交给屈某，筹到的钱不够支付所有货款，李甲便假装打电话联系李某，称李某愿暂借现金补上缺口，以让被害人到李某处取钱为借口将其支开，此后，李甲、李某、屈某等乘坐张某的小轿车逃离现场……法院以犯诈骗罪，判处主犯李某有期徒刑3年2个月，并处罚金人民币30000元。同案犯李甲、屈某、张某分别被判处有期徒刑2年1个月至1年半不等，并分别处罚金人民币15000元至25000元不等。[1]

3. 要老有所学，用新知识武装自己

有些老年人已经丧失了学习能力，获得的信息量有限，难以把握时代脉搏，与年轻人相比认知力相对较差，对现实生活中出现的新事物缺乏准确判断。不法分子布局演戏、死缠烂打和口若悬河的游说，正好钻了老年人这个空子，使其轻信上当。

老有所学既有利于老年人适应社会发展的变化，识别骗局，也有利于老年人精神生活的充实；既能增加乐趣、陶冶性情，又

---

[1] 参见《4男子以收旧版纸币为幌子 诈骗近20万分别领刑》，载中国新闻网，https://www.chinanews.com/m/fz/2015/05-19/7286513.shtml，最后访问日期：2024年5月24日。

能保持脑力、有益健康和思想修养。

老年人的家人不仅要经常把新事物及时传递给老年人，共同学习交流，更要把各种防骗信息及时传递给老年人，使其保持一定的警惕性。

第九节　好友搓麻利智，老千反而被骗

> 打个麻将为娱乐，突破底线不坚定。本想坑人当老千，反被别人抓把柄。最怕围观找刺激，跃跃欲试推下水。赌博不是发财路，保持晚节少后悔。

打麻将，是一项受到广大民众喜爱的传统娱乐活动。许多老年人是麻将的忠实爱好者，打麻将也是退休后打发赋闲时光又放松娱乐的有效途径。打麻将不仅能够让老年人预防阿尔茨海默病，还能够让老年人有更多的社交，促进心理健康。只要不是过度地沉迷麻将，甚至导致颈椎、腰椎间盘突出等疾病，老年人玩玩麻将也是可以的。但是，想通过"透视麻将"赚钱、赌博，可能反而会因"黑吃黑"而受骗。

除了打麻将赌博外，其他赌博、出"老千"也是很危险的，千万不要去尝试。

赌博罪，是指以营利为目的，聚众赌博或者以赌博为业的行为。本罪侵犯的客体是社会主义的社会风尚。根据《刑法》第303条第1款规定，以营利为目的，聚众赌博或者以赌博为业的，处3年以下有期徒刑、拘役或者管制，并处罚金。

开设赌场罪，是指不论客观上是否具有聚众赌博、以赌博为业的行为，一旦赌场开始正式营业，并有人实际使用，就成立本罪既遂。赌场开设者是否实际获得利润，也并不影响开设赌场罪的成立。开设赌场的人自己参与赌博，并以赌博为业的，可以考虑以本罪和赌博罪并罚。根据《刑法》第303条第2款的规定，开设赌场的，处5年以下有期徒刑、拘役或者管制，并处罚金；情节严重的，处5年以上10年以下有期徒刑，并处罚金。

根据1995年11月6日发布的《最高人民法院关于对设置圈套诱骗他人参赌又向索还钱财的受骗者施以暴力或暴力威胁的行为应如何定罪问题的批复》，行为人设置圈套诱骗他人参赌获取钱财，属赌博行为，构成犯罪的，应当以赌博罪定罪处罚。参赌者识破骗局要求退还所输钱财，设赌者又使用暴力或者以暴力相威胁，拒绝退还的，应以赌博罪从重处罚。

赌博诈骗，是指形似赌博，输赢原本没有偶然性，但行为人伪装具有偶然性，诱使对方参加赌博，从而不法取得对方财物的行为。这种行为一旦骗取财物数额较大即可成立诈骗罪。

根据《治安管理处罚法》第70条的规定，以营利为目的，为赌博提供条件的，或者参与赌博赌资较大的，处5日以下拘留或者 500 元以下罚款；情节严重的，处 10 日以上 15 日以下拘留，并处 500 元以上 3000 元以下罚款。

◎ 典型案例

【案例 1】 2022 年 10 月 11 日，被告人曹某在洗脚时与足浴店老板被害人孙某甲商谈投资理财（购买"六合彩"），并相互添加了微信好友。同日 20 时 40 分，曹某微信联系孙某甲，商谈购买"六合彩"事宜，随即与毛某前往足浴店，将事先准备好的黑色小皮包（黑色小皮包内装有 28000 元现金纸币）给孙某甲，让其收单购买 28000 元的地下"六合彩"，并约定如中奖，则要孙某甲将皮包退还，再补中奖金额的差额。待孙某甲验完钱后，曹某利用谈话吸引孙某甲的注意力，毛某趁机将装有 28000 元现金纸币的黑色小皮包替换成装有 1 张 100 元现金纸币和 200 多张粉色塑料纸的同款黑色小皮包。后二人离开足浴店等待开奖。孙某甲在不知已被调包的情况下为毛某、曹某二人支付投注金额 27000 元。得知未中奖后，毛某、曹某二人驾车逃离。

2022 年 11 月 10 日，被告人曹某伙同霞某窜至某养生馆内，让老板娘江某收单购买 37500 元地下"六合彩"，曹某在老板娘购买"六合彩"的过程中利用谈话吸引老板娘注意力，霞某趁机将装有 37500 元现金纸币的黑色小皮包替换成装有 1 张 100 元现金纸币和 300 多张粉色塑料纸的同款黑色小皮包，随后两人离开养生馆，并在养生馆附近等待"六合彩"开奖。在确认"六合彩"未中奖后两人随即驾车离开。

法院以被告人曹某犯诈骗罪，判处有期徒刑2年2个月，并处罚金人民币7000元。①

【案例2】 2019年1月至3月，被告人陈某、黄某、叶某经事先预谋，由陈某假冒福建省某收购草药的老板，黄某、叶某假冒货车司机、参赌人员，设置赌局诱骗被害老年人李某、刘某等人参赌，而后，三被告人以可操控赌局输赢的"插皮带"的赌博方式骗取被害人钱财。2019年1月20日，三被告人将被害老年人李某诱骗至某竹林内，后以上述方式骗取李某1800元；2019年3月15日，三被告人将被害老年人刘某诱骗至某县，以上述方式骗取刘某9400元。

2019年3月2日，三被告人将被害人郑某诱骗至某公园山林内，以"插皮带"的赌博方式骗取郑某现金1300元、黄金戒指一枚，后被郑某识破，郑某要求三人归还被骗财物，三人拒不归还，且为窝藏赃物、抗拒抓捕，当场殴打郑某致伤后逃离现场。经鉴定，黄金戒指价值3017元。

三被告人供述，他们先在人流量大的地方寻找行骗对象，陈某冒充收草药的老板来取得对方信任，之后，黄某或叶某以帮助陈某运输草药的驾驶员身份出现，陈某借故离开，黄某或叶某告诉被害人，陈某因昨天玩"插皮带"赌博输钱了，想赢回钱，怂恿被害人与其同陈某玩"插皮带"赌博。后陈某回来，三被告人

---

① （2023）湘0721刑初80号，载中国裁判文书网，最后访问时间：2024年5月28日。

将被害人带至无人处，由黄某、叶某与被害人合股，陈某下注，因黄某等人能通过"解皮带"的方式来控制输赢，遂会让被害人先赢两三次，再怂恿被害人玩一把大的，此时让陈某赢，以此骗得被害人钱款。

法院以被告人陈某犯抢劫罪，判处有期徒刑3年5个月，并处罚金人民币3000元，犯诈骗罪，判处有期徒刑9个月，并处罚金人民币6000元，决定执行有期徒刑3年10个月，并处罚金人民币9000元；被告人黄某犯抢劫罪，判处有期徒刑3年2个月，并处罚金人民币2000元，犯诈骗罪，判处有期徒刑8个月，并处罚金人民币5000元，决定执行有期徒刑3年6个月，并处罚金人民币7000元；被告人叶某犯抢劫罪，判处有期徒刑3年，并处罚金人民币2000元，犯诈骗罪，判处有期徒刑7个月，并处罚金人民币5000元，决定执行有期徒刑3年3个月，并处罚金人民币7000元。[①]

【案例3】受害人边某在网上购买了一个打牌作弊器，2019年3月30日，边某将自己有作弊器的事告诉了严某，严某又将此事告诉了周某，严某带周某认识了边某。周某、边某认为使用作弊器打牌能赢钱，并准备联系人打牌。周某打电话给陆某，并将此事告诉了陆某叫其联系其他人员打牌，陆某将此事告诉了余某（已另案判处），两人商量后准备"黑吃黑"，余某又找到被告人杨某、陈某（另案判处）、宋某（另案判处）、谌某（另案

---

① （2019）闽0922刑初352号，载中国裁判文书网，最后访问时间：2024年5月28日。

判处）等人在某宾馆商量后，余某、杨某安排谌某等三人与受害人打牌，分别拿了 5000 元钱给谌某等三人，并告知只管打牌不管输赢，如果没钱了就打电话。2019 年 4 月 1 日 12 时许，谌某等人便到一茶楼与受害人周某、赵某打牌。打牌进行了一段时间后，余某和宋某、陈某等人就按事先的安排冲进打牌的包间内，从周某处搜出作弊器。将周某、赵某强行带出茶楼后，又到一宾馆房间内将提供赌博作弊器的边某强行带出宾馆，欲将这三人用车拉至县火车站货场平台。因边某从车上跳下来准备逃跑，余某随即下车追赶，追上后，余某、谌某、宋某对其实施殴打，后将其与周某、赵某带至泸沽镇交通北路一宾馆房间内进行看守，并威胁三人拿钱。当日在三人最后同意每人拿 50000 元后，余某和杨某将赵某带离宾馆。在宾馆内周某、边某被威胁与家人联系筹钱。2019 年 4 月 2 日 11 时许，陈某、谌某、宋某等人将边某及周某带离宾馆，后杨某、陈某、谌某、宋某等人把周某、边某带往某山脚下，并用绳索将周某绑在一处电线杆上，陈某、谌某、宋某等人用绳索抽打周某。打了几分钟后，听说边某的妻子已经报警，便将周某、边某带下山，边某与朋友联系后拿到了 4000 元，周某通过家人于当日 20 时许拿到了 30000 元后，二人被放走。经鉴定边某的损伤为轻伤。

法院以被告人杨某犯敲诈勒索罪，判处有期徒刑 1 年 3 个月，缓刑 2 年，并处罚金人民币 20000 元。

【案例 4】被告人罗某、熊某、刘某、冷某（另案处理）以发三张扑克牌赌"公仔"的形式设局进行诈骗，罗某参与诈骗三次，涉案数额7500元，熊某、刘某各参与诈骗两次，涉案数额4700元。

其中，被告人罗某和冷某等四人（其余两人身份不详，绰号"马搞""老鬼"）从某汽车北站乘车到某县以赌"公仔"的形式设局进行诈骗。在车上冷某让"马搞"负责坐庄发牌，冷某、罗某、"老鬼"负责做"媒子"吸引路人。在资某县风雨桥上，按照车上事先安排的分工，"马搞"发牌，冷某、罗某、"老鬼"做"媒子"假装路人押注，不一会儿就吸引了很多中老年人围观。刘某甲围观后，在冷某等人的怂恿下，按冷某等人的意思，将钱分三次押在了折角的"公仔"牌上，因为牌是冷某等人事先准备好的，三张牌都在同一个位置上折过角，所以"马搞"在发牌的瞬间，利用特殊手法，将"公仔K"牌的折角磨平，将另一张牌的折角勾起，随后发牌打乱三个牌位置，刘某甲下注押钱后，结果全都猜错，其三次押钱共计2800元（分别押了800元、1000元、1000元），均被冷某、罗某等人骗走。后因刘某甲之子刘某丙识破骗局，罗某等人退还了700元给刘某丙。

三被告人诈骗老年人的财物，可酌情从重处罚。法院以被告人罗某犯诈骗罪，判处有期徒刑8个月，并处罚金人民币5000元；被告人刘某犯诈骗罪，判处拘役5个月，并处罚金人民币3000元；被告人熊某犯诈骗罪，判处拘役4个月，缓刑8个月，并处罚金人民币3000元。

【案例5】被告人张某、孙某1、孙某2伙同同案犯邱某

（另案处理）等人预谋，先后邀请被害人孙甲、孙乙、邱丙参与赌博，利用诈赌工具实施4起诈骗犯罪，骗得孙甲、孙乙、邱丙钱款。其中，张某参与作案2起，涉案金额56000元，分得赃款2000元；孙某1参与作案2起，涉案金额19000元，分得赃款2000元；孙某2参与作案1起，涉案金额22000元，分得赃款3000元。

法院以被告人张某犯诈骗罪，判处有期徒刑1年3个月，缓刑1年3个月，并处罚金人民币10000元；被告人孙某1、孙某2犯诈骗罪，分别判处有期徒刑6个月，各缓刑1年，并分别处罚金人民币4000元。

◎ 防骗攻略

近年来发生的老年人犯罪案件的数量很多。以上案件中的场景在生活中不断重复上演，如果老年人不注重自己的行为，去赌博、当老千，则不仅会因违法犯罪而受到法律制裁，还有可能被不法分子盯上而使自己被反骗、被讹诈。

1. 老年人不要沾染赌博恶习

一些老年人喜欢玩牌、打麻将，若再"加点料"，则玩起来会感觉更"刺激"。但是，"料"一定不能多，场合也不能随意，如果老年人的目的不再是单纯地打发时间，而是想碰运气赚钱，就变成赌博了。

赌博罪在客观方面表现为聚众赌博或者以赌博为业的行为。所谓聚众赌博，是指组织、招引多人进行赌博，本人从中抽头渔利。这种人俗称"赌头"，但赌头本人不一定直接参与赌博。所谓以赌博为业，是指嗜赌成性，一贯赌博，以赌博所得为其生活来源，这种人俗称"赌棍"。只要具备聚众赌博或以赌博为业的其中一种行为，即符合赌博罪的客观要件。

可见，赌博不仅能使老年人积攒半生的养老钱转眼灰飞烟灭，而且参与赌博本身也是违法犯罪行为。老年人在牌桌上一定不可逾越红线演变成赌博。那么，这条红线是怎么划分的呢？可以2017年5月10日武汉市公安局给一名市政协委员的回复[①]作为参考：

"麻将娱乐"与"麻将赌博"的界限如下：（1）不以营利为目的，亲属之间进行带有财物输赢的打麻将、玩扑克等娱乐活动，不予处罚。（2）亲属之外的其他人之间进行带有少量财物输赢的打麻将、玩扑克等娱乐活动，参与者不满10人，区分不同情形予以裁量和处罚：①人均赌资不满1000元的，未作处罚规定；②人均赌资1000元以上不满3000元的，处500元以下罚款；③人均赌资3000元以上不满5000元的，处5日以下拘留；

[①] 武汉市政协委员许方辉律师向市政协第十三届一次会议提出《关于以"法治思维"厘清"麻将娱乐"与"麻将赌博"的界限，让武汉市民打麻将不再提心吊胆的建议》，2017年5月10日得到了武汉警方的以上回复。参见《全国首例"麻将政协提案"获警方回复》，载新华网，http://www.xinhuanet.com/politics/2017-05/18/c_1120996371.htm，最后访问时间：2024年5月27日。

④人均赌资 5000 元以上的，处 10 日以上 15 日以下拘留，并处 500 元以上 3000 元以下罚款。

2. 要避免围观赌博

通过对老年人赌博犯罪案件的剖析可以发现，有的老年人就是在围观赌博时"凑角儿"而陷入赌博犯罪的。自己的好奇心和寻求刺激的欲望随着观战得到一定的满足之后，老年人对赌博的规则逐渐熟悉，会滋生跃跃欲试、亲身体验的冲动，在别人的怂恿和"凑角儿"的召唤下，便半推半就地参与其中，从而迈出了变成赌徒的第一步。虽然不是所有迈出第一步的人都会成为赌徒，但所有赌徒都是从这样的第一步开始的。要避免成为赌徒，关键在于控制自己不观战，更不要有第一次经历。一旦赌赢了，参赌者在贪婪欲望的支配下收手的情况不多，多数是恋战，以致赌瘾越赌越重，最终导致犯罪或者倾家荡产。如果是骗局，不法分子就会故意放水让你赢上几把，骗你坚定地走向"送钱路"。

路边的赌博摊更是险象环生，竟有多达两位数的不法之徒混迹其中。此类路边设赌摊的犯罪团伙通常流窜作案，他们的目标多为中老年人。这些不法分子利用参赌人员想赢的心理，一开始让受害人赢几局，随后便耍小伎俩，让受害人一直输钱，而对于那些对赌博不感兴趣的围观者，这些犯罪分子则会随时准备抢夺他们的财物。所以，提醒老年人：不要轻信陌生人的话，不要贪图小利，见到此类赌摊时不要围观，更不要参与。

3. 赌博绝不是发家致富之路

有人幻想赌博能让自己一夜暴富，但这是绝对不可能的。要牢记：赌博绝不是发家致富之路。其实很多赌博人员都会出老千，他们换牌的手法是超乎常人想象的。只要迈入赌博场所一步，可能就会越陷越深。

国家向来高度重视打击赌博活动，不断加大对赌博违法犯罪行为的处罚力度。老年人千万不要抱有侥幸心理，如果自己辛辛苦苦挣的钱输光了或者被骗了，那可真是得不偿失了。

4. 赌博诈骗套路深，"输掉裤子"是必然

案例 5 是一起典型的赌博诈骗案件，不法分子专门运用现代科技在赌场上作弊骗取钱财，好赌的老人一旦上当，后果将十分严重。如某甲、某乙、某丙、某丁共同实施了一起赌博诈骗：由某甲和某乙在棋牌室内同牌友玩"二八杠"，两人耳内都戴着微型耳机，某乙在领口上安装了一个微型针孔探头，某丙和某丁在附近的车中通过显示器观看。他们用特殊药水处理过麻将牌，普通人用肉眼看不见，但是某丙同某丁通过微型针孔摄像头能够看到麻将的点数，一筒的话背面就有数字1，依此类推。看到每个人手中的牌后，由某丁分析哪一家赢牌的概率大，再告诉某甲和某乙二人如何押牌……那么，这一场赌博的结局就可想而知了。

再如，2020 年 4 月，被告人张某购买一台自动麻将机，并与被告人韦某商议，由韦某垫资并联系他人到张某住处安装作弊设

备，通过小程序控制赌博输赢。同年12月，张某约韦某到其家中打麻将，并用之前装好的自动麻将机作弊设备和被害人吕某、陈某、刘某等人赌博，赌注每局1000元不等。其间，韦某通过作弊设备分别于2020年12月7日非法获利6000元，12月8日非法获利6600元，12月9日非法获利9600元，12月10日非法获利26000元。同年12月12日，张某通过作弊设备非法获利18000元。两被告人非法获利共计66200元。

第十节　信仰调养心态，迷信往往害己

> 封建迷信不可信，天下哪有真鬼神？虚构玄机装高级，让人以为遇神人。暗下打听偷真息，全为取信骗钱财。真学真知有信仰，才是人生好心态。

随着经济社会的发展，越来越多的人用科学的眼光认识世界，然而也有人仍盲目相信封建迷信，被"有心人"以治病、免灾、转运等为名骗取钱财。因迷信而上当受骗的老年人非常多，一般都是花点小钱。但是，如果被骗金额巨大，或追求的目标远远超过现实，那么老年人很可能就成为刑事犯罪的被害人。

◎ 典型案例

【案例1】2022年10月，常某、毛某伙同李某等3人（已另案处理）经过商量，决定"组团"进行诈骗。该团伙各成员分工明确，负责扮演不同的"角色"，其中常某扮演"算命大仙"，毛某负责当托儿假装算命，李某等人则负责物色对象及把风。常某等在一处菜市场门口摆摊假装算命时，吸引了不少人围观，61岁的赵某也在其中。常某等人通过一系列话术包装，成功骗取赵某信任后，告诉赵某其家中将会有灾难，随后以花钱消灾为由，要求赵某先后转账共1668元。其间，李某等人也一直在旁催促引导，营造紧张急迫的氛围。然而当赵某再次来到卦摊时，却发现常某等人早已消失不见。据调查了解，几名被告人以上述相同手段骗取6名被害人钱财共计10695元。

法院经审理认为，被告人常某、毛某伙同他人，以非法占有为目的，多次骗取他人财物，数额较大，其行为均已构成诈骗罪，应予惩罚。综合考虑常某、毛某在共同犯罪中的作用等，依照相关法律规定，两名被告人因犯诈骗罪被分别判处有期徒刑8个月、7个月，并各处罚金人民币3000元。[1]

【案例2】2020年12月24日，被告人林某、章某、周某（在逃）在某小区附近遇到被害人任某（81岁）。林某谎称要

---

[1] 《以算命消灾等为借口诈骗老年人钱财 两名被告人犯诈骗罪被判刑》，载光明网，https://m.gmw.cn/2024-01/06/content_1303622713.htm，最后访问时间：2024年6月24日。

找老中医看病，让任某陪同其一起去，被告人周某谎称自己知道哪里可以找到老中医，并带任某至章某处。章某冒充"神医"的孙女，告诉任某其儿子三日之内会遭遇灾难，并劝说任某花钱消灾。三人分工合作，利用迷信方式骗取任某38000元及一个银手镯、一个金手镯、一对金耳环、半截金元宝。

【案例3】王某在其开设的某诊所内，组织、安排杨某等人作为"医托"，以赠送礼品、同样病情在诊所一样可以治愈等为由，诱骗老年人到诊所就医，同时套取老年人患病情况、家庭情况等信息并发送至内部联络群。之后由蔡某等人冒充"神医"，利用提前获知的信息取得老年人的信任，虚构"药品"实际疗效，以高价出售这些"药品"，骗取10余名老年被害人共计160000余元。经查明，冒充"神医"的蔡某等人均无行医资质，售卖的"药品"均为该团伙自制，不仅未经药品监督管理部门批准，而且无实际功效。

法院以被告人王某等9人犯诈骗罪，判处9个月至5年不等有期徒刑，并处相应罚金。①

【案例4】被告人闻某以及张某、李某、徐某、师某（该四人已判决）、杨某（在逃）通过电话联系，预谋到某地以"神医看病"的幌子骗取钱财。2016年5月22日，李某六人从某地打

---

① 《北京市检察机关打击整治养老诈骗犯罪典型案例》案例三，载北京政法网，https://www.bj148.org/wq/szfdw/bjsjcy/202209/t20220907_1638922.html，最后访问时间：2024年5月27日。

车到某县城。假扮"生病女儿的母亲"的杨某遇到正在路上行走的魏某，佯装向魏某打听"神医"住处。假扮"知道神医住处的好心路人"的张某称其因"老神医"为其家人看好病正欲去感谢"神医"，遂带杨某和魏某一起去找"神医"。途中，张某、杨某通过聊天套取了魏某的家庭情况，紧跟其后的师某将听到的情况告诉在寻找作案地点并假扮"神医孙女"的李某。徐某、闻某跟在最后负责望风。张某、杨某将魏某带入李某处，在张某、杨某的配合下，李某虚构魏某的儿子将发生车祸，应将家中的钱财拿出请"神医"为其儿子消除灾祸，从而骗得魏某现金及存款提现共计110000元。

后，被告人闻某以及张某、李某、徐某、师某、杨某乘车到某市再次实施诈骗。张某假扮"生病女儿的母亲"在村口佯装向被害人沈某打听某诊所老中医的住处。假扮"知道神医住处的好心路人"的师某称老中医已经不给外人看病，遂带着沈某和张某去找老中医。途中，张某、师某通过聊天套取了沈某的家庭情况。紧跟其后的杨某了解沈某的家庭情况后，超过他们，先行进入某小区。徐某、闻某、李某跟在最后负责望风。张某、师某将沈某带入某小区见到假扮"老中医孙女"的杨某，在张某、师某的配合下，杨某虚构沈某的孩子有灾祸，应将家中的钱财拿出请"神医"为其孩子消除灾祸，骗得沈某回家取了20000元交给杨某。

法院以被告人闻某犯诈骗罪，判处有期徒刑4年8个月，并处罚金人民币 20000 元。

◎ 防骗攻略

精神有寄托有利于老年人的身心健康。认识出现偏差并不可怕，毕竟人无完人，在纠正或弥补以后可以更好地前行。

1. 打着神的名义要钱，就是骗局

迷信首先是在认识上存在偏差，关键在于迷信是一种过度的自信，使人丧失自我纠正的能力。本节涉案老年人就多数属于迷信者，可怕的是，一生积累的财富，可能会因为迷信而很快被骗光。

近年来，利用封建迷信诈骗老年人的案件时有发生，老年人因为警惕性不高、迷信心理重、容易为家人担心等因素，已经成为该类诈骗案件的主要侵害对象。例如，2020 年 5 月 13 日，被告人罗某、李某、杨某在某镇以找"神医"看病为由取得被害人谢某的信任后，李某告诉其家中将有灾祸，要用钱来化灾，后杨某驾驶摩托车接送罗某和谢某回家取钱，并将谢某家中的现金 15600 元用报纸包好，李某在给钱假装做法事时趁谢某不注意借机调包，将谢某做法事的 15600 元盗走；2020 年 7 月 7 日，被告人罗某、李某、杨某在某镇以同样的手法骗得被害人杨某 1 的信任，并由杨某驾驶摩托车接送罗某和杨某 1 回家取出 600 元，李某在给钱假装做法事时趁杨某 1 不注意借机调包，将杨某 1 做法

事的 600 元盗走。① 再如，2021 年 4 月 8 日，被告人章某、唐某与蔡某（在逃）一同坐车到达某镇，唐某在农贸市场外物色到作案目标叶某（78 岁）后，佯装寻找"高老师"为自己家人消灾治病，章某随后佯装成知情人称认识"高老师"，愿意为二人带路。随后唐某、章某将叶某带至一僻静处，蔡某佯装"高老师"的孙子告诉叶某家中有灾祸，需要拿钱做法事才能消除。叶某信以为真，遂回家拿了现金 5000 余元、银行取款 25000 元交给蔡某，蔡某让叶某念十遍咒语，叶某听从其安排，蔡某、章某趁机携款逃离现场。

神不食人间烟火，要人民币作甚？既然是"破财免灾"，那么要神做甚？这组案例中的各被害老年人的教训是深刻的，是值得其他迷信的老年人吸取的。生活中一旦遇到前述"大仙""神人""转世"，就一定要提高警惕，这些案例是很好的参考。老年人要破除封建迷信思想，崇尚科学，切勿相信"天降灾祸""鬼怪害人""作法祛病消灾"等迷信之说，不要轻易将家庭情况告诉陌生人，遇到过于热情的陌生人，一定要提高警惕。一旦上当受骗，就要及时报警。

2. 要加大对老年人群的普法警示宣传力度

案例 4 中的骗术，是多人分工实施诈骗老年人犯罪中最为老套的一种，笔者几乎每年都能看到"同模板"的案例。令人难过

---

① （2020）川 2022 刑初 143 号，载中国裁判文书网，最后访问时间：2024 年 5 月 28 日。

的是，每年都不断地发生类似骗局。希望读者们能够多向身边的老年人讲讲如下一些典型案件的情形，少一些"模板"式悲剧的重演。

第一步：物色老年人，分工配合邀请"入戏"。

在整个骗局中，团伙成员分工明确，配合熟练。由两名团伙成员以找"大师"算命为名"问路"，主动与受害人搭讪，邀请其搭车一起去找"大师"算命，后套取受害人的家庭相关信息。

第二步：假扮"大师"登场，获取被害老年人的信任。

团伙成员现多驾驶汽车乘载受害人，到达偏僻路段"巧遇"由团伙成员扮演的"大师"。本书案例中一同伙先偷见"大师"，也有团伙成员通过手势暗语把受害人家庭信息通报给"大师"。随后，"大师"精准地"算出"受害人家庭的基本情况，让受害人对其能力深信不疑。此时，"大师"又故弄玄虚，说受害人的家中有害人的"鬼怪"，家人近日将有血光之灾。

第三步：被害老年人信以为真，思想上完全落入圈套。

当被害老年人惊慌失措讨要破解之法时，"大师"声称只要受害人拿钱财来做一场"法事"即可消灾，而且钱财越多"法事"的效果越好。受害人取来现金后，团伙成员用报纸或黑色塑料袋把现金包起来交给"大师"做"法事"。

第四步：钱财一旦到手，团伙就按预谋的步骤迅速消遁。

在做"法事"过程中，"大师"趁受害人不备，拿出事先准备好的装有冥币或杂物的报纸包或黑袋进行调包。做完

"法事"，"大师"会把调换过的包还给受害人，并叮嘱其七七四十九天或走出九十九步后才能打开，否则"法事"不灵，后团伙按预谋的方式快速分散撤离。

3. 子女要多陪伴老人

子女应当让老人多接触外界的信息，或经常抽空陪老人外出。老年人会迷信可能是因为缺乏精神食粮，子女要做的就是提供一些精神食粮。这样就会极大地降低老年人被骗的风险。

第二章
如何避免成为经济犯罪的受害者

经济犯罪，是指在社会经济的生产、交换、分配、消费领域，为谋取不法利益，违反国家经济、行政法规，直接危害国家的经济管理活动，依照《刑法》应受刑罚处罚的行为。经济犯罪的各罪名主要反映在《刑法》分则第三章规定的破坏社会主义市场经济秩序罪各条中，老年人容易成为《刑法》第176条非法吸收公众存款罪、第192条集资诈骗罪、第222条虚假广告罪、第226条强迫交易罪、第224条合同诈骗罪之一的组织、领导传销活动罪以及第172条持有、使用假币罪的被害人。[1]

第一节 存银行最保本，沾非吸[2]折大部

> 为了吸资先洗脑，传单推介少不了。今天让你免费用，明天带你豪华游。办个会卡可返息，签个合同算投资。其中奥秘不难解，不定人群是非吸。

非法吸收公众存款罪，是指非法吸收公众存款或者变相吸收公众存款，扰乱金融秩序的行为。根据《刑法》第176条的规定，非法吸收公众存款或者变相吸收公众存款，扰乱金融秩序

---

[1] 这里的"持有、使用假币罪的被害人"，并非法律意义上的表述，是指使用假币诈骗手段骗取老年人钱财犯罪案件的被害人。

[2] 非吸，即非法吸收公众存款，下同。

的，处3年以下有期徒刑或者拘役，并处或者单处罚金；数额巨大或者有其他严重情节的，处3年以上10年以下有期徒刑，并处罚金；数额特别巨大或者有其他特别严重情节的，处10年以上有期徒刑，并处罚金。单位犯前款罪的，对单位判处罚金，并对其直接负责的主管人员和其他直接责任人员，依照前款的规定处罚。有前两款行为，在提起公诉前积极退赃退赔，减少损害结果发生的，可以从轻或者减轻处罚。

根据《最高人民法院关于审理非法集资刑事案件具体应用法律若干问题的解释》第1条的规定，违反国家金融管理法律规定，向社会公众（包括单位和个人）吸收资金的行为，同时具备下列4个条件的，除刑法另有规定的外，应当认定为《刑法》第176条规定的"非法吸收公众存款或者变相吸收公众存款"：（1）未经有关部门依法许可或者借用合法经营的形式吸收资金；（2）通过网络、媒体、推介会、传单、手机信息等途径向社会公开宣传；（3）承诺在一定期限内以货币、实物、股权等方式还本付息或者给付回报；（4）向社会公众即社会不特定对象吸收资金。未向社会公开宣传，在亲友或者单位内部针对特定对象吸收资金的，不属于非法吸收或者变相吸收公众存款。

非法吸收公众存款的犯罪时有发生，因为该类案件的被害者众多，严重危害了老年人的财产安全。从近年来发生的案件看，以现金返利、免费购买保健品、免费旅游等噱头非法吸收公众存款的方式较为普遍。

◎ 典型案例

【案例1】周某为某老年产业公司的法定代表人兼总经理,雇佣谢某担任该公司营销团队主管并负责公司融资事宜。2014年7月至2016年10月,周某、谢某租用某风景区地块,用于建设养老院,通过散发传单、熟人介绍、参观考察、讲课动员等公开宣传方式,吸引老年投资者,并以缴纳养老床位预订金可领取福利补贴作为返利为诱饵,共计吸收郑某、吴某等200余名投资者1210万元,造成实际损失955万余元。

【案例2】郑某(未在案)、金某(另案处理)经预谋,成立某典藏公司,招募李某等人(均另案处理)进行非法集资。某典藏公司在多地设立甲公司等13个具有独立法人资格的下属公司,在某典藏公司的统一管理下开展工作,资金由某典藏公司统一安排调配。某典藏公司设有邀约部、市场部、财务部等部门,各地下属公司也相应设立了多个部门,各部门人员按照总公司部门职能分工,从事非法吸收公众存款犯罪活动。

在未经金融监管部门批准的前提下,各下属公司邀约部员工在接受专门诱骗客户的话术培训后,通过拨打公司财务部非法获取的公民电话号码信息,向社会不特定公众宣称到公司可免费参观了解收藏品、免费领取礼品。不特定社会公众被吸引至公司后,经过专门诱骗客户话术培训的销售人员向其许诺藏品有收藏价值,能获得高额回报,并虚构在一定期限后公司会以高于市场价的价格回购或者帮助拍卖藏品，诱骗集资参与人特别是中老年集资参与人购买钱币、字画等藏品，给集资参与人造成重大经济损失。

甲公司通过招募方式吸纳被告人王某等12人参与犯罪活动。2018年5月，邢某（另案处理）受金某指派作为甲公司的店长管理公司业务，招聘并培训业务员，以参观领取免费礼品为诱饵，吸引不特定公众到店后，以销售航天钞为前提，进一步推销字画等藏品，虚构其升值空间，变相吸收不特定公众资金。

至案发前，已核实非法吸收朱某等33名集资参与人合计金额为731万余元。其中，被告人邢某担任领导职务期间甲公司销售藏品金额总计163万余元，其任职期间在甲公司和乙公司累计销售藏品35万余元，涉案金额共计199万余元……

法院以王某等12名被告人犯非法吸收公众存款罪，分别判处1年4个月至3年2个月不等有期徒刑，并分别处人民币2万元至5万元不等罚金。①

【案例3】被告人周某、钟某开设四川某竹业公司攀枝花分公司，欲以开办竹制品企业的名义吸收资金用于改善四川某竹业公司的经营状况。2017年上半年，四川某竹业公司攀枝花分公司以发放传单、召开推介会等方式吸引老年人与公司签订"劳务合同"，以缴纳"商品保证金"的形式吸收资金，同时承诺以"劳

---

① （2020）吉0103刑初110号，载中国裁判文书网，最后访问时间：2024年5月28日。

务费"的方式，每投入1万元每月返还利息200元。该公司成立后，共向李某、刘某等99人非法吸收存款262.3万元。案发后，四川某竹业公司已向集资参与人返还本金172.23万元。

法院以被告人周某、钟某犯非法吸收公众存款罪，分别判处3年有期徒刑，并分别处罚金人民币5万元。

【案例4】 2019年6月19日，被告人张某注册某商务公司。2019年6月至2020年5月，张某在没有任何实体经营，没有任何金融部门颁发相关许可证的情况下，面向老年人这一不特定群体，利用开会宣讲、口口相传、微信群宣传以及发放传单等方式，对外宣传某商务公司的高额返利模式：每单1000元，每月返利3次，每次50元，返满10个月，共返1500元。张某以此鼓动大量人员进行投资。张某招募阴某、王某等人作为店长，授意他们对外宣称某商务公司及高额返利的模式，发展投资人，并根据"业绩"给予报单奖励，利用店长直接收取被害人钱款并使用其本人及其他人银行卡收取店长转来的被害人投资款。在此过程中，张某以某商务公司发展"电商平台""家庭托管""串门旅游""生活纪念馆"四大板块为噱头对外宣传，诱使集资参与人投资，该模式经营一段时间后突然停止返利，从而造成部分集资参与人经济利益受损。2020年8月，在某商务公司停止返利后，张某对投资群体公开售卖股权，并以购买股权才能优先偿还以前投资返利为要挟，在未进行任何工商股权变更的情况下，收取每位投资人2000元股权费。张某通过上述方式吸收共计107

名集资参与人的存款，金额共计 3887287 元，已返利金额共计 2071396 元，给被害人造成经济损失共计 1815891 元。

法院以非法吸收公众存款罪判处被告人张某有期徒刑 2 年 6 个月，并处罚金人民币 300000 元。[1]

◎ 防骗攻略

非法吸收公众存款罪侵害的客体是国家的金融监管秩序，那么非法吸收公众存款案件是否存在被害人？如果老年人明知是非法吸收公众存款还参与牟利，那么其财产损失有可能得不到法律的保护，因此一定要慎行。

老年人如何防范非法吸收公众存款犯罪呢？

1. 要看主体或平台本身是否拥有合法的资质和牌照

要看是否为由证监会批准、拥有正规券商牌照的符合主体资质的企业。如果没有资质，则借款就可能涉嫌非法吸收公众存款。

2. 要看吸收公众存款的手段是否符合法律规定

比如在某证券案中，某证券公司虽具有合法的相关资质牌照，但其控制人为了筹集资金，以理财为名向客户承诺保本付息吸收存款，这种保本付息承诺的委托理财行为就被法院认定为一

---

[1] （2023）辽 0112 刑初 99 号，载中国裁判文书网，最后访问时间：2024 年 5 月 28 日。

种非法吸收公众存款的行为。

3. 要看是否向不特定公众吸收资金

若假借签订劳务合同、员工借贷合同、借款协议、股权认购协议等合法形式掩盖向不特定公众吸收资金的非法目的，仍会被追究责任。在案例3中，就是采取老年人与公司签订"劳务合同"的方式进行非法吸收公众存款犯罪的。

4. 要看表现形式

如果有类似已经被追究非法吸收公众存款刑事责任的典型表现的，则一定要提高警惕。从已经判决的案件情况来看，主要的非吸形式有：高额回报、委托理财、筹集发展资金、加盟补贴、购买预存卡；以返本、包租、回购、份额等方式售房；以代种、租种、联种等方式养殖；以回购、寄存、代售等方式销售商品；以虚假转让股权、发售虚构债券等方式发行股票、债券；以境外基金、虚构基金等方式发售假基金；以险企、保单等方式销售假冒保险；等等。

第二节 "投资""养老"兼顾,"两不误"型非吸

> 扛着养老大旗走,预存服务是噱头。给你诱惑足够多,羊毛出在羊身上。貌似合理实非法,无非把手藏得深。"投资""养老"两不误,此种非吸最害老。

老年人将个人财富用来供自己养老是第一要务,于是,以投资建设养老机构或者提供养老服务为由的非法吸收中老年人投资成为一些犯罪分子的新招数。近年来因"投资""养老"两不误型非吸上当的案件高发,而且都具有典型性。《最高人民法院关于审理非法集资刑事案件具体应用法律若干问题的解释》将"以提供'养老服务'、投资'养老项目'、销售'老年产品'等方式非法吸收资金的",明确增加为以非法吸收公众存款罪定罪处罚的情形。

以占有为目的吸收存款就是诈骗犯罪,被害人不仅没有任何收益,有的甚至还搭上了老本。

◎ **典型案例**

【案例1】2017年10月,某养老公司法定代表人王某注册

成立某养老公司柳州分公司。2017年11月至2018年11月，该公司实际由被告人罗某1控制，被告人罗某2负责协助管理，二人利用该公司在柳州市大肆宣扬某养老公司经营的养老项目，使投资人与该公司签订《某公寓预定养生服务合同书》，以每年每万元返现金约900元或返消费券900元的返利方式，向110名投资人非法吸纳资金共计4310000元。

法院以非法吸收公众存款罪判处被告人罗某1有期徒刑3年6个月，并处罚金人民币150000元；判处被告人罗某2有期徒刑3年，并处罚金人民币100000元；责令被告人罗某1、罗某2退赔本案集资参与人经济损失共计人民币4187755元。[①]

【案例2】某老年公寓公司（已判刑）于2012年6月6日成立，法定代表人为鲁某（已判刑），公司业务范围为老年人养老服务、休闲垂钓（涉及行政许可的须取得行政许可后方可经营）。在经营过程中，某老年公寓公司招募营销团队，设立董事长、总经理、副总监、部长、区域经理、业务员等行政管理层级，并在多地设立办事处，通过发放宣传单、召开宣传会等方式向社会公开宣传养老服务，以每年支付7%~10%的福利消费卡（利息）及入住老年公寓可享受折扣为诱饵，在未经银监部门批准的情况下，以交纳养老合同金的形式，向不特定公众吸收资金。

---

① 《广西法院公布一批打击传销、非法集资犯罪典型案例》，载广西新闻网，http://news.gxnews.com.cn/staticpages/20210615/newgx60c895af-20310011-2.shtml，最后访问时间：2024年5月28日。

2012年，某老年公寓公司成立益阳办事处，办事处设副总、总监、部长、经理、业务员五个职务层级，各层级职员都有固定工资加业绩提成。经鉴定，截至2020年6月30日，某老年公寓公司益阳办事处与4362名投资人共签订10282份《购买养老服务合同书》，非法吸收存款共计3.786396亿元，扣除当月退出及合单造成的无效或重复出资4034.96万元后，益阳办事处非法吸收投资人投资总额为3.3829亿元。被告人刘某自2015年12月进入某老年公寓公司益阳办事处担任业务员，于2018年3月至11月担任部长，工作期间其个人吸收资金1107.5万元，非法获利10.324万元。

法院以被告人刘某犯非法吸收公众存款罪，判处有期徒刑1年6个月，缓刑2年，并处罚金人民币10万元。①

【案例3】2016年6月前后，肖某、蔡某（二人均另案处理）经预谋，准备成立养老服务公司，通过修建部分养老基地、虚构与其他养老机构联营等方式，以预存费用享受低廉养生、度假、旅游等养老服务进行非法集资。依照肖某、蔡某的安排，曾某（另案处理）安排陈某担任准备成立的养老公司法定代表人，负责对外签订合同、收支集资款等。肖某通过银行短信的形式监控融资款，并安排资金支出。蔡某为公司顾问，负责集资项目的总策划、联营养老基地、推广业务、引进施工队修建基地、对××岛基地上原有建筑进行装修。2016年7月7日，甲养老服

---

① （2023）湘0902刑初18号，载中国裁判文书网，最后访问时间：2024年5月28日。

务公司成立，陈某担任法定代表人。同年7月25日，乙养老服务公司成立。该公司股东为甲养老服务公司（占股80%）和某果业公司（占股20%），陈某为法定代表人。随后，肖某、蔡某、陈某等人又陆续在自贡、威远、富顺、攀枝花等10余地市成立甲养老服务公司和乙养老服务公司的分公司或营业网点。后经肖某、蔡某与被告人熊某共同商议，由被告人熊某负责或介绍融资团队，以养老服务的名义开展融资业务，并约定按融资款的3%提取介绍费。2016年10月，甲养老服务公司在某小区设立营业点；同年11月10日，乙养老服务公司租赁某大厦27楼作为办公地点设立分公司，陈某均为法定代表人。被告人熊某介绍刘某（在逃）到甲养老服务公司富顺营业点组建融资团队；介绍周某（另案处理）到乙养老服务公司自贡分公司组建融资团队，开展融资业务。刘某、周某领导的融资团队以养老服务的名义，采取打电话、发放传单、发放礼品、搞活动、听讲座、吃饭和参观养老基地的方式向老年人宣传预存养老服务，以每月兑付融资款的2%作为消费补贴，到期还本的方式让不特定公众预存消费。随后，乙养老服务公司自贡分公司向黄某等98名被害人进行非法集资；甲养老服务公司富顺营业点向兰某、喻某等74名被害人进行非法集资。其间，被告人熊某获得乙养老服务公司自贡分公司介绍融资团队的介绍费2万元。经司法鉴定中心司法鉴定意见书认定，乙养老服务公司自贡分公司自2016年12月16日起至2017年5月18日止非法吸收公众存款306.965万元，支付借款利息10.585

万元；甲养老服务公司富顺营业点自 2016 年 10 月 20 日起至 2017 年 5 月 2 日止非法吸收公众存款 202.635 万元，支付借款利息 14.9657 万元。

法院以被告人熊某犯非法吸收公众存款罪，判处有期徒刑 2 年，并处罚金人民币 3 万元。

【案例 4】2012 年以来，被告人宁某伙同胡某（另案处理）、张某（已判决）等人以经营某农业科技公司、甲实业公司、某酒店管理咨询公司及周口分公司、乙实业公司及周口分公司等名义，通过宣传以及口口相传的方式，面向社会不特定对象非法吸收公众存款。胡某为上述总公司负责人，犯罪嫌疑人宁某为周口分公司负责人，张某为周口分公司会计。2012 年至 2016 年，犯罪嫌疑人宁某伙同张某以支付高额利息、投资风险小为诱饵，许诺公司将来办理养老院后，投资客户可以参加养老，以和客户签订员工借贷合同、聘用协议、借款协议、股权认购协议等形式，在周口市共涉及吸收存款客户 115 人，非法吸收公众存款 3173.3235 万元，其中：根据鉴定报告，截至 2018 年 2 月 7 日，累计报案 111 人，累计非法集资 3089.3235 万元，累计自报结算利息 149.7835 万元，退还本金 192 万元；后通过公安机关补充侦查，另在周口市吸收赵某等 4 名客户存款共计 84 万元，自报已付利息 11.29 万元。

法院以被告人宁某犯非法吸收公众存款罪，判处有期徒刑 4 年，并处罚金人民币 5 万元。

【案例5】2012年12月至2018年4月，曹某先后成立并实际控制某健康咨询公司、某投资股份公司、某投资控股（上海）公司、某投资管理（北京）公司等众多"爱晚系"公司，以年化收益率8%~36%的高额回报为诱饵，以签订居家服务合同、艺术品交易合同等，提供居家养老服务、进行艺术品投资等为由，通过散发传单、口口相传等方式进行虚假宣传，向社会不特定公众非法集资。[①]

爱福家即专为老年人设置的骗局，其"骗术"总结起来有四步[②]：首先，在公园、小区、菜场等老年人活动区域发放扇子、鸡蛋等小礼品吸引关注，邀请老年人到公司参加活动；其次，向老年人不断灌输新型养老、金融养老的概念，宣扬全国有多个养老项目，还可投资艺术品；再次，以远高于银行的利息为诱饵，骗取小额、首单投资，并且会保障前期按月兑现；最后，等老年人放松警惕，骗取更多积蓄。

高收益、免费旅游、住进养老院等，"爱晚系"打着这些旗号骗了一拨儿又一拨儿老年投资人。

另据警方透露，爱福家仅是这桩投资诈骗案中的一环，通过养老、地产、电商、互联网理财"四驾马车"以及背后的500余

---

① 《"爱晚系"曹某一审获无期：被控吸收公众资金132亿》，载新京报，https://www.bjnews.com.cn/detail/157475155215055.html，最后访问时间：2024年5月27日。

② 《爱福家实控人被押解回国：向中老年人集资百亿》，载金融界百度百家号，https://baijiahao.baidu.com/s?id=1619096808897977561&wfr=spider&for=pc，最后访问时间：2024年5月27日。

家关联公司，实际控制人曹某编织了一张名为"爱晚系"的商业巨网，目标是牢牢套住老年人的钱袋子。而曹某手握公司所有投资款项，潜逃失联。

据媒体调查，曹某背后拥有实际控制权的企业多达501家。这些企业主要分为四类，分别对应公司的四大业务。

首先是数量最多的"健康咨询""养老服务""健康管理"类公司，它们是爱福家的各个营业门店的主体，也是合同中的乙方，负责寻找老年投资人。其次是以"江苏爱晚"为代表的四家养老社区，不仅充当了"爱晚系"养老的"门面"，还是买卖合同中的实物担保方。再次是多家冠以"信息技术""网络技术""农业发展""农业科技"的企业，主要负责运营"爱晚系"的线下和线上商品平台。最后是上海某电子商务公司，也是出具合同的主体。

◎ **防骗攻略**

既可以投资养老地产又有高利息回报，还能因此免费体验现代智能养老，结果却是一个大骗局。如此打着养老的旗号诈骗老年人的案件，近年来频发。

1. 面对钻法律空子、打擦边球的投资要谨慎，其可能已经越过了法律红线

本节案例主要以投资养老院、预存养老服务开支、员工借贷等方法非法吸收公众存款，表面上看没有触碰法律红线，手段相对更加隐蔽。为了掩盖非法吸储而与不特定人员签订《员工聘用合同》和《员工借贷合同》，其与非法吸储的本质是一样的。虽然从形式上看没有触碰法律红线，但是若经不住司法追究程序的考验，则投资损失就不可避免。当前我国正加速步入老龄化社会，人民群众对优质养老服务的需求日益增加。个别犯罪分子打着养老的旗号以提供"养老项目""养老服务""老年公寓"等名义，以返本销售、售后返租、约定回购、承诺高额回报等形式向老年人群变相吸收资金，让众多被害人损失严重，甚至造成部分老年被害人多年积攒的养老金血本无归。因此，选择养老机构时首先应全面核查该机构相关证件并按规定签订养老服务协议，其次对于要预付高额养老服务费用的要求务必谨慎对待，不要被高额回报所诱惑，并提醒、劝阻身边的亲人朋友，远离非法集资，守好自己的养老金。

2. 连出国游都能免费，可能就是"羊毛出在羊身上"，最后自己的钱不可能全都拿回来

本节案例是以将来可以获得机构养老为诱饵。在案例4中，被告人宁某供述："总公司要求我们主要对外营业，把收到的资金直接打到总公司账下，以前公司的金卡和白金会员可以持卡消费，会员没有全部返还的剩余金额转为定期投资并发展新的投资客户，将会员制变成定期投资。宣传方式主要是会议宣传、板报宣传、蔬菜基地、景区实地考察。根据投资金额多少分国内和国

外旅游，国内主要去景点旅游、科技园考察，国外主要去韩国，并且全部是免费的。公司宣传时称，公司将来办理养老院后，投资客户可以参加养老，所以投资客户主要以老年人为主。公司承诺以投资金额大小和投资时间长短确定利息，月息主要有5分、3.5分、2.5分、2分不等，总公司还给办事处承诺，每月按投资总金额的1%返钱，但是我负责的办事处没有收到过总公司的任何钱。"几乎所有非吸案件中，前半段时间给予的好处都是投资者自己投入的钱，一般"好处"越大，崩盘越快。

3. 天下没有免费的午餐，免费的养老服务是靠不住的

不仅本节案例中许诺的养老服务全都无法兑现，还有一些直接的许诺也是"空头支票"。中消协公布《警惕"分时度假式"养老陷阱》案例[1]中提到，曾老先生在工作人员的带领下参观了一处养老院，得知会定期组织会员到外地进行"分时度假式养老"，便交付了"一次性设施购置费"1万元。签订合同取得"度假式养老"度假卡后，曾先生和好友温先生参加了商家组织的广东省内游，发现该次旅行费用比旅行社还要高。曾先生认为其没有享受到实质性优惠，要求商家退款，却发现合同上写明"一次性设施购置费不可退"。

---

[1] 上海消保委：《【消费知识】老年人养老典型投诉案例》，2018年3月5日发布，https://mp.weixin.qq.com/s?__biz=MjM5ODQyMzA2NQ==&mid=2649559901&idx=2&sn=640001aa7b3110e2882004c86e6a857f&chksm=bed34c2b89a4c53dfb3c6085297d07dd78bb683c777d484554e3ee321eb8b0b5d9014db5ba65&scene=27，最后访问时间：2024年5月27日。

养老服务中出现的以上因被诱导或误导而签署合同造成财产损失的问题，主要表现为销售人员在介绍产品时往往夸大宣传，内容与合同不符，许诺的高回报因违反经济规律而无法兑现等。一方面，应当加大对营利性养老机构的监管，对非法吸收公众存款犯罪严厉打击；另一方面，老年人在涉及大额消费或签订相关合同时，一定要事先告知子女，在子女等家人的陪同下作出相关决定，避免误判。

第三节　最美丽之言辞，阴险集资诈骗

> 谎言总被丽辞掩，"合法外衣"确难识。融资"项目"似存在，高息回报实离谱。甜言听尽莫轻信，正规网站验验真。投资务必多谨慎，一朝陷潭难拔身。

近年来，一些机构和企业打着"养老服务""健康养老"等旗号，以"高利息、高回报"为诱饵，在养老服务领域实施非法集资，严重侵害广大老年人的合法权益，破坏了养老服务健康发展秩序。2022年11月7日，《民政部 公安部 市场监管总局 中国银保监会关于加强养老机构非法集资防范化解工作的意见》发布，专门针对常态化养老机构非法集资防范化解工作作出了制度

安排。

非法集资犯罪，主要包括非法吸收公众存款、集资诈骗等非法集资犯罪活动。

集资诈骗罪，是指以非法占有为目的，使用诈骗方法非法集资，数额较大的行为。根据《刑法》第192条的规定，以非法占有为目的，使用诈骗方法非法集资，数额较大的，处3年以上7年以下有期徒刑，并处罚金；数额巨大或者有其他严重情节的，处7年以上有期徒刑或者无期徒刑，并处罚金或者没收财产。

"诈骗方法"，是指行为人采取虚构集资用途，提供虚假证明文件，并以高回报率为诱饵，从而骗取集资款的手段。

集资诈骗罪与非法吸收公众存款罪的区别，主要表现在犯罪的主观故意不同。集资诈骗罪是行为人采用虚构事实、隐瞒真相的方法，意图永久非法占有社会不特定公众的资金，具有非法占有的主观故意；而非法吸收公众存款罪的行为人只是临时占用投资人的资金，并承诺且愿意还本付息。从筹集资金的目的和用途来看，如果向社会公众筹集资金的目的是用于生产经营，并且实际上全部或者大部分的资金是用于生产经营，则定非法吸收公众存款罪的可能性更大一些；如果向社会公众筹集资金的目的是用于个人挥霍，或者用于偿还个人债务，或者用于单位或个人"拆东墙补西墙"，则定集资诈骗罪的可能性更大一些。从单位的经济能力和经营状况来看，如果单位有正常业务，经济能力较强，在向社会公众筹集资金时具有偿还能力，则定非法吸收公众存款罪的可能性更大一些；如果单位本身就是空壳公司，或者已经资不抵债，没有正常稳定的业务，则定集资诈骗罪的可能性更大一些。从造成的后果来看，如果非法筹集的资金在案发前全部或者大部分没有归还，造成投资人重大经济损失，则定集资诈骗罪的可能性更大一些；如果非法筹集的资金在案发前全部或者大部分已经归还，则定非法吸收公众存款罪的可能性更大一些。从案发后的归还能力看，如果案发后行为人具有归还能力，并且积极筹集资金实际归还了全部或者大部分资金，则定非法吸收公众存款罪的可能性更大一些；如果案发后行为人没有归还能力，而且全部或者大部分资金没有实际归还，则定集资诈骗罪的可能性更大一些。从刑罚力度上看，犯非法吸收公众存款罪的，处3年以下有期徒刑或者拘役，并处或者单处罚金；数额巨大或者有其他严重情节的，处3年以上10年以下有期徒刑，并处罚金；数额特别巨大或者有其他特别严重情节的，处10年以上有期徒刑，并处罚金。犯集资诈骗罪的，数额较大的，处3年以上7年以下有期徒刑，并处罚金；数额巨大或者有其他严重情节的，处7年以上有期徒刑或者无期徒刑，并处罚金或者没收财产。

非法集资者，往往工商执照、税务登记等证照"样样俱全"，他们打着"投资咨询""股权投资""财富管理""资产管理""众筹"等旗号，通过所谓的"能人"引领、高息揽储、暴利引诱、短期兑现等方式，以"合法外衣"之名行欺诈骗财之实。

从法院审理的案件来看，非法集资诈骗案件被害人数一般少则几十人，多则成百上千人，以老年人为主；涉案金额少则百万元，多则几亿元、上百亿元，且基本无法追回。

◎ 典型案例

【案例1】2009年至2012年，被告人宋某以煤炭生意需要资金为由，在未经相关部门批准的情况下，以月息2分至3分的回报为诱饵，向社会不特定对象吸收资金。2012年后，宋某隐瞒不再经营煤炭生意的事实，仍以经营煤炭需要资金为由，通过口口相传的方式，骗取社会不特定对象的资金。截至2020年7月，宋某向社会不特定对象袁某等人非法集资共计4961700元，已返还本金共计1600005元，骗取资金共计3361695元。宋某将骗取的资金用于还本付息、购买保险、投资网络不法平台等。

由于本案的集资参与人主要为老年人，故酌情对被告人宋某从重处罚。法院最终以被告人宋某犯集资诈骗罪，判处有期徒刑10年，并处罚金人民币100000元。[①]

【案例2】被告人陈某受宋某甲（在逃，身份不详）的指使，于2017年12月15日注册成立了某网络科技公司，宋某甲、王某甲（在逃，身份不详）系公司实际控制人，陈某担任公司法人代表，该公司经营范围为计算机软件开发、销售等相关业

---

① （2020）鲁1602刑初431号，载中国裁判文书网，最后访问时间：2024年5月28日。

务。2018年8月27日，成立了某网络科技公司邵阳分公司，负责人为陈某，宋某甲、王某甲仍为公司实际控制人。该公司以乐享名酒项目为名，宣称公司为甲品牌酒、乙品牌酒、丙品牌酒三家公司销售库存酒，采用到店买酒、可返积分的会员模式。客户每买1万元的酒，可得到价值1万元的酒和1万元积分，公司对投资1万元以上的客户加送3000积分，积分1分等于1元，积分可按0.45%的利率每天领取（除星期天和节假日外），先领本金的积分，后领取公司送的积分，直到领完为止，以此来吸引中老年人投资。陈某主要为公司吸收存款提供银行、微信账户，以及在公司周年会和客户聚会上宣传公司，吸引客户投资。2019年11月，该公司关闭，共吸收174名集资参与人的资金1821万余元，支付集资参与人利息533万余元，造成集资参与人损失139万余元。被告人陈某获利100万余元。

法院以被告人陈某犯集资诈骗罪，判处有期徒刑10年，并处罚金人民币30万元。

【案例3】 2021年12月，陈某甲、李某经商议决定合伙在某县通过虚构茶叶投资项目，专门吸引老年人投资，以骗取钱财，两人各自出资1.5万元。两人商议时，宋某、陈某均在场。因陈某甲自己无钱，私下找陈某，要陈某出资，不用出面做事，并承诺除去开支后赚的钱全部归陈某所有，陈某同意。由陈某甲负责联系公司法定代表人，招揽、联系业务员；宋某则担任店长，负责日常事务。

2021年12月24日，陈某甲、李某、宋某与陈某四人来到县城，开始进行茶叶商贸行开业前的筹备工作。周某受陈某甲的邀约来到县城，利用其身份信息，注册了"某县某茶叶商贸行"、办理了业务员使用的电话卡、签订了办公场所租房合同。陈某提供了合同文本和相关表格。李某组织办公场地的装修以及宣传资料和合同文本的打印等。

2021年12月28日，"某茶叶商贸行"正式开业。被告人刘某与李某甲、李某乙、毛某等人通过拨打电话、街头发送宣传资料，在某农庄、某温泉组织举办推广会、年会答谢活动，虚构茶叶生产基地、投资项目发展前景好、投资有高额回报、可组织旅游等手段，大肆进行虚假宣传，并派送大米、油以及小额红包等，不断招揽、吸引老年人进行投资，被骗人数40人，涉及金额63.62万元。在商贸行开业期间，陈某甲每日将收到的投资款按一定的比例分给实施诈骗的人员。至2022年2月28日，因部分被害人要求兑付到期的投资款，为防事情败露，陈某甲等人遂关闭商贸行，各自携款潜逃。其中，刘某单独和伙同李某甲经手诈骗金额为35.918万元，分得4.8万元。案发后，刘某主动退缴5万元。

法院以被告人刘某犯集资诈骗罪，判处有期徒刑2年6个月，并处罚金人民币6万元。①

【案例4】被告人侯某甲伙同段某（已判决）等人预谋成立

---

① （2022）湘0821刑初460号，载中国裁判文书网，最后访问时间：2024年5月28日。

投资管理公司，以吸收社会不特定对象尤其是中老年人的存款为主要目标，假借第三方企业投资项目、委托理财等名义，许以投资人月利率1.1%至1.4%不等的高额利息，并承诺资金绝对安全，对外吸引社会公众不特定对象的资金，并将募集的资金占为己有。2014年5月6日，被告人侯某甲伙同段某等人在没有资金投入的情况下，注册成立了某投资管理公司，经营范围为投资咨询服务、个人理财咨询服务、担保服务等（融资性担保服务除外），段某为公司法定代表人和公司股东，侯某甲为该公司另一名股东，张某甲（另案处理）负责财务监管。被告人侯某甲等人伪造了某铁制品有限公司、某农牧科技有限公司、某工程技术有限公司三家公司的工商登记资料、公司印章、合同专用章、资产评估报告及投资项目说明书等一系列虚假材料；还以虚假的"某建材商行""某农产品批发商行""某建材商行"的工商资料办理了三部POS机经营第三方代收业务，并分别以粘某、段某、苗某三人的名义绑定对应的三个银行账户。2014年6月，胡某（已判决）被聘用为某投资管理公司总经理，全面主持公司的日常工作，负责对业务员的业绩进行管理等，并从业务员的业绩中获取提成。从2014年7月开始，某投资管理公司通过散发宣传资料，打着为某铁制品有限公司、某农牧科技有限公司、某工程技术有限公司三家公司进行融资的幌子，以上述虚假的材料，对投资者声称以所谓的"一期项目""二期项目""三期项目"的名义吸收资金。胡某明知某投资管理公司没有融资许可，仍向公众大力宣传公司实力,带领部分集资者去河南"实地考察",广泛吸纳公众集资。截至2014年12月19日,某投资管理公司共向306人次非法吸收资金1871万元,所募集的资金除转入"某农牧科技有限公司"100万元外,其余资金全部转入上述POS机对应的户名为粘某、段某、苗某的银行账户,后由侯某甲等人消费、取现、转账等实际控制。经司法专项审计,某投资管理公司共向147人(306人次)非法吸收资金1871万元,其中,集资者预先支取利息23.2588万元、属于集资人到期本金继续使用324.976万元,某投资管理公司实际涉案非法吸收公众存款金额1522.7652万元;该涉案金额中已返还到期本金672万元、支付利息28.978万元,尚有108人损失1170.022万元至判决时未能归还。

法院以被告人侯某甲犯集资诈骗罪,判处有期徒刑12年9个月,并处罚金人民币30万元。

【案例5】某食品公司成立于2005年5月17日,公司法定代表人为华某,经营范围包括:食品生产、加工、销售;农产品收购、加工、销售。2007年至2018年,公司因经营不善累计负债约800万元。2018年2月,华某中风偏瘫。其间,华某、罗某、李某、刘某(在逃)合谋,由刘某率领的团队以某食品公司的名义对外融资。该公司的业务员(大部分使用假名、伪造身份证)以老年人作为目标客户,通过发放传单、赠送礼品、参观工厂、组织联谊、红包奖励等形式吸引投资人,谎称公司具有雄厚的资金实力,并与投资人签订借款合同,约定24%的年利率。

截至 2019 年 7 月 31 日，某食品公司先后吸收投资人投资款共计 3908.64 万元。其中，融资团队借入资金共 3462.50 万元，公司管理层借入资金共 446.14 万元。至案发时，共计 588 名投资人向公安机关报案，已退还公众集资款共计 513.5 万元，未退还公众集资款 2949 万元。

法院以被告单位某食品公司犯集资诈骗罪，判处罚金人民币 50 万元；被告人李某犯集资诈骗罪，判处有期徒刑 14 年，并处罚金人民币 10 万元；被告人罗某犯集资诈骗罪，判处有期徒刑 13 年，并处罚金人民币 10 万元。[①]

【案例 6】 2016 年 10 月 27 日，被告人潘某注册成立了某贸易公司，并担任法定代表人。潘某在未经有关部门批准的情况下，以投资设立"海参养生会馆"为由，雇用业务员通过打电话、发传单等形式向社会不特定对象进行宣传，并以承诺每月兑付 2%~4% 的高额利息为诱饵，与 169 名投资人签订借款合同，累计吸揽资金达 330 余万元。涉案部分集资资金被潘某用于支付工资、房租、带投资人旅游、购买海参礼品及个人消费，余款去向不明。公安机关于 2016 年 12 月 28 日将潘某抓获归案。

考虑到被告人潘某诈骗的对象多为老年人且被骗人数达 100 人以上，法院认为应对其从重处罚。故法院以被告人潘某犯集资诈骗罪，判处有期徒刑 13 年，并处罚金人民币 25 万元。

---

① （2021）湘09刑终145号，载中国裁判文书网，最后访问时间：2024 年 5 月 28 日。

◎ 防骗攻略

非法集资犯罪行为的共同点，就是通过高回报、低风险来吸引人们投资。遇到这种融资、保险或借款时，我们需要提高自己的警惕性，防止受骗。

1. 对于高回报要保持警惕

这种以参加公司项目融资、借款为由实施的集资诈骗，因为有项目"存在"，所以有巨大的蒙骗性。以上案例对追求高回报的老年人具有很强的警示作用。市场信息发达、竞争激烈，对一个企业而言，超高利投资回报分配不可能维持太久。例如，被告人赖某、刘某等人密谋成立某零点食品有限公司。2016年6月至12月，虚构某零点食品公司的玫瑰花种植、阿胶生产、园林工程等项目，以扩大生产规模及研发新产品需要资金为由，承诺每年24%的固定回报，即以每投资（借款）1万元每月可得到固定回报200元利息为诱饵，通过向不特定的群众（多为老年人）分发邀请函（宣传单），召开"投资"（借款）推介会、茶话会等宣传方式，吸引老年人参与公司组织的活动。截至2016年12月10日，刘某、赖某等人先后携款潜逃，给60多名老年被害人造成了126.75万元的损失。法院以被告人刘某、赖某犯集资诈骗罪，分别判处有期徒刑10年，并处罚金人民币15万元。

2. 对融资的项目要用心甄别

融资虽是常见的理财方式，但是需要认真考察，违背市场规律的高息回报往往可能存在问题。以上案件的犯罪行为人，有的对项目没有实际经营权，或者项目被无限放大，或者项目完全系虚构，非法占有的目的性十分明显。例如，自2015年10月起，被告人陈某组织某公司吉安分公司员工在某区针对老年群众发放公司宣传册，在某公司并无实际生产的情况下仍谎称该公司光伏项目需要资金，并以承诺2分月息、红包奖励、礼品赠送为诱饵，以签订借款合同等方式引诱公众投资，以实地考察为名，带领投资人前往与某公司并无关联的某精密机械制造公司厂房参观，骗取投资老年人的信任，先后向甘某、郑某等45名被害老年人收取投资款共计174.02万元，扣除返还红包及利息21.27万元，实际收取152.75万元。法院以被告人陈某犯集资诈骗罪，判处有期徒刑10年6个月，并处罚金人民币15万元。

3. 对融资主体要保持足够的警惕

通过政府网站可以查询相关企业是否为经过国家批准的上市公司，是否可以发行公司股票、债券，是否为国家规定的股权交易场所等。如果不具备发行销售股票、出售金融产品以及开展存贷款业务的主体资格而发售金融产品，就涉嫌非法集资。如遇到不法分子以"证券投资咨询公司""产权经纪公司"等为名，推销所谓的即将在境内外证券市场上市的股票，此时可通过政府网站查阅是否已批准发行等。

通过相关网站能够查询工商登记资料，查明相关企业是否为经过法定注册的合法企业、是否办理了税务登记等。如果主体身份不合法、不真实，则有违法欺诈的嫌疑。

总之，非法集资类诈骗犯罪比较难识别，但是如果许诺的回报过于丰厚，就应当提高警惕认真调查公司的真实性、项目背景，一旦发现异常，就坚决远离。

第四节 合同法律文件，成为诈骗工具

> 合同履行要担保，大笔款项慎出手。先找律师问清楚，投资理财不上当。房屋买卖要网签，先查底细后支付。藏品回购是幌子，低价旅游尽圈套。签约之后细查验，合同章、公章或伪造。

合同诈骗罪，是指以非法占有为目的，在签订、履行合同过程中，骗取对方当事人财物，数额较大的行为。根据《刑法》第224条的规定，合同诈骗罪的情形有：（1）以虚构的单位或者冒用他人名义签订合同的；（2）以伪造、变造、作废的票据或者其他虚假的产权证明作担保的；（3）没有实际履行能力，以先

履行小额合同或者部分履行合同的方法，诱骗对方当事人继续签订和履行合同的；（4）收受对方当事人给付的货物、货款、预付款或者担保财产后逃匿的；（5）以其他方法骗取对方当事人财物的。犯合同诈骗罪的，处3年以下有期徒刑或者拘役，并处或者单处罚金；数额巨大或者有其他严重情节的，处3年以上10年以下有期徒刑，并处罚金；数额特别巨大或者有其他特别严重情节的，处10年以上有期徒刑或者无期徒刑，并处罚金或者没收财产。

本书第一章介绍的是各种形式的普通诈骗犯罪，合同诈骗在1979年《刑法》中也只是诈骗罪中的一种形式，在1997年《刑法》修订时才分离出了合同诈骗罪这一罪名。在《刑法》分则中，合同诈骗罪属于扰乱市场秩序罪一章，合同诈骗罪中"合同"约定的内容必须受市场秩序所调整，不受市场秩序调整或者主要不受市场秩序调整的"合同"，如不具有交易性质的赠与合同，婚姻、监护、收养、扶养等有关身份关系的协议，主要受劳动法调整的劳动合同及受行政法调整的行政合同等，不属于合同诈骗罪中的"合同"。合同诈骗犯罪必须发生在签订、履行合同的过程中，犯罪客体不仅包括公民的财产权利，还包括对市场经济秩序的破坏。另外，立案追诉的标准也不同，诈骗3000元至1万元，就有可能构成诈骗罪被立案追诉；而合同诈骗罪的立案追诉标准为2万元，否则一般不构成合同诈骗罪。

对老年人防骗而言，区分诈骗罪与合同诈骗罪，其实际意义不是特别大，因为防骗攻略基本上可以通用。但是，在刑事司法领域，两罪规定在《刑法》分则的不同章，两者的区别要点与适用冲突把握是一个重点和难点，本书的写作结构对于老年人普及刑法知识还是很有意义的。

◎ 典型案例

【案例1】被告人王某于2014年10月至2015年1月，以煤炭、粮油采购项目需要资金为由，与许某（男，51岁）、王某1（男，80岁）、曲某（女，69岁）、吴某（女，79岁）、王某2（女，70岁）、李某（男，85岁）6人签订了《出借咨询与服务协议》，先后骗取上述被害人共计1250000元。其间，王某以付息名义偿还被害人共计52499元后逃匿。案发后，尚有1197501元未退赔。

法院以被告人王某犯合同诈骗罪，判处有期徒刑11年，并处罚金人民币150000元。①

【案例2】被告人王某于2013年12月在山东省莒南县设立了某家居用品公司。2014年3月17日，王某在武汉市武昌区设立了某家居公司武汉分公司，并担任该公司负责人。王某系某公司和某公司武汉分公司的实际控制人，全面负责两家公司的经营活动。其间，王某结识了李某（女，1939年5月出生），并认李

---

① （2020）京01刑终453号，载中国裁判文书网，最后访问时间：2024年5月28日。

某为"干妈"。2015年8月，王某以某公司运营及在湖北省鄂州市经营柴油生意需要资金为名，通过与李某签订《借款协议书》并承诺支付高息及出具收据的方式，多次向李某借款共计80万元，李某以现金或银行转账的方式向王某个人支付了相关款项。同年9月8日，王某将之前与李某签订的《借款协议书》及出具的收据收回，重新与李某签订了1份借款金额为80万元的《借款协议书》，并出具了收到该笔款项的收据1张；此时李某要求王某用房产作抵押。王某为骗取李某的信任，遂伪造了2套房屋产权证书交给李某作为抵押，之后又与其一起办理了虚假的《房产公证书》，使李某产生其所借给王某的款项已得到"担保"的错误认识，从而骗得李某的借款80万元。同年10月15日，王某继续利用李某基于上述虚假房产抵押而对其产生的信任，以经营柴油生意为名，通过签订《借款协议书》并以出具20万元收据的方式再次骗得李某的借款20万元。在李某的催要下，王某于2016年春节前向李某还款4.5万元、于同年3月向李某还款2万元后再未还款。综上，王某采取合同诈骗的手段共计骗得被害人李某的借款93.5万元。

法院以被告人王某犯合同诈骗罪，判处有期徒刑8年9个月，并处罚金人民币30万元。

【案例3】2016年2月29日，被告人余某因向耿某、雷某借款，而将其位于武汉市武昌区一套公寓式办公楼单元房屋公证委托雷某全权代理（包括代为偿还该房屋的银行贷款、办理及领取房屋的房产证、办理房屋的出售过户、代收售房款等事宜）。同年4月1日，余某隐瞒该房产已公证、他人有权出售过户的事实，与被害人付某（1949年3月生）、卢某（1952年3月生）夫妇在某房地产经纪公司签订了《二手房买卖合同》，约定以70万元的价格（含办证及过户费用）将上述房屋出售给两人，并于同年5月10日、23日和9月5日，先后三次收取被害人支付的购房款35万元、30万元和5万元，余某在收到第一笔房款后让两人入住至上述房屋。但余某收到全额房款后，并未按约定将售房款用于归还其房屋在交通银行的抵押贷款及为两人办理房屋过户登记，而是将上述钱款大肆挥霍，经被害人多次催促，余某以各种理由推脱，后逃匿。其间，余某的债权方依照上述公证委托的权属，出资将上述房屋在银行的抵押贷款进行清偿后，并办理了该房屋的房产证。2016年11月，余某又将该房屋及房产证作抵押，与王某、耿某夫妇签订抵押合同，进一步作为前期所借债务的担保。2017年2月15日，余某的债权方在联系不上余某的情况下，为确保其债权，将上述房屋转让给王某、耿某夫妇，并办理了过户手续。

法院以被告人余某犯合同诈骗罪，判处有期徒刑8年6个月，并处罚金人民币10万元。

【案例4】被告人樊某甲系某资产管理公司的实际控制人和经营者，负责该公司的运营、业务培训、营销、人事、财务管理等事务。其姐姐樊某负责管理财务账目及资金去向。2014年8

月，樊某甲（工商登记法人）成立了某资产管理公司，2015年7月将该公司法人变更为樊某，自2015年6月起，樊某甲以某资产管理公司管理投资人资本为平台，借助P2P理财的方式，虚构将投资人的款项存入第三方某国际贸易公司（樊某甲系股东），并向投资人提供虚假房屋作担保。2015年6月至8月，樊某甲以投资理财形式，并以获得高额利息为诱饵，与被害人赵某、张某、梁某签订了《个人出借咨询与服务协议》，并以某资产管理公司的名义向三被害人出具了《个人债权转让及受让协议》《债权转让款到账确认书》《资金出借情况报告》，赵某于2015年6月29日和8月19日分别向其汇款200000元和300000元，张某于2015年7月6日和8月5日分别向其汇款600000元和30000元，梁某于2015年7月21日和8月6日以现金的形式存入其账户共计400000元。案发前樊某甲已分别返还赵某35999.33元、张某385200元、梁某222387.1元。樊某甲所收各被害人的理财款没有实际投资项目，且其本人还对某典当公司、其朋友和同学负有债务。

法院以被告人樊某甲犯合同诈骗罪，判处有期徒刑9年10个月，并处罚金人民币80000元。

【案例5】 2016年5月至2017年12月，被告人杨某伙同他人在多地先后成立了多家国际拍卖有限公司。杨某安排公司业务员每天用固定的话术拨打电话，对被害人谎称粮票、油票等物品是收藏品，公司能在境外将这些物品免费高价拍卖，并以免费进行鉴定和包装为由，诱骗被害人携带收藏品到公司面谈。公司设计师会对被害人带来的收藏品进行拍照，设计拍卖品图册；鉴定师会现场鉴定和评估价格，谎称被害人的收藏品极具市场价值，保守估价为几十万元；业务员虚构公司曾在新加坡等地成功高价拍卖的事实，诱骗被害人与公司签订《艺术品委托拍卖合同》。签订合同后，又告知被害人只有购买价值5000元至数万元不等的公司藏品成为会员，才能够享受境外免费拍卖服务。通过划分会员等级，以公司对不同等级的会员所提供服务内容的不同以及拍卖成功后收取的佣金不同为由，逐步诱骗被害人购买更多的公司藏品。其间，公司不断更换名称、经营地点和法定代表人。经查，被害人高价购买的公司藏品仅价值几百元或几十元，系成批购进，公司亦未曾在境外举办拍卖会。被害人460余名，主要为老年人，共计被骗3000余万元。

法院以28名被告人犯诈骗罪分别判处2年至14年不等有期徒刑，并处罚金。[①]

【案例6】2012年12月14日，某旅行社（甲方）与被告人谢某（乙方）签订了《某旅行社授权营业门店加盟经营合同》，约定：甲方授权乙方以甲方营业网点的名义进行业务经营；乙方门店的经营活动仅限于甲方许可经营范围内的游客招徕、咨询服务；乙方的所有资金往来与费用结算均按照甲方的规定由甲方财

[①] 《检察机关依法追诉诈骗犯罪典型案例》之四，载最高人民检察院网，https://www.spp.gov.cn//xwfbh/dxal/202110/t20211026_533387.shtml，最后访问时间：2024年10月14日。

务部进行统一结算和财务监督；乙方门店开业后，须按照甲方所订立的旅游产品（服务）收费标准，乙方不得擅自或恶意降低价格而导致恶性竞争，并配合甲方的季节性促销运作；合同期限自2013年1月1日起至2013年12月31日止；等等。2013年12月至2014年7月，谢某以零团费或者明显低于市场平均价格的团费招揽旅游者与其订立出境、境内旅游协议，或者以代办签证的名义，在收取旅游团费、高额保证金后逃匿，涉案金额共计104.1万元。

经鉴定，谢某向被害人杨某、袁某、徐某、胡某、李某、刘某、唐某出具收据共9份，其中"某旅行社财务专用章"与某旅行社使用的相同内容的样本印均不是同一枚印章所盖印；谢某于2014年7月22日出具给被害人魏某的供应商授权书中"某旅行社"印、"某旅行社财务专用章"印与某旅行社使用的相同内容的样本印也均不是同一枚印章所盖印。

被告人谢某以非法占有为目的，在签订、履行合同过程中，收受对方当事人给付的预付款、担保财产后逃匿，数额特别巨大，其行为已构成合同诈骗罪；被告人谢某骗取老年人的财物，且多次实施合同诈骗，可酌情予以从重处罚。故法院以被告人谢某犯合同诈骗罪，判处有期徒刑11年，并处罚金人民币7万元。

◎ 防骗攻略

本节仅针对五种典型合同诈骗的预防进行法律剖析。

1. 借款型的合同诈骗

在案例2中，被害人李某曾证实："2015年8月、9月，王某已经认了我为干妈，他当时花言巧语，说要给我养老送终，向我借钱做柴油生意。他向我借了两三次钱，一共是80万元整，并且许诺给我6%的月息。"从犯罪行为开始的时间来看，被告人王某的这一表现，如果是以借款为借口的普通诈骗犯罪，那么诈骗犯罪行为就已经在实施之中了。但是，本案中，王某实施合同诈骗的犯罪行为最晚可能开始于虚构担保协议之时，这是合同诈骗犯罪与普通诈骗犯罪在犯罪故意产生时间上的一个差别。合同诈骗犯罪故意产生的时间既可能在行为人实施行为开始时，也可能在合同的履行过程中，由于各方面的原因，行为人萌生了利用合同进行诈骗的故意。

在王某向李某几次借款后重新签订借款协议时，李某要求王某用房产作抵押。王某为骗取李某的信任，遂伪造了2套房屋产权证书交给李某作为抵押，之后又和李某一起办理了虚假的《房产公证书》，使李某产生其所借王某的款项已得到"担保"的错误认识，从而骗得李某的借款80万元。此时，王某的行为已经构成《刑法》第224条第2项规定的以非法占有为目的，在签订、履行合同过程中，以伪造、变造、作废的票据或者其他虚假的产权证明作担保，骗取对方当事人财物，数额较大的合同诈骗犯罪。

借款合同是借款人向贷款人借款，到期返还借款并支付利息的合同。借款不还一般分为三种情况：一是借款人未按照约定的期限返还借款的，应当按照约定或者国家有关规定支付逾期利息；二是借款人违反合同约定或者有欺诈行为的，应当按照违约条款支付违约金，当违约金不足以补偿出借人经济损失时，还应当进行赔偿；三是借款人是以占有为目的，或者以虚构单位或冒用他人的名义签订借款合同的，或者以伪造、变造、作废的票据或者其他虚假的产权证明作担保借款的，或者没有实际还款能力，以先履行小额借款合同或部分还款的方法，诱骗出借人继续签订和履行借款合同的，或者借款后逃匿的，或者以其他方法骗取借款五类情形，只要构成其中一种情形就属于犯罪行为，应当向公安机关进行举报或控告，以尽快立案缉拿案犯，追回损失。

老年人出借资金一定要慎重，最好让对方出具担保，保存好相关证据。金额较大的借款，一定要与家人商量。办理出借手续时一定要咨询法律人士，必要时还可委托律师对担保的真实性进行调查，避免上当受骗甚至不能维权的状况。

2. "一房二卖"型合同诈骗

随着网签等现代信息科技的广泛应用，"一房二卖"诈骗犯罪较难发生，但近年来审理的"一房二卖"合同诈骗案件并不少见。

例如，2019年2月11日，被告人杨某与史某签订《二手房买卖合同》，将其按揭购买的房屋以72万元的价格出售给史某。合同签订后，史某陆续支付购房款。2019年2月，杨某将该房屋的钥匙交给史某，史某于同年3月搬入该房屋居住，杨某未继续偿还按揭贷款，致使该房屋不能办理过户手续。同年5月29日，杨某隐瞒该房屋已经出售给史某的真相，与王某签订了《房屋买卖合同》，再次将该房屋以65万元的价格出售给王某，王某于合同签订当日向杨某支付购房款21万元，于次日向杨某支付购房款11万元。后王某发现杨某"一房二卖"，在王某的多次催促下，杨某无法履行合同，陆续退还王某购房款14100元。

再如，2013年7月，被告人刘某以其名下房产作抵押向银行贷款35万元。同年10月7日，刘某将已经设定抵押的该套房屋出售给张某（1952年8月19日出生），并签订了《房屋买卖协议》，约定于2014年2月28日前办理房屋过户手续。张某于次日通过银行转账的方式给付刘某购房款54万元。2013年10月下旬，刘某将涉案房屋的钥匙交付张某，刘某自2014年1月起不再偿还银行贷款。后银行向法院起诉，法院判决刘某还款35万元，银行对抵押房屋的拍卖款有优先受偿权，最终导致涉案房产被法院拍卖用于偿还银行贷款。法院以合同诈骗罪判处被告人刘某有期徒刑8年，并处罚金人民币3万元。被害人张某表示，他当初对刘某很信任，以至于没有到房产交易部门查询过房屋状态，结果导致被骗。张某的教训值得有购房需求的老年人借鉴。

那么，如何防止"一房二卖"呢？

首先，购房时一定要及时网签，严格采取资金监管及资金托管的形式进行交易。老年人购房应当予以重视以从最初就防止掉入"一房二卖"的陷阱。根据目前的房屋买卖交易网签的设计，通过备案就可以有效防止"一房二卖"。同时，在购房合同条款中，应明确"一房二卖"的禁止性规定，并加重此种行为的违约责任。

其次，购房者应尽量要求在房屋交易中心登记后再向卖房者支付首付款，这样可以避免卖房者通过对房屋"一房二卖"诈骗购房者的购房款，使购房者免受巨大经济损失。

最后，对一次性付款优惠应当保持高度警惕，必须了解开发商的资质或者出售人的底细。老年人在购房过程中，应当保留好合同、交费凭证、广告、消费凭证、通话记录等。同时，一旦出现法律问题就要及时咨询律师，保留相关证据，以便事后快速维权，保护好自己的合法权益。

3. 理财型的合同诈骗

在社会经济不景气的状况下，委托理财造成较大亏损的事情虽时常发生，但一般不会构成合同诈骗犯罪。如果对方构成违约，则既可以依据合同约定主张违约金和赔偿，也可以通过仲裁或者起诉至法院解决相关纠纷。

任何投资都有风险，犯罪分子就以"短平快"理财、高回报、只赚不赔等借口进行诈骗，诱骗投资者。有的被告人以已经离职的公司的名义与被害人签订虚假理财合同，后被告人又携款逃匿，非法占有的主观故意明显，结合委托理财的数额，被告人就构成了合同诈骗犯罪。在案例4中，被告人樊某甲借助P2P理财的方式，虚构将投资人的款项存入第三方公司，向投资人提供虚假房屋作担保，资金被个人使用后无法归还，因此也构成了合同诈骗犯罪。

老年人一定要警惕以"天天返利""高额回报""注册即送现金""100%获利的项目"为诱饵的投资理财陷阱，如果提供的项目返利超出正常的银行存取款利率10倍以上，且投资门槛极低，根本不符合经济规律，无论项目被形容得多么天花乱坠，多半都是诈骗陷阱。通过对诸多诈骗案例的剖析，投资合同诈骗一般都是"放长线钓大鱼"，以投资公司为载体，以定期分红为诱饵，等受害人投入少量资金后，前期定时"分红"（返利），但使用的全都是受害人投入的本金，待受害人不断追加资金或介绍亲友大量投资后，犯罪分子就会卷款潜逃，或者关闭网站、销声匿迹。

4. 收藏品回购型的合同诈骗

"收藏公司"承诺在一定期限内溢价回购收藏品，但在高价卖出大量所谓的"收藏品"给投资人后，却并无经济实力回购卖出的"收藏品"，而是瓜分资金潜逃。这是近年来该种合同诈骗犯罪的最常见情形，被害人大多数是老年人，且老年人损失较大。

收藏品回购型犯罪多系合同诈骗犯罪。在案例5中，犯罪嫌疑人虽以拍卖公司的名义与每位被害人签订《艺术品委托拍卖合同》，但犯罪嫌疑人实际上是以委托拍卖为诱饵，通过虚假宣传、虚构具有海外拍卖实力、向被害人夸大所出售字画等物品的价值，向被害人提供虚假的国际航班机票和伪造的拍卖视频等诸多诈骗手段，达到最终目的——向被害人高价售卖字画等物品，从而骗取被害人财物。因此，该案是打着委托拍卖的幌子所实施的普通诈骗犯罪，所以应定性为诈骗罪。

诸多类似案例的诈骗活动一般都是从"公司正在举行回馈客户活动，来活动现场就能获得一枚纪念金币"开始，共同诈骗话术主要有：一是公司总部在北京；二是公司长期或多年一直从事收藏品、纪念币回购业务，有着雄厚的资金实力；三是目前推出的单品、套票都有很高的升值空间，公司承诺加价回购，不用担心贬值。但是，有的被告人最初就使用的是假名字，其再狡辩也无法掩盖非法占有的主观心态。

例如，自2017年10月起，沈某（另案处理）与朱某等人以某贸易有限公司、某信息科技有限公司、某文化传播有限公司、某实业有限公司等文玩藏品交易公司的名义，通过电话、微信软件等联系方式，诱骗持有文玩藏品的客户至某大厦15楼、某楼等办公场所，由公司业务员接待，马某（已判决）等人假扮买家等身份进行欺骗，使客户误以为藏品价值不菲且能被高价收购，在与客户达成收购协议后又以需要先行鉴定、登记为由，带客户至"某数据分析"、某网络科技有限公司、挂牌名为"中国文化产业规划院"等公司进行鉴定,鉴定公司根据文玩藏品交易公司相关人员的授意出具虚假的鉴定报告,后上述文玩藏品交易公司以藏品不能私下交易等为由拒绝收购,骗取鉴定费等费用。其间,朱某负责管理公司行政、部分业务、财务等事务。2017年10月至案发,共计骗取50余名被害人128万余元。各被害人被骗数额具体如下:郑某1.68万元、王某2.04万元……法院以被告人朱某犯合同诈骗罪,判处有期徒刑10年6个月,并处罚金人民币10万元。①

收藏其实风险不少,除假货外,老年人需要防范的还有各种骗局。投资需谨慎,若要通过投资金融及衍生品来获取利润,则一定要认准正规的金融许可证。若需要签署藏品回购合同,则最好由律师帮助把关,切莫因一些小恩小惠而上当受骗,因小失大。

5. 低价旅游型的合同诈骗

以往的"零团费"等低价旅游团多数存在商业欺诈行为,不仅实际上并不降价,有的还被强制购物、改变路线、减少景点等,导致游客的旅游乐趣荡然无存。近年来,低价旅游型的合同诈骗也逐渐增多起来,案例6就是一种典型形式。

"某国6日游仅需1999元",比在国内游还便宜,怎能不

---

① (2021)沪02刑终519号,载中国裁判文书网,最后访问时间:2024年5月28日。

让人心动？当进入办理流程以后就会发现，除了这近 2000 元的团费外，还需缴纳几万元至十几万元的保证金，这些保证金是规定在一段时间以后，如在 40 个工作日之后，而且要等游玩回国以后才返还。虽然以前也有以这种交保证金低价去国外旅游的形式，到时候保证金也会退还，这在旅行社中似乎并不少见，已成为一个不成文的规定，但是几起真实的诈骗犯罪案件证明，今后遇到这些情形还是要警惕一些，尤其是到了向旅行社拿回保证金时，有可能会遇到给付困难，如旅行社暂时没有钱、管理人员不在、银行款被冻结了等；还有的直接找理由拒付，几日后就连旅行社的工作人员也"人间蒸发"了，打电话都找不到。

在案例 6 中，被告人谢某长期、多次利用"零团费"等不合理的低价招揽游客，隐瞒其门市早已负债经营、出现资金链断裂、不具备履行低价旅游能力的真相，诱使被害人将旅游团费和高额保证金转入其个人银行账户，2014 年 8 月后被害人无法与其联系且被提起民事诉讼后仍未到庭。故足以认定谢某以非法占有为目的，实施了合同诈骗犯罪行为，并在骗取被害人财产后逃匿的犯罪事实。

还有签订不能履行的旅游合同骗取钱财的。例如，2018 年 12 月至 2019 年 3 月，被告人王某在未经某旅游公司批准的情况下，以该公司的名义与被害人王某 2 等人签订国内四条线路、欧洲一条线路的旅游合同。其间，王某在明知收取费用无法实现合同约定后，仍继续与其他被害人签订合同。王某通过上述方式共收取被害人旅游费用 295000 元。因王某一直未履行合同，经被害人多次催促，王某无奈组织被害人到国内多个景区旅游，共计花费 13186 元。在被害人的要求下王某共计退款 16350 元。被告人王某将剩余款项用于归还个人借款、个人消费、公司经营等，给被害人造成实际损失 265464 元。法院判决认为，本案被害人多为 60 周岁以上的老年人，对被告人王某应酌情从重处罚。故以被告人王某犯合同诈骗罪，判处有期徒刑 3 年 2 个月，并处罚金人民币 10000 元。对老年人来说，辛苦了一辈子，终于到了退休的年纪，身体状况还很好，是该好好享受一下生活了，而旅游就成为老年人享受生活的重要方式。对一个旅游消费者来说，如何才能够避免类似诈骗的发生？

第一，要检查旅行社有没有相关证照，是否有足够的资质。第二，要关注旅游团费，如果团费远低于成本，就要慎重考虑。第三，如果需要缴纳保证金，则要检查收款方是否属于第三方银行。第四，在与旅行社签订合同时，要注意所盖公章是否属于该公司，确保重要条款的约定明确、有效。

实施保证金第三方存管制度的旅行社将不再接触客户保证金，而由存管银行负责依照合同约定与客户进行资金交收和退还，可以从根本上杜绝旅行社挪用客户保证金的行为。

第五节　不觉中被洗脑，非法传销害人

> 直销传销有区别，陷入传销不得了。发展"人头"算提成，十有八九是传销。先把亲朋拉下水，众人受害己也毁。营销知识学一点，再遇迷惑方识归。

组织、领导传销活动罪，是指组织、领导以推销商品、提供服务等经营活动为名，要求参加者以缴纳费用或者购买商品、服务等方式获得加入资格，并按照一定顺序组成层级，直接或者间接以发展人员的数量作为计酬或者返利依据，引诱、胁迫参加者继续发展他人参加，骗取财物，扰乱经济社会秩序的传销活动的行为。《刑法》第224条之一规定，犯组织、领导传销活动罪的，处5年以下有期徒刑或者拘役，并处罚金；情节严重的，处5年以上有期徒刑，并处罚金。

在以往的非法传销案件中，似乎年轻人才是主角，而少有老年人迷恋其中。但近年来随着网络传销的发展，被骗老年人人数逐渐增多。"网络传销与普通传销不同，不再是把人关在小黑屋中集体上大课、打电话给熟人拉人头，而是通过微信群转发等方式进行网络推广，吴某等人短短3个月就骗了1.6亿元，而参与

传销的人员多为患病的中老年人。"①同时，还有许多老年人因积极追求"业绩"而触犯刑律被追究刑事责任，丧失晚节。

◉ 典型案例

【案例1】2013年5月，被告人张某注册成立深圳市善某汇文化传播有限公司（下称"善某汇"）。2016年3月至2017年7月，张某伙同查某、宋某等人，开发了"善某汇众扶互生会员系统"并上线运行，以"扶贫济困、均富共生"为名开展传销活动，采取培训、宣传等多种方式在全国各地大肆发展会员，要求参加者以缴纳300元购买"善种子"的方式获得加入资格，并按照一定的顺序组成层级，会员之间根据"善某汇"的收益规则进行资金往来，以发展下线的数量作为返利依据骗取财物。经统计，"善某汇"在全国共计吸纳会员598万余人，层级达75层，张某非法获利25亿余元。

法院经审理认为，被告人张某通过组建传销组织，打着"扶贫济困、均富共生"的幌子，要求参加者以缴纳费用的方式获得加入资格，以高额收益为诱饵，积极发展下线会员，并按照一定的顺序组成层级，直接或间接以发展人员的数量作为计酬或者返利依据，引诱参加者继续发展他人参加，骗取财物，扰乱经济社会秩序，其行为已构成组织、领导传销活动罪，属情节严重情

---

① 《3个月骗了1.6亿元，这次网络传销盯上了干细胞》，载邛崃市人民检察院网站，http://www.cdqljcy.gov.cn/yasf/268512.jhtml，最后访问时间：2024年7月6日。

形，依法判处有期徒刑 15 年，并处罚金人民币 1 亿元；违法所得予以追缴、没收，上缴国库。①

【案例 2】 2020 年 4 月至 2022 年 1 月，被告人钱某在经营被告单位浙江某公司期间，伙同被告人赵某等人以"智能充电桩商城系统"网络平台实施传销活动。被告单位及被告人以销售充电桩、提供充电桩经营服务为名，通过宣称国家支持等虚假宣传，安装运行少量充电桩，打着充电、流量、广告收益的幌子，以直推奖、伯乐奖、级差奖、团队奖等奖项为诱饵收取费用发展会员，并以发展会员的数量作为计酬、返利依据，引诱、鼓励会员继续发展下一级会员。经统计，"智能充电桩商城系统"网络平台用户数共计 2 万余人，层级达 25 层，涉案资金 10 亿余元。钱某非法吸收公众存款、职务侵占的犯罪事实略。

法院经审理认为，被告单位及被告人钱某等人以投资智能充电桩项目为名，要求参加者以缴纳费用的方式获得加入资格，并按照一定的顺序组成层级，直接或间接以发展会员的数量作为计酬、返利依据，引诱参加者继续发展他人参加，骗取财物，扰乱经济社会秩序，其行为均已构成组织、领导传销活动罪，且属情节严重情形；钱某还构成非法吸收公众存款罪、职务侵占罪。法院根据各被告人在共同犯罪中的作用、参与程度、主观恶性及犯

---

① 《最高人民法院、国家市场监督管理总局联合发布依法惩治网络传销犯罪典型案例》，载国家市场监督管理总局网，https://www.samr.gov.cn/xw/zj/art/2024/art_5f479d95bef44657abff660b1f43acfe.html，最后访问时间：2024 年 7 月 9 日。

罪后表现等情节，以组织、领导传销活动罪、非法吸收公众存款罪、职务侵占罪，合并判处钱某有期徒刑18年；以组织、领导传销活动罪判处赵某等46名被告人有期徒刑7年2个月至10个月不等，并对张某等24名被告人宣告缓刑；对被告单位、被告人判处罚金，违法所得予以追缴、没收，上缴国库。①

【案例3】 2021年8月，被告人李某经他人介绍下载"某某影视"App，明知该App以投资电影票房可获得高额回报为诱饵吸收会员，要求会员缴纳入会费，并按会员投资金额和发展会员数量形成层级，直接或间接以发展会员数量作为计酬、返利的依据，其仍通过微信、熟人间宣传等方式推广该App并吸收会员。同年10月，李某被任命为"某某影视"山东区域总经理，11月19日，"某某影视"App关闭，导致会员无法登录提现。经统计，李某发展下线2152人，层级达8级，涉案金额380万余元，获利2万余元。

法院经审理认为，被告人李某以投资电影票房可获得高额回报为名，宣传推广"某某影视"App，要求会员缴纳入会费获得加入资格，并按会员投资的数额和发展会员的数量形成层级，直接或间接以发展会员的数量作为计酬、返利的依据，骗取财物，扰乱经济社会秩序，其行为已构成组织、领导传销活动罪，且属

---

① 《最高人民法院、国家市场监督管理总局联合发布依法惩治网络传销犯罪典型案例》，载国家市场监督管理总局网，https://www.samr.gov.cn/xw/zj/art/2024/art_5f479d95bef44657abff660b1f43acfe.html，最后访问时间：2024年7月9日。

情节严重情形。因李某具有自首、退缴违法所得等从轻、减轻情节，故法院以被告人李某犯组织、领导传销活动罪，判处其有期徒刑 2 年 6 个月，并处罚金人民币 1 万元；违法所得予以追缴、没收，上缴国库。①

【案例 4】 2018 年初，被告人陈某等人以区块链为噱头，策划设立"某 Token"网络平台开展传销活动，要求参加者通过上线的推荐取得该平台的会员账号，缴纳价值 500 美元以上的虚拟货币作为门槛费可获得增值服务，可利用平台"智能狗搬砖"技术在不同交易场所进行套利交易，获得平台收益。会员间按照推荐加入的顺序组成上下线层级，根据发展下线会员数量和投资数额，由平台按照智能狗搬砖收益、链接收益、高管收益三种方式进行返利，实际均是直接或间接以发展人员数量及缴费金额作为计酬、返利的依据。为逃避打击，陈某等人于 2019 年 1 月将平台客服组、拨币组搬至国外，继续以"某 Token"网络平台进行传销活动。经统计，"某 Token"网络平台注册会员账号超 260 万个，层级达 3293 层，共收取会员缴纳的各类虚拟货币超 900 万枚。

法院经审理认为，被告人陈某等人以经营活动为名，要求参加者以缴纳费用的方式获得加入资格，并按照一定的顺序组成层

---

① 《最高人民法院、国家市场监督管理总局联合发布依法惩治网络传销犯罪典型案例》，载国家市场监督管理总局网，https://www.samr.gov.cn/xw/zj/art/2024/art_5f479d95bef44657abff660b1f43acfe.html，最后访问时间：2024 年 7 月 9 日。

级，直接或间接以发展人员的数量作为计酬或者返利依据，引诱参加者继续发展他人参加，骗取财物，扰乱经济社会秩序，其行为均已构成组织、领导传销活动罪，且属情节严重情形。故法院根据各被告人在共同犯罪中的作用、参与程度、主观恶性及犯罪后表现等情节，以组织、领导传销活动罪判处被告人陈某有期徒刑11年，并处罚金人民币600万元；判处其余被告人有期徒刑8年8个月至2年不等，并处罚金；违法所得予以追缴、没收，上缴国库。①

【案例5】自2020年起，被告人杨某等人假借"弘扬伏羲文化"创立"万某合"网络平台，先后发展罗某、晏某等骨干成员，采用线上线下相结合的公司化运营模式，对外销售"中华姓名学""即刻旺运""中华风水学"等课程。"万某合"网络平台将参与人按照不同交费额度设置多个级别，根据级别获取不同额度返利，并通过营造氛围、现身说法等方式，在线下授课过程中将杨某打造成"庚天缘大师"，配备四名"护法天使"，神化被告人杨某可改运势，助人逢凶化吉、时运发达，不断对参与人洗脑，蛊惑参与人购买课程并发展下线。经统计，该传销组织共计吸纳会员120人以上，层级达3级以上。

法院经审理认为，被告人杨某以利益引诱，要求参加者以

---

① 《最高人民法院、国家市场监督管理总局联合发布依法惩治网络传销犯罪典型案例》，载国家市场监督管理总局网，https://www.samr.gov.cn/xw/zj/art/2024/art_5f479d95bef44657abff660b1f43acfe.html，最后访问时间：2024年7月9日。

缴纳费用的方式获得加入资格，并按一定的顺序组成层级，以直接或间接发展人员的数量作为计酬或返利依据，引诱参加者继续发展他人参加，骗取财物，扰乱经济社会秩序，其行为已构成组织、领导传销活动罪，且属情节严重情形，故依法判处被告人杨某有期徒刑5年6个月，并处罚金人民币30万元；违法所得予以追缴、没收，上缴国库。①

◎ 防骗攻略

为什么老年人容易陷入传销骗局？一是老年人面对当今社会变化往往跟不上节奏，对很多新事物不了解，因而容易被人蒙骗陷入传销陷阱。二是老年人容易受金钱回报的诱惑，而传销组织往往以高额利润作为诱饵。三是近年来，传销活动不断变换手法，传销违法犯罪活动的方式日趋隐蔽化、多样化，尤其是利用新技术开展的传销方式，让老年人难以识别。

1. 要准确了解商品或服务的直销与传销的区别

（1）推销的商品或服务不同。传销的产品或服务大多是一些没有什么品牌，属于质次价高的商品或服务；直销的商品或服务则大多为一些著名的品牌，在国内外有一定的认知度。

---

① 《最高人民法院、国家市场监督管理总局联合发布依法惩治网络传销犯罪典型案例》，载国家市场监督管理总局网，https://www.samr.gov.cn/xw/zj/art/2024/art_5f479d95bef44657abff660b1f43acfe.html，最后访问时间：2024年7月9日。

（2）推销员加入的方式不同。传销要求推销员加入时上线要收取下线的商品或服务押金，一般以购买"道具商品"或资金形式收取"入门费"；直销的销售人员在获取从业资格证时没有被要求缴纳高额入门费。

（3）营销管理不同。传销的营销管理很混乱，上线推销员是通过欺骗下线推销员来获取自己的利益，采用"复式计酬"方式，即销售报酬并非仅仅来自商品或服务利润本身，而是按发展传销人员的"人头"计算提成；直销的营销管理比较严格，推销员是不直接跟商品和钱接触的，自己的业绩由公司来考核，由公司进行分配。

（4）根本目的不同。传销的目的是无限制地发展下线，千方百计地通过扩大下线来赚钱；直销最终面对的终端用户是客户，进行的是商品交易。

2. 学会识别传销培训

虽然不法分子不会明目张胆地直接称为"传销"培训，但是传销都是从洗脑培训或者宣传开始的。传销培训一般极少提及产品，主要强调成功和财富。而且，洗脑的步骤基本一致：

第一步，反复强调金钱对人生的重要意义，激发参与者对金钱的狂热。

第二步，通过各种方式展示传销可以带来的巨额财富，加上所谓"成功人士"的现身说法，培育参与者对传销的兴趣。

第三步，渲染传销可以快速暴富，有挑战但是门槛低且"短平快"，鼓动参与者的激情。

第四步，教授参与者如何突破自己，拉拢开发下线，自己致富的同时还带动其他人，成为传销机器的一环。

可以说，几乎每一步都是陷阱。这种传销模式正是抓住了人性的弱点，从而让人无法自拔。

3. 传销噱头要警惕

非法传销行为都是以推销商品、提供服务等经营活动为名，这一表现特征十分普遍，大家千万要注意和小心。非法传销更是打着"扶贫济困，均富共生"的旗号，极具迷惑性。同时，他们要求参加者以缴纳费用或者购买商品、服务等方式获得加入资格，并按照一定的顺序组成层级，直接或者间接以发展人员的数量作为计酬或者返利的依据，这就是传销，我们如果遇到这样的宣传一定要坚决抵制。

第六节　使用假币诈骗，专挑老人下手

假币诈骗最常见，老人多是受害者。钞票鉴别有常识，简易口诀要用上。兑换钱币要提防，不是熟人莫善良。一旦被偷换，假币上交不坑人。

持有、使用假币罪，是指违反货币管理法规，明知是伪造的货币而持有、使用，数额较大的行为。根据《刑法》第172条的规定，犯持有、使用假币罪的，处3年以下有期徒刑或者拘役，并处或者单处1万元以上10万元以下罚金；数额巨大的，处3年以上10年以下有期徒刑，并处2万元以上20万元以下罚金；数额特别巨大的，处10年以上有期徒刑，并处5万元以上50万元以下罚金或者没收财产。明知是假币而持有、使用，总面额在4000元以上不满5万元的，属于"数额较大"；总面额在5万元以上不满20万元的，属于"数额巨大"；总面额在20万元以上的，属于"数额特别巨大"。"货币"是指可在国内市场流通或者兑换的人民币和境外货币。货币面额应当以人民币计算，其他币种以案发时国家外汇管理机关公布的外汇牌价折算成人民币。

◎ 典型案例

【案例1】2018年12月28日，被告人牟某伙同他人来到某医院附近寻找作案目标，发现老年人刘某，便上前与其搭讪，谎称是其儿媳的亲戚，以给其儿媳带了衣服等为由将其骗至医院对面一居民楼三楼楼梯口。随后，一妇女上前对牟某谎称坐席[①]需要零钱换整钱，并向刘某提出换钱请求。刘某拿出一张面值100元的人民币，牟某发现刘某还有钱，便让其将钱全部拿出，趁其

---

① 坐席：指宾客参加他人家的婚礼。

不备用1000元假币与刘某的1400元真币调换，随即逃离现场。2019年7月15日，牟某伙同他人来到某镇寻找作案目标，发现老年人王某，以上述作案方式将其骗至一楼房楼梯转拐处。随后，另外一名男子上前谎称送人情需要零钱换整钱，牟某趁机打开王某的钱包拿出包中的500元，趁其不备用500元假币调换，随即逃离现场。2020年12月某日，被告人冉某从他人处购买了1400元假币，后与牟某分别携带假币共谋到某县作案。2021年1月12日，两被告人来到某医院门口寻找作案目标，发现老年人李某甲，又以相似的作案方式，将其骗至医院对面一巷子内，冉某随后跟上，牟某谎称送人情需要零钱换整钱，将李某甲的挎包打开拿出包内2000元真币递给冉某，冉某趁李某甲不注意将自己手中的1400元假币与真币进行调换后，李某甲一把将钱拿回并放进自己包中，牟某、冉某随即逃离现场。后牟某分得1280元，冉某分得720元。2021年1月15日，牟某与冉某来到某小学附近寻找作案目标，发现老年人杜某，再次以相同的方式将其骗至某巷道内，冉某随后跟去，手中拿着零钱谎称送人情需要零钱换500元整钱，杜某称没那么多，牟某便将杜某的挎包打开，拿出500元真币交给冉某，并趁机将400元假币放入杜某挎包内，冉某随即离开，牟某随后也借故逃离。后牟某分得300元，冉某分得200元。

【案例2】2014年至2017年，被告人郭某、田某等人在某镇，以农村老年人为作案对象，以送礼需要将零钱换成整钱为由，通过用 100 元面值的假币调包换取他人真币的方式，秘密窃取他人财物。在作案过程中，田某驾驶面包车搭载郭某，并搭载其黑色摩托车，从某县至作案乡镇。之后，田某驾驶摩托车，搭载郭某一同到各村寻找作案目标，再由郭某具体实施换钱、调包等行为。

2017 年 4 月 17 日，被告人郭某、田某再次驾驶摩托车前往某镇伺机作案时，被王某发现。后王某在其亲友的帮助下，在该村公路上将郭某、田某拦截并报案。民警到达现场后，将郭某、田某抓获，查获了二人持有的 100 元面值疑似假币 62 张，共计 6200 元。民警随后扣押了二人作案的摩托车、面包车。

综上，被告人郭某共参与盗窃三次，盗窃数额共计 7200 元；田某共参与盗窃三次，盗窃数额共计 5200 元。二人共持有假币 6200 元。

法院以被告人郭某犯盗窃罪，判处有期徒刑 9 个月，并处罚金人民币 3000 元；犯持有假币罪，判处有期徒刑 7 个月，并处罚金人民币 12000 元；数罪并罚，决定执行有期徒刑 1 年 3 个月，并处罚金人民币 15000 元。被告人田某犯盗窃罪，判处有期徒刑 8 个月，并处罚金人民币 3000 元；犯持有假币罪，判处有期徒刑 7 个月，并处罚金人民币 12000 元；数罪并罚，决定执行有期徒刑 1 年 2 个月，并处罚金人民币 15000 元。

【案例 3】2017 年 12 月 16 日，被告人李某携带数张面值为 100 元的假币，驾驶摩托车到某镇，伺机以假装销售大米给老年人，在对方支付现金的过程中以假币将真币替换后将真币据为己有的方式作案。李某在某镇红绿灯路口附近一家商店购买了一些大米，随后驾驶摩托车四处寻找作案目标。李某先将受害人刘某锁定为作案目标，问其是否需要买米。刘某决定买米并将李某带至家中，以50元的价格向李某购买23斤大米。刘某拿出一张面值100元的人民币给李某找零，李某趁其不备，用事先准备好的假币将刘某给的真币替换，又以刘某给的钱有破损为由要求刘某换一张。刘某重新拿出一张真币以后，李某以同样的手段替换成假币，反复几次将刘某手中的11张真币全部换出。最后刘某给了50元后李某离开。

后李某以65元的价格卖大米给林某夫妇，林某将65元给李某后，李某以喝喜酒少1张面值100元的人民币为由，要用零钱跟林某调换整钱。林某拿出一张面值为100元的真币，李某趁其不备用假币替换了林某的真币，并以林某的钱有破损为由提出让林某再换一张。因林某没有其他面值100元的人民币，李某将假币交给林某后离开。

之后，李某又以66元的价格卖给龚某50斤大米。龚某给了6元零钱后，给李某一张面值100元的人民币要求找零。李某以上述同样的方式和理由，用5张面值100元的假币从龚某处换得5张面值100元的真币。后李某称需要零钱，龚某又凑了60元零钱给了李某。

由于被告人有目的地选择老年人作为其犯罪对象，应对其酌情从重处罚。故法院以被告人李某犯持有、使用假币罪，判处有期徒刑1年8个月，并处罚金人民币15000元。

【案例4】 自2017年6月起，被告人田某与丈夫王某从某市到某村租赁房屋，后田某在附近集市摆摊卖水果时，通过调包的方式多次使用假币。同年9月14日9时许，田某在某乡集市卖水果时，将被害人牛某（70岁）2张面值100元的真人民币调换为假币，牛某发现后随即报警。

法院以被告人田某犯持有假币罪，判处有期徒刑8个月，并处罚金人民币20000元。

【案例5】 2020年3月，被告人秦某将从他人处获得的假币交由被告人蔡某（秦某丈夫）保管。2020年5月至9月，秦某、蔡某共谋以用假币换真币的方式获取老年人的钱财，由秦某寻找作案对象并用假币换取真币，由蔡某驾驶摩托车为被告人秦某提供交通便利。2020年5月16日，秦某同蔡某驾驶摩托车到某镇，见被害人谢某途经该处，秦某随即递给谢某一张100元假币，谎称受谢某的孙子委托帮谢某捎带了50元，要求找50元被拒。秦某遂夺过谢某挎包并拿走包内现金4367元，谢某遂阻止被告人秦某离开。秦某将6050元疑似假币抛撒在地，脱去上衣挣脱控制后搭乘蔡某的摩托车驶离现场。2020年9月7日，秦某同蔡某驾驶摩托车到某镇，见被害人郑某途经该处，秦某随即用100元零钞真币、300元疑似假币与郑某交换。郑某拿出钱包后，秦某趁机抢走包内现金2700元，将1100元疑似假币抛撒在地，搭乘蔡某的摩托车驶离现场。2020年11月30日，县公安局民警将秦某、蔡某抓获归案，并在蔡某所穿外套衣服右侧上口袋中查获面值为100元的疑似假币10张。经鉴定，上述8450元的疑似假币均为假币。

法院以被告人秦某犯抢夺罪和持有假币罪，数罪并罚判处有期徒刑1年2个月，并处罚金人民币12000元；被告人蔡某犯持有假币罪和抢夺罪，判处有期徒刑7个月，并处罚金人民币11000元。①

【案例6】2020年8月8日12时许，被告人陆某驾驶摩托车到被害人熊某家，使用其持有的假币向熊某换取真币，在换取过程中被发现后双方发生争执，陆某掐住熊某的脖子将其推倒在地，并将熊某孙女王某的一部价值人民币210元的手机抢走后跑进玉米地躲藏，后被公安民警及村民抓获。经鉴定，熊某的人身损伤程度已构成轻微伤。

法院以被告人陆某犯抢劫罪，判处有期徒刑10年6个月，并处罚金人民币5000元。②

◎ 防骗攻略

在持有、使用假币的案件中，老年人群体一直是受骗的重灾

---

① （2021）川2021刑初38号，载中国裁判文书网，最后访问时间：2024年5月28日。
② （2020）云2625刑初247号；（2021）云26刑终12号，载中国裁判文书网，最后访问时间：2024年5月28日。

区，给被害老年人的财产和身心健康造成了严重影响，应当积极预防。

1. 牢记真假人民币鉴别简易口诀

一看钞票正反面，防伪特征要看遍。

二摸纸张挺括度，凹印图案须手感。

三听钞纸抖动声，清脆声音用心品。

四测钞票防伪点，鉴伪仪器更可靠。

除了记好以上口诀外，平时还要留意银行、公安机关发布的假币警情通报，记住流入市场的假钞号段。有的印制粗糙的假币还会存在重号的情况，如在案例 4 中，被害人牛某就是因为发现两张 100 元重号才报警的。

2. 熟记常见假币骗术

骗术一：双簧换币术

不法分子双人合伙在购物中上演"双簧计"用假币支付。一人先付大额真币，另一人称有零钱支付让卖家、服务商将真币退回后，又声称零钱不足，前者趁机将真币调包成假币进行支付，卖家误以为是已经查验过的那张，直接收起。这种骗术比较老套，近年来审理的使用假币案件中已经比较少见了。

骗术二：偷梁换柱术

不法分子借换钱之机将真币调包。他们多选择农村地区的中老年人，以各种理由表示需将零钱换成整钱，后又找借口不换，再将零钱要回，在此过程中将大额真币调包成假币退回。现今这种骗术仍然多发，每次诈骗、盗窃金额可达数千元，危害极大。在案例2中，被告人郭某、田某就是采取调包的方式盗取老年人钱财的。

骗术三：黑商黑手术

不法经营者（如黑车司机、不良商家等）在收款这一特殊环节，通过撕角等手段要求调换从而将假币退回给顾客。

钱虽然是种类物，总数不变就意味着没有损失，但是一般不要出于好心就帮助陌生人换钱，因为一般银行柜台都有换钱这种服务。在案例3中，被告人李某假装销售大米给老年人，在对方支付现金的过程中以假币替换真币并将真币据为己有的方式作案骗取钱财：被害人刘某以50元的价格向李某购买23斤大米，李某趁其不备以种种借口，用事先准备好的假币将刘某手中的11张100元真币全部换出；林某将65元钱给李某后，李某以喝喜酒少1张面值100元的人民币为由，骗取林某1张面值100元的真币；李某再以66元的价格卖给龚某50斤大米，骗取了5张面值100元的真币……当好心遭遇了诈骗，损失就在转瞬间。

骗术四：假币购物（找零）术

有些不法分子利用部分群众对假币警惕性低的特点，到农村集市、偏远山区等地用假币购买小额农副产品。还有些不法商家趁客户着急或在光线昏暗时用假币找零。在案例1中，被告人牟某就是主要针对农村地区无防范能力的老年人使用假币的。

在一起使用假币案件中，一家人互相掩护，该案被告人王某的供述证实：在使用假币时，苏某的妹婿胡某负责开车将其与苏某、苏甲送到菜市场、集市，其与苏某、苏甲负责使用假币，使用时一般会选择老年人，购买比较便宜的东西，如芹菜、菠菜、鸡蛋、煎饼、烤红薯等，还买过小孩的衣物和鞋子，并且商量好，如果发现谁花假钱耽误时间长了，就让离她最近的人去打岔，目的是防止被人发现使用的是假钱。

骗术五：真假混合蒙蔽术

不法分子购物时先用一张假币购物，试探商家或售货员的警惕性及假钞识别能力，得逞后就大量使用该款假币购物，且在假币中会掺杂部分真币。有的不法分子专门针对识别能力弱的老年人，以变造币进行支付。

骗术六：假借 ATM 机取款行骗术

不法分子假借现金不足，利用受害人对银行 ATM 机的信赖，把受害人带至 ATM 机处交易，使其放松警惕，然后以假币买单。

骗术七："丢包"诈骗术

不法分子先将假币（近年来多用冥币）掉落在诈骗对象旁边，然后其同伙出现，捡起地上的假币，拉住诈骗对象到僻静处"分钱"，骗取受害人随身携带的财物。这一类骗术，在本书第一章第七节中有相关案例。

骗术八：假纪念币诈骗术

不法分子通过网络、电视、电话推销等方式，假借正规渠道发行的名义出售假的贵重金属纪念币、普通纪念币、纪念钞等。

3. 增强法律意识，及时报警打击假币

老年人一定要有防范假币意识，除了要避免自己的财产受到损失外，还应当：

（1）收到假币后上缴银行或公安机关，以免假币再坑人。

（2）发现假币犯罪行为后及时向公安机关报警。

第七节 虚假广告宣传，贪心非法利润

> 诈骗分子诡计多，设局演戏招招阴。夸大宣传少不了，把无说有话术精。虚假广告也够罪，抓住尾巴跑不掉。手段入罪刑罚轻，重罪吸收少追究。狐狸一旦现原形，严厉打击秩序归。

虚假广告罪，是指广告主、广告经营者、广告发布者违反国家规定，利用广告对商品或服务作虚假宣传，情节严重的行为。根据《刑法》第222条的规定，犯虚假广告罪的，处2年以下有期徒刑或者拘役，并处或者单处罚金。

为骗取老年人钱财，虚假广告宣传少不了。

◎ 典型案例

【案例1】自2019年6月起,被告人华某和蒲某(已判决)为获取利益,以120元一件(6瓶装)的价格从某酒业公司购进食品级配制酒五蛇苗草酒,后租赁会场,举办为期12天的五蛇苗草酒推销会,并通过发放传单、发放礼品、免费试喝等方式吸引老年人参加推销会。华某等人通过播放宣传视频、现场宣讲等方式,宣传五蛇苗草酒可以治疗高血压病、风湿病、心脑血管疾病、癌症等在内的多种疾病,对该酒进行虚假宣传,继而以2980元买一件送一件或零售一瓶580元的方式销售牟利。2019年9月初,许某(已判决)加入,与华某、蒲某一起采用上述方式进行虚假宣传,销售五蛇苗草酒。2019年10月底,华某自愿退出。截至案发时,华某参与销售五蛇苗草酒的金额达480000余元。

法院以被告人华某犯虚假广告罪,判处有期徒刑1年,缓刑2年,并处罚金人民币30000元。①

【案例2】2018年6月21日,被告人李某1注册成立了某医疗器械公司,后安排被告人即公司业务员张某1、李某2、陈某1、常某、李某3到多个村庄,以免费体检、健康讲座、定期体检、口头宣传、播放视频、张贴图片、悬挂锦旗、参观公司等方式,向当地老年人、体弱人员宣传其公司所经营的健博康复理

---

① (2020)川1702刑初259号,载中国裁判文书网,最后访问时间:2024年5月28日。

疗仪具有很强的医疗功效，可以治疗和预防各种疾病，并借机高价推销该仪器。该仪器共售出 193 台，涉案金额 556960 元。该仪器原价为 1300 元至 1600 元，销售价为 2880 元。经查，这种光波康复理疗仪属于二类医疗器械，适用于颈肩腰腿疼痛症状及高脂血症的辅助治疗。案发后各被告人共同退缴非法所得 285640 元。

法院以被告人李某 1 犯虚假广告罪，判处有期徒刑 1 年，缓刑 2 年，并处罚金人民币 5000 元；被告人张某 1、李某 2、陈某 1、常某犯虚假广告罪，分别判处有期徒刑 6 个月，缓刑 1 年，并分别处罚金人民币 2000 元；被告人李某 3 犯虚假广告罪，判处拘役 3 个月，缓刑 6 个月，并处罚金人民币 2000 元。[①]

【案例3】2019 年 4 月，被告人廖某注册成立某医疗器械营业部，并担任法人代表；同年 5 月至 10 月，销售某电位治疗仪；同年 10 月 11 日至 31 日，开始宣传和销售松花粉片。廖某每天组织 100 余名中老年人进行现场宣传和销售，宣传方式是播放宣传片，结合宣传资料进行面对面宣讲，宣传内容为：松花粉片具有保肝护肝、防癌抗癌，具有降低血脂、调节血压、治疗糖尿病、治疗风湿痛风等功效。廖某明知松花粉片只是保健食品，仍对该产品进行虚假宣传。经统计，廖某销售松花粉片共计 1152 瓶，销售金额为 209400 元，获利金额为 104700 元。

2019 年 8 月，廖某为方便销售其电位治疗仪，在某科技公司

---

① （2020）晋 1181 刑初 40 号，载中国裁判文书网，最后访问时间：2024 年 5 月 28 日。

不知情、未授权的情况下，通过某网上交易平台以 25 元一枚的价格私刻了该公司印章，用于该公司电位治疗仪的降价通告上。经鉴定，从廖某处缴获的某科技公司印章印文与样本上某科技公司提供的真实印章印文非同一印章盖印形成。2019 年 10 月，廖某又以同样的方式私刻了某生物科技公司的印章，该公章暂未使用。

法院认定，被告人廖某违反国家规定，利用广告对保健食品作虚假宣传，给多个消费者造成的直接经济损失数额累计在 20 万元以上，违法所得数额在 100000 元以上，情节严重；另伪造公司印章 2 枚，其行为构成虚假广告罪和伪造公司印章罪，应两罪并罚。故判决被告人廖某犯虚假广告罪，判处有期徒刑 6 个月，并处罚金人民币 50000 元；犯伪造公司印章罪，判处有期徒刑 6 个月，并处罚金人民币 2000 元；决定合并执行有期徒刑 8 个月，并处罚金人民币 52000 元。[①]

【案例 4】某医疗器械公司系于 2016 年 6 月 22 日成立的有限责任公司（自然人独资），该公司于 2019 年 4 月 29 日注销。被告人王某系某医疗器械公司股东、法定代表人。2017 年 3 月 24 日，王某在浙江省江山市注册成立某医疗器械公司南门分店作为分公司开展经营活动，分公司已于 2019 年 2 月注销。王某负责某医疗器械公司及公司南门分店的广告宣传、日常运营，公司根据销售产品的需要，在营业场所挂牌为"医疗器械公司"等。

---

① （2020）赣 0203 刑初 139 号，载中国裁判文书网，最后访问时间：2024 年 5 月 28 日。

王某在公司运营过程中，收集顾客（基本为老年人）姓名、性别、电话、住址以及疾病和身体状况等基本信息，以便针对顾客的疾病情况介绍公司产品对其进行治疗，以达到预防效果。王某及公司员工通过打电话、发传单、顾客之间推荐等形式，聚集顾客到公司听课、体验产品，然后以演示PPT、播放视频、一对一介绍等方式对产品进行广告宣传，一般每次集中宣传一种产品，每次聚集20—60名顾客后就开始对其公司产品进行虚假宣传，宣传几次或者几日后开始销售产品。

法院以被告人王某犯虚假广告罪，判处拘役4个月，缓刑6个月，并处罚金人民币5000元。[①]

【案例5】 自2013年3月以来，李某、吴某（均另案处理）共同出资成立某商贸公司，先后招募被告人封某以及邹某、陈某、邓某（均另案处理）等数十人组成诈骗集团。该诈骗集团以赠送糖尿病、痛风病、肝病等治疗仪为诱饵，进行虚假广告信息推广，非法获取患者个人信息，冒充知名医院等不同医院的专家、教授、主任医生，按照事先编制好的话术用电话问诊的形式与中老年患者进行电话联系，假称国家正推行爱心康复工程活动可赠送各类治疗仪，向患者夸大治疗糖尿病、痛风病、肝病的药贴疗效和虚假承诺接受治疗后可给患者永久性保障等手段，诱骗患者高价购买治疗所用的药贴等。2013年3月至2015年12月11日，该诈骗集团共计诈骗得手9036人次，骗取财物共计

---

① （2020）浙0881刑初3号，载中国裁判文书网，最后访问时间：2024年5月28日。

3565.6272万元。

被告人封某于2013年8月至9月，冒充某研究院工作人员，接听、拨打电话实施诈骗，诈骗金额为1.834万元。2015年3月，封某与邓某、彭某（均另案处理）共同出资成立某广告公司，通过在多个网站投放赠送各类治疗仪广告，非法获取患者个人信息（即患者姓名、电话、住址、病情），再出售给李某的诈骗集团。其中，邓某出资20万元占股50%，负责数据对接、收款；彭某出资10万元占股25%，负责网络技术、财务；封某出资10万元占股25%，负责客服和收集数据。2015年3月至6月，封某明知非法获取的公民个人信息是用于出售给李某诈骗集团实施诈骗，仍通过租用的商务通聊天软件，非法获取公民个人信息7000余条，并以110—120元/条的价格出售给李某诈骗集团，收取李某诈骗集团通过邓某、范某等人银行账户转账支付数据款共计92.573万元，三人共获利20余万元。2019年9月8日，封某被公安机关抓获归案。

法院以被告人封某犯诈骗罪，判处有期徒刑4年8个月，并处罚金人民币3万元；犯非法获取公民个人信息罪，判处有期徒刑1年，并处罚金人民币2万元；决定合并执行有期徒刑5年2个月，并处罚金人民币5万元。[①]

---

① （2021）湘04刑终2号，载中国裁判文书网，最后访问时间：2024年5月28日。

◎ 防骗攻略

在本书列举的所有购买商品类骗取老年人钱财的案件中，虚假广告犯罪行为可谓如影相随，但以虚假广告罪追究刑事犯罪的比例却很小，其主要原因在于虚假宣传是进行欺骗、诈骗犯罪的手段之一，依法被所犯重罪吸收，即使虚假广告给被害老年人带来较严重财产损失的危害，但大多案件中也并没有虚假广告罪适用的空间。本节内容有利于老年人认识虚假广告这种犯罪行为，以便揭露其他更严重的侵犯财产的罪行，从而达到防骗维权的目的，因而意义重大。

1. 学会揭露虚假广告犯罪

如果行为人没有触犯广告管理法规，就一定不会构成虚假广告罪。即使触犯了广告管理法规，但行为情节尚不属严重，其行为也不构成虚假广告罪。构成虚假广告罪的前提条件必须是违反国家规定的行为，主要指存在违反《广告法》《反不正当竞争法》《广告管理条例》等相关规定的行为。

虚假广告罪的行为表现，主要是利用广告作虚假宣传。所谓利用广告作虚假宣传，是指所利用的广告中具有虚假的内容，对商品的用途、质量、性能、成分、有效期限、产地、生产者、价格、售后服务、附带赠品的允诺等，以及对服务的内容质量、形式、价格、允诺等作不符合事实真相的宣传，以假充真，以无冒有，或者隐瞒缺陷、副作用给消费者带来实际的隐患。

案例1中广告宣称五蛇苗草酒可以治疗高血压、风湿病、心脑血管疾病、癌症等多种老年人常见疾病。案例2中广告宣称理疗仪具有很强的医疗功效，可以治疗和预防各种疾病，并借机高价推销该仪器。案例3中广告宣称松花粉片可以保肝护肝、防癌抗癌，具有降低血脂、调节血压、治疗糖尿病、风湿痛风等功效。案例5中以虚假广告信息赠送糖尿病、痛风病、肝病治疗仪等为诱饵获取患者个人信息；冒充知名医院等不同医院的专家、教授、主任医生与中老年患者进行电话联系；假称国家正推行爱心康复工程活动可赠送各类治疗仪，以向患者夸大治疗糖尿病、痛风病、肝病的药贴疗效和虚假承诺接受治疗后可给患者永久性保障等手段，诱骗患者高价购买治疗所用的药贴。以上案件，都因为存在商品或服务的质量、技术达不到广告所宣传的标准，以假充真，以劣冒优，讲能治病却不能治病，故意夸大产品的影响等，各被告人不仅存在违反国家规定，利用虚假广告对商品或服务作虚假宣传的行为，而且存在多次实施虚假广告的犯罪行为，或为多人实施虚假广告的犯罪行为，或违法所得数额较大，或致使多人受骗上当，所以均构成虚假广告罪（案例5中虚假广告罪被诈骗罪所吸收），被追究了刑事责任。

学会正确识别虚假广告的宣传手段，可以通过举报使违法商户受到相应的行政制裁。情节严重的，可以通过向公安机关提出控告，将触犯刑律的犯罪分子绳之以法。

2. 通过发现虚假广告犯罪以开展维权

因为诈骗犯罪都是经过精心布局的，所以往往不易被发现。大多数诈骗犯罪行为都含有完整的虚假广告犯罪行为，因为被重罪如诈骗罪、非法吸收公众存款罪等所吸收，所以大量案例中才罕见对虚假广告罪的认定。但是，虚假广告犯罪经常是诈骗犯罪行为中露出的"尾巴"，一般不难核实，只要抓住了这个"尾巴"并到公安机关举报，通过侦查活动，犯罪"狐狸"也就无法逃脱更加严厉的制裁了。

例1，2014年至2018年7月，被告人刘某通过口口相传的方式向不特定对象虚假宣传某国际传销组织，以推销保健品、某公司原始股为名，要求参加者缴纳费用以获得购买保健品和股票的资格，以发展他人一同投资可以获得相应提成为诱饵，引诱参加者继续发展其他人参加。经统计，截至2018年7月，某国际传销组织内部参与传销活动人员达6万多人，共设96个层级，直接或间接收取传销资金共计近25亿元，刘某直接或间接发展参与传销活动人员累计375人，共设9个层级，其控制的银行账户直接收取传销资金数额累计1474.7838万元。法院以被告人刘某犯组织、领导传销活动罪，判处有期徒刑5年3个月，并处罚金人民币50万元。[①] 本案中，把非法行为当作合法行为进行宣传，可能构成虚假广告罪，但因被组织、领导传销活动罪所吸收，故只认定组织、领导传销活动罪一个罪名。

---

① （2021）辽02刑终347号，载中国裁判文书网，最后访问时间：2024年5月28日。

例 2，2015 年至 2018 年，被告人王某伙同被告人刘某经预谋，以某公司的名义，以投资养生养老、互联网域名、金融、文化产业等项目为名，用虚假的具有变现价值的土地资源和收益权作担保，承诺高息并在一定期限内返还本金等方式，向社会公开宣传，与集资参与人签订投资理财协议，骗取被害人郭某、王某1、蔡某等 334 名集资参与人集资款共计 87157426 元。法院以被告人王某、刘某犯集资诈骗罪，分别判处有期徒刑 15 年，剥夺政治权利 5 年，并处罚金人民币 500000 元。[①] 本案中，以不存在的权益作担保宣传，可能构成虚假广告罪，但因被集资诈骗罪所吸收，故只认定集资诈骗罪一个罪名。

例 3，2020 年 4 月至 7 月，被告人陈某及某公司在未取得某网约车授权许可，明知无实际能力办理网约车及道路运输资质的情况下，仍通过微信转发、发放传单等方式虚假宣传某公司是毕节地区某网约车总代理，以无车加盟可零首付提供新车用于营运、带车加盟可办理网约车资格证及道路运输证为诱饵，对外招募网约车司机，并以挂靠费、办证费等名义骗取被害人财产 8.3783 万元。其中，骗取刘某、路某等 6 名无车加盟司机所交办证费 1.4541 万元；骗取吴某1、张某、李某 3 名司机首付款及定金 2.59 万元，该 3 人未得车；骗取孔某、郑某等 9 名带车加盟司机挂靠费、办证费 4.3342 万元。法院以被告人陈某犯合同诈骗

---

① （2021）京 03 刑终 474 号，载中国裁判文书网，最后访问时间：2024 年 5 月 28 日。

罪，判处有期徒刑1年3个月，并处罚金人民币2万元。[①] 本案中，以不存在的服务作宣传，可能构成虚假广告罪，但因被合同诈骗罪所吸收，故只认定合同诈骗罪一个罪名。

例4，2020年12月中下旬至2021年1月16日，被告人牛某、朱某甲明知某平台以投资理财名义诈骗他人钱财，仍组织李某、唐某（二人均已判决）等人以虚构的金融专业讲师身份，帮助平台录制夸大投资效益的虚假宣传音频，并将该音频转发至多个投资理财微信群中，引诱被害人钱某等人进入平台购买投资理财产品。朱某甲根据平台方要求指导讲师讲课，牛某收取讲课费等报酬并作为工资分发给李某等人。2021年1月16日，某平台关闭，导致被害人钱某损失6316100元。牛某非法获利至少26000元。检察机关指控牛某、朱某甲明知他人利用电信网络实施诈骗，仍提供帮助，数额特别巨大，应当以诈骗罪追究其刑事责任，提起公诉，请求依法判处。本案中，帮助录制夸大投资效益的虚假宣传音频，并将该音频转发至多个投资理财微信群中作虚假宣传，可能构成虚假广告罪，但因被诈骗罪所吸收，故只认定诈骗罪一个罪名。

[①] （2021）黔0502刑初377号，载中国裁判文书网，最后访问时间：2024年5月28日。

第八节 恶势强迫交易，被骗陷入虎口

> 强迫交易是犯罪，耍横威胁是标配。不曾犯错掉陷阱，"苦肉计"中恐惧强。貌似犯错非一人，同样遭遇实同伙。专骗他乡老年人，扫黑除恶作用强。

强迫交易罪，是指以暴力、威胁手段强买强卖商品、强迫他人提供或者接受服务，情节严重的行为。根据《刑法》第226条的规定，以暴力、威胁手段，实施下列行为之一，情节严重的，构成强迫交易罪：（1）强买强卖商品的；（2）强迫他人提供或者接受服务的；（3）强迫他人参与或者退出投标、拍卖的；（4）强迫他人转让或者收购公司、企业的股份、债券或者其他资产的；（5）强迫他人参与或者退出特定的经营活动的。犯强迫交易罪，处3年以下有期徒刑或者拘役，并处或者单处罚金；情节特别严重的，处3年以上7年以下有期徒刑，并处罚金。

强迫交易犯罪的暴力，常常是以软暴力的威胁手段出现，在我国不同地区、不同程度上一直存在着，加强老年人对强迫交易犯罪的识别是防骗维权的一个重点。

◎ **典型案例**

【案例1】 2017年11月以来，林某、李某（均已判决）经商量认为在海南省强迫某些中老年居民购买鹿茸收益高，之后便组织被告人林某甲与谢某、王某、张某（后三人均已判决）等人在海南省贩卖鹿茸。经明确分工：林某负责将鹿茸切片，并采用言语威胁、恐吓等暴力手段强迫海南省某些中老年居民购买鹿茸，林某甲、谢某负责充当鹿茸的购买者，王某负责叫卖鹿茸，李某、张某等人负责采用言语威胁、恐吓等暴力手段强迫某些中老年居民购买鹿茸以及跟随鹿茸购买者取钱。林某等人将进货价为每克几元的鹿茸变相提高到每克20元左右，以此非法牟取暴利，所得赃款由林某统一管理和分配，同时由林某出资租房作为作案据点，并将李某的面包车作为作案工具，由此形成了以林某为首，林某甲、谢某、王某、李某、张某等人为骨干成员的恶势力犯罪团伙。林某、林某甲等人在甲县、乙县对某些中老年居民多次实施强迫交易行为，严重破坏社会秩序。林某甲参与以林某为首的恶势力犯罪团伙在甲县作案3次，涉案金额共计16300元；在乙县作案3次，涉案金额共计30200元；合计金额46500元。

法院以被告人林某甲犯强迫交易罪，判处有期徒刑1年6个月，并处罚金人民币15000元。[①]

[①] （2020）琼9025刑初12号，载中国裁判文书网，最后访问时间：2024年5月28日。

【案例2】 2019年11月,被告人杨某向被告人李某、张某、马某等11人提出,由其雇用他们到某县的乡镇售卖洗发水,通过免费抽奖的形式引诱赶集的村民参与抽奖,之后强迫抽中洗发水的村民以每瓶40元的价格购买洗发水,从中牟利,并安排张某等4人负责发放、刮开奖券和售卖洗发水,李某等5人负责做托儿引诱他人抽奖,其和马某负责看场并强迫抽中洗发水的村民购买,同时承诺给予李某等每人每天100元报酬。李某等表示同意。同月13日至18日,杨某等人在多地摆摊售卖洗发水,通过免费抽奖的形式引诱赶集的被害人陈某1等21人参与抽奖,之后强迫陈某1等21人以每瓶40元的价格购买抽中的成本价只有10元的洗发水,强迫交易数额共计2520元。

法院以强迫交易罪,判处被告人杨某有期徒刑1年1个月,并处罚金人民币5000元;判处被告人李某有期徒刑1年1个月,并处罚金人民币4000元;分别判处被告人张某等5人有期徒刑1年,并分别处罚金人民币3000元;分别判处被告人马某等5人有期徒刑11个月,并分别处罚金人民币3000元。①

【案例3】 被告人王某、毛某、唐某、魏某早先通过在早市摆摊卖货相识。2018年3月,四被告人预谋以强卖商品的方法实施犯罪,后魏某纠集被告人张某,毛某纠集被告人张某1,6人准备一起实施犯罪。具体的分工为唐某负责在市场卖虫草参,张某、张某1在有被害人在场时假装买货,唐某将虫草参称重后说

---

① (2020)桂0921刑初91号,载中国裁判文书网,最后访问时间:2024年5月28日。

需要以万元以上的高价购买，张某、张某1假装嫌贵不买要走，王某等人在旁用剪刀威胁、恐吓，让旁边的买货人（被害人）产生恐惧心理，魏某假装与张某、张某1去取钱，王某和毛某负责跟买货人去取钱。六被告人所获赃款除去实施犯罪花费的饮食、住宿等费用后，分给张某及张某1每天100元到150元，剩余赃款被王某、毛某、唐某、魏某4人均分。六被告人每次实施犯罪行为后会约定下一次实施犯罪的时间，之后相互联系聚到一起再实施犯罪。

法院认定，六被告人以暴力威胁手段强卖商品，情节严重，其行为均已构成强迫交易罪，应予刑罚。六被告人多次结伙流窜作案，犯罪对象为老年人，可酌情从重处罚。故以犯强迫交易罪，分别判处六被告人1年4个月至2年不等有期徒刑，并分别处罚金人民币10000元至20000元不等。[①]

【案例4】2015年7月至8月，被告人万某、涂某、陶某、罗某伙同万某1（中止审理）、陶某花（在逃）经预谋，在多家医院附近，选择外地农村来治病或为亲属治病的老年人、妇女为作案对象，以兜售圣女果干（西红柿干）为幌子，六人相互配合，先以低价（每市斤十几元）出售等方法引诱被害人至其摊位，而后将被害人围住，当被害人表示不愿意购买并欲离开时，其中两人便以言语对被害人威胁并进行推搡、拍打，阻止被害人

---

① （2019）黑1002刑初48号，载中国裁判文书网，最后访问时间：2024年5月28日。

离开，使被害人产生恐惧心理；另外两人则扮作"媒子"①，一人佯装购买者不想买要离开的样子，另一人则当着被害人的面对其拳打脚踢，以示不买将会遭到殴打；再由一人在现场负责望风，看是否有警察出现，并装扮成路人对被害人说，这些人身上都带了刀，多少要买一些，不买会挨打等类似言语进一步恐吓被害人。当被害人受到暴力威胁并感到惧怕被迫表示购买时，又以高价位（每两二十几元）迫使被害人交出钱财，并趁机从被害人口袋或包内强行夺走其全部现金，而后6人迅速逃离现场。万某、涂某、陶某、罗某伙同万某1、陶某花共同抢劫作案5次，抢得现金共计7090元。

法院以犯抢劫罪，分别判处被告人万某、涂某、陶某、罗某11年9个月至12年6个月不等有期徒刑，并分别处罚金人民币10000元。

【案例5】 2017年5月至2019年4月，被告人王某、王某1、罗某、王某2、吴某、王某3纠集在一起，在多家医院周边，以病患及其家属等中老年人为目标，先由一人上前向被害人推介商品，再由其余几人以围堵、言语威胁的方式，强迫被害人高价购买工艺戒指、男士T恤衫、男士长袖内衣等商品共计16次，犯罪金额共计3430元。其中，罗某参与12次，王某2参与10次，王某参与8次，吴某参与7次，王某3参与6次，王某1参与4次。上述6人经常纠集在一起，以软暴力手段在一定的区域

---

① 媒子，俗称托儿。

内多次实施违法犯罪活动，为非作恶，扰乱经济、社会生活秩序，造成较为恶劣的社会影响，系恶势力。

法院以王某犯强迫交易罪，判处有期徒刑 10 个月，并处罚金人民币 14000 元；被告人王某 1 犯强迫交易罪，判处有期徒刑 7 个月，并处罚金人民币 9000 元；被告人罗某犯强迫交易罪，判处有期徒刑 11 个月，并处罚金人民币 14000 元；被告人吴某犯强迫交易罪，判处有期徒刑 10 个月，并处罚金 12000 元；被告人王某 3 犯强迫交易罪，判处有期徒刑 6 个月，并处罚金 10000 元；被告人王某 2 犯强迫交易罪，判处有期徒刑 10 个月，并处罚金人民币 14000 元。[①]

◎ 防骗攻略

多数强迫交易犯罪都是有预谋、有分工的，先设陷阱，再施加软暴力威胁，使身陷圈套的老年人一时不敢抗拒而不得不购买商品，从而导致其财产损失。

1. 学会识别"苦肉计"

老年人被迫"购买"上当受骗，大多是因为不识"套路"。犯罪分子在设计强迫交易骗局中，多半会上演一出"苦肉计"，由"埋伏"在周围的同伙与老年人分别挑选物品，同伙先提出抗议表示太贵不想买了，从而遭到"卖家"的暴力相向，同伙"认

[①] （2019）皖 08 刑终 322 号，载中国裁判文书网，最后访问时间：2024 年 5 月 28 日。

栽"购买了商品。相比之下，老年人多是人单势孤或身处他乡僻壤，犯罪分子就是利用老年人从众认倒霉，花钱买平安、买教训的心理，从而骗取不义之财。

别人之所以屈从暴力"认栽"乖乖掏钱购买，是因为他们是"卖家"的同伙，是在演戏。如果识别出是强迫交易骗局，我们首先要保护好自身安全，一般不要在现场戳穿、指责对方，选好时机再报案。如果过度刺激这样的犯罪分子，则容易给我们的人身安全带来危险。

强迫交易犯罪中的暴力和传统抢劫罪中的暴力不同，我们常称之为软暴力，案例"苦肉计"中的暴力如果直接实施在我们身上，那么一般会被认定为抢劫罪，若多起犯罪一起追究就会被判处10年以上有期徒刑。案例4中被告人的暴力行为因为出现了超越软暴力的情形，所以被认定为抢劫罪，刑罚也就相当严重了，这种案例在司法实践中比较常见。

例如在一起检察院以强迫交易犯罪提起公诉的案件中，法院判决认为，被告人王某以非法占有为目的，采用暴力、胁迫手段劫取他人的沙石、柴油，牟取非法利益，价值人民币110万余元，数额巨大，其行为已构成抢劫罪，依法应予惩处。公诉机关指控被告人王某犯强迫交易罪、寻衅滋事罪的罪名不当，应予以改正。故法院判决被告人王某犯抢劫罪，判处有期徒刑13年，并处罚金人民币20万元。

2. 正确认识强迫交易犯罪

如果遇到暴力、威胁导致自己不得不进行的交易活动，这就有可能是遇到强迫交易犯罪了。老年人是休闲经济的主力军，强迫交易犯罪多数是给外出旅游的弱势群体"量身定做"的消费陷阱，我们一定要在事先通过鲜活的案例熟悉犯罪分子如何上演"苦肉计"的戏码，准确识别他们预设的各种圈套，这是有效防范强迫交易犯罪骗取钱财的前提。

案例2中被害人陈某1的陈述证明，2019年11月13日，他在某村看见一个摊位处正在进行抽奖活动，一名男子抽中了一二百元的奖金，旁边的一名女子怂恿其也参与抽奖。陈某1禁不住引诱上前参与抽奖，其按负责抽奖人员的要求抽出六张奖券。抽奖人员帮其刮开奖券，第一张奖券中的是牙膏，抽奖人员将一支牙膏送给他，第二张奖券中的是洗发水，抽奖人员提出抽中的洗发水需要以每瓶40元的价格购买。他看见抽中的洗发水是没有生产标志的伪劣产品，不愿意购买，并准备离开。此时两名男子上前将其围住，强迫其购买洗发水，否则不准其离开，他被迫购买了抽中的一瓶洗发水。接着，其中一人又要求他刮开抽中的另外两张奖券，待刮开奖券后，发现抽中的均是洗发水，两名男子继续围住他，强迫其购买抽中的洗发水，他被迫又购买了抽中的两瓶洗发水。

案例2的陷阱设在了抽奖环节，其实抽中一二百元奖金的都是托儿。除了正规发行的体育彩票或福利彩票以外，其他的花钱抽奖活动都是非法的，如果遇到抽到了不想购买的物品被强制要求购买，那么就涉嫌强制交易犯罪了。这时，我们的正确选择就是报警，或者事后及时报警。

在一些圈套中，报价时故意报给你一斤是多少钱，案例4随后展示的圣女果干广告牌却变成每两的价格；如果报价时故意报的是每两多少元，案例1的"鹿茸切片后"、案例3的"虫草参剪断后"的报价就都变成每克多少元……在你晕头转向之时，暴力、威胁又接踵而至。

需要注意的是，强迫交易犯罪的基础是都存在客观交易，犯罪分子通过被害人对身处地理环境的不熟悉、信息不对称等因素，通过暴力或言语威胁等方式迫使被害人进行显失公平的交易。正因为是"软暴力"，如果商家没有隐瞒真实身份，即使警察出警到现场，有时也会认定是经济行为，建议起诉到法院处理。另外，还存在个别地方性意识严重、市场监管不积极等情形，导致犯罪分子反倒处于优势地位，被害人因恐惧或妥协而被迫接受加害人提出的交易要求。遇到这种情况，我们首先应当到当地派出所报案做笔录以留存罪证，其次向相关部门投诉并索要回执。如果怀疑是有组织犯罪，还应当及时拨打全国扫黑办"12337"智能化平台电话进行举报。

3. 在全国扫黑除恶斗争中，应当加强对强迫交易犯罪组织或团伙的严厉打击

自 2021 年 1 月党中央作出常态化开展扫黑除恶斗争的重大

决策部署至 2023 年上半年，全国公安机关共打掉涉黑组织 362 个、涉恶犯罪集团 2609 个，破获案件 3.97 万起；全国检察机关起诉涉黑恶犯罪嫌疑人 3.5 万人，其中组织、领导、参加黑社会性质组织犯罪 9551 人；全国法院一审审结涉黑恶犯罪案件 5657 件，相关涉案款 436.24 亿元。①

  各级政府要对强制交易开展常态化打击，要健全铲除强迫交易滋生土壤的长效机制，补齐短板、堵塞漏洞，强化源头治理，加强行业监管。要畅通报案受理渠道，建立健全智能公开的举报奖励机制，在发动群众上持续发力。

---

① 《常态化开展扫黑除恶斗争取得新成效，两年来打掉涉黑组织 362 个破获案件 3.97 万起》，载光明网，https://m.gmw.cn/2023-06/14/content_1303405194.htm，最后访问时间：2024 年 5 月 28 日。

第三章
一般侵害老年人财产权的防范

本书第一章、第二章侧重于对诈骗老年人犯罪和破坏市场秩序欺诈老年人犯罪的防范。本章内容主要是在前两章内容以外，对不法分子针对老年人财产权益侵犯的一些犯罪的防范，主要涉及以非法占有钱财为目的的盗窃、抢夺、抢劫、招摇撞骗、敲诈勒索、伤害、非法行医等犯罪的防范。

因为老年人受到欺骗而放松警惕，如暴露密码、离开房间、打开钱包允许查验、脱下衣物离开视线等，从而使不法分子以非法占有为目的趁机实施的犯罪行为，一般不构成诈骗罪，而构成盗窃罪或者抢夺罪。有学者称之为"诡计盗窃""诡计抢夺"。本章各节涉及的盗窃、"两抢"等典型案例基本都属于此类犯罪，因此纳入本书。

第一节　寻求非分刺激，被盗被骗常伴

> 年老孤寂人同情，寻找刺激求开心。失财还吃"哑巴亏"，都是贪色引祸灾。被人色诱难脱身，低价嫖娼不能干。晚节失了被苟笑，老来应有好风范。

个别男性老年人因寻求刺激或好色而落入不法分子的圈套，结果被盗窃、被敲诈、被抢或者被骗，甚至遇害。

◎ 典型案例

【**案例1**】被告人陈某、李某与李某1、王某（另案处理）经事先商量决定采用卖淫的方式实施盗窃，陈某、李某一组，李某1和王某一组，两组分别盗窃，窃得财物由组内2人平分，房租、油钱两组各出一半。陈某和李某负责寻找卖淫盗窃需要的出租房及房间布置，李某1和王某以卖淫、按摩的名义将被害人带至提前准备好的一出租房内，在提供色情服务时，将被害人携带的金器、现金放在房间内的柜子上，陈某和李某使用备用钥匙开门后将被害人的财物盗走，或由李某1和王某将被害人的上述财物藏匿或盗走。陈某、李某共同盗窃3次，窃得财物价值10300余元。

法院以被告人陈某犯盗窃罪，判处有期徒刑8个月，并处罚金人民币5000元；被告人李某犯盗窃罪，判处有期徒刑7个月，并处罚金人民币5000元。[①]

【**案例2**】被告人黄某、王某、张某、章某共同商议色诱老年人实施盗窃。2018年5月20日，四被告人来到某市租赁了一出租房作为作案场所，购买了上下铺的铁架床及床上用品等，将铁架床放置在靠近窗户的位置以便于作案。同年5月21日21时许，王某、张某在租住房屋附近游荡，伺机寻找作案目标。22时

---

① （2020）苏0281刑初1746号，载中国裁判文书网，最后访问时间：2024年5月28日。

许，王某遇到了被害人陈某（男，73岁），以帮其按摩为名将陈某带至出租房内，诱骗陈某将裤子脱下放在铁架床的上铺。在此过程中，章某负责望风，黄某则趁机从窗外将陈某裤子腰包内的现金3400元盗走后逃离作案现场。

法院以犯盗窃罪对被告人黄某、王某分别判处6个月有期徒刑并各处罚金人民币2000元，对张某、章某分别判处5个月拘役并各处罚金人民币2000元。

【案例3】2022年8月初，被告人潘某、肖某商议由潘某以发生性关系为由引诱老年人，将老年人带到偏僻处后实施盗窃，肖某则负责开车并望风。二人商量好后，约定于8月9日由肖某租赁一辆轿车载同案人裴某（另案处理）到某市与潘某碰面。8月11日，三人决定前往某城区作案，尝试多次后均未得逞。8月14日，三人来到某小区旁的菜市场伺机盗窃。由潘某进入菜市场寻找目标，裴某跟在其身后负责望风，肖某则开车随时接应。不久，潘某与被害人杨某搭讪，以发生性关系为由将杨某骗至一居民楼三楼楼梯处，并在抚摸杨某的过程中将其放在右侧口袋内的3600元现金盗走，随后迅速离开现场并逃离。潘某、肖某到案后自愿如实供述了自己的犯罪事实，并退还了赃款3600元。

法院以被告人潘某犯盗窃罪，判处有期徒刑6个月，并处罚金人民币2000元；被告人肖某犯盗窃罪，判处拘役4个月，并处罚金人民币2000元。[①]

[①] （2022）湘0721刑初257号，载中国裁判文书网，最后访问时间：2024年5月28日。

【案例4】 2017年5月至6月，被告人黄某、钟某伙同谭某、"阿飞"（均另案处理）等人在多地，为牟取非法利益，由钟某、谭某负责以嫖娼为由引诱老年人进入出租屋内，黄某、"阿飞"负责在接到同案人信号后冒充警察，并以抓嫖查毒等为由骗取被害人财物。

法院认定，被告人黄某、钟某无视国家法律，结伙冒充人民警察招摇撞骗，其行为均已构成招摇撞骗罪，故以被告人黄某、钟某犯招摇撞骗罪，分别判处有期徒刑2年10个月和1年8个月。

【案例5】 2020年3月初，年近60岁的张先生在微信上结识了一名昵称为萍萍（化名）的女子，萍萍自称家住镇江，48岁，离异多次，一直渴望找到一名"成熟男士"能够"好好爱一场"。在接下来的相处中，萍萍对张先生关怀备至，两个人的关系自然也就越走越近。同年3月24日，萍萍提出想见张先生一面，想到屏幕中的"恋人"竟然想见自己，张先生欣然应允。次日一大早，张先生就赶到镇江赴约。经过面对面的交流，张先生对眼前的"恋人"很是满意，确信她就是自己"命中注定"的那个人。随后，萍萍便带张先生去了一家饭店吃饭。到了饭店，萍萍点了3个菜，其中就有一份标价为300元的羊肉，说是平时嫌贵不舍得吃，但女儿很喜欢。但才上了两道菜，最贵的那份羊肉还没上桌时，萍萍便提出要打包饭菜和张先生一起回家吃，羊肉可以让女儿晚点来取。想到刚见面就能去对方家里坐坐，心花怒放的张先生立刻买了单。回家路上,萍萍还挑了两箱车厘子和一箱猕猴桃,一共花了700多元。张先生虽觉得有点贵,但考虑到两人第一次见面,也就二话没说地付了钱。这时,萍萍又说,三箱水果太重,两人提着也不方便,可以先留在水果店内,晚些时候让自己的女儿来取。沉浸在喜悦和期待中的张先生顾不上考虑太多,便乐滋滋地跟着萍萍回到了家。两人在家中聊天没多久,萍萍就接到了一个电话,说是她的妈妈突发脑梗被送进了医院,张先生急忙让萍萍赶过去。离开镇江的张先生还惦记着萍萍,可却怎么都无法再联系上她,自己的微信也被萍萍拉入了黑名单。心有不甘的他再次赶往萍萍的住处,却发现早已是人去楼空。想到之前两人见面时吃饭购物的种种异常,张先生立即前往当地派出所报了案。

承办该案的检察官介绍,在张先生的遭遇背后,是一张分工明确的中老年"组合托"诈骗犯罪网——本案中的犯罪嫌疑人均为中老年妇女,她们当中有人负责线上"拉业务",也有人负责线下"宰猎物"。比如,本案中与张先生在网上聊得火热的萍萍,其实是已经70多岁的朱某,而与他见面的则是40多岁的王某。犯罪分子们通过网上聊天锁定"猎物",并通过邀约"奔现"对被害人进行"收割"。她们往往会与饭店、水果店等商家进行事先约定,将被害人带去消费购物,并找各种理由不带走相关商品,那样她们就能对这些"多花了"的钱进行分成。为了能够更好地实施诈骗,犯罪嫌疑人还专门租了一套房屋作为"道具"，并由专人扮演"闺蜜""邻居"等角色，为被害人埋下一个又一个的"连环套"。

经查，2017 年至 2020 年，王某等人利用各类网络交友软件，通过网上聊天吸引被害人"奔现"，并以充当"水果托儿""饭托儿"等手段，累计骗取上千名被害人财物价值 500000 余元。法院以诈骗罪分别判处被告人王某等 10 人 1 年至 3 年不等有期徒刑，并处罚金。[1]

◎ **防骗攻略**

近年来，发生了多起老年人为寻求生理刺激而被敲诈、被诈骗、被盗窃或被伤害致死的刑事案件。在这类案件中，老年人一旦掉入圈套就难以脱身，有的虽被骗破财但一般也难以启齿去报案，经常是吃了"哑巴亏"，有苦肚里咽，罪行被举报并追究犯罪行为人刑事责任的并不多。但是，根据有关报道和案件事实的统计，这种情况下涉事老年人的数量较多。所以，加强相关警示教育，保护好老年人的合法权益，非常重要。

1. 色迷心窍，贪色失财悔莫及

虽然犯罪分子经过预谋并布设了"仙人跳"陷阱，但是因为它是由被害老年人贪色所引发的，所以被害人在案件中也会被认

---

[1] 《10 名中老年妇女定下"三原则"，团伙行动，围猎中老年男性》，载扬子晚报网，https://www.yangtse.com/zncontent/1616416.html，最后访问时间：2024 年 5 月 28 日。

定存在一定的过错。

"仙人跳"又称"杀猪儿",是进行盗窃活动所采取的一种方式。具体操作模式为:一男一女搭配,由女子到街上寻找年龄较大的男性作为盗窃对象,与之搭讪,并暗示对方有色情服务,一般报价很低,同时其同伙男子在近处观望。被害人同意后,女子将其带至租住屋内,男子则跟在他们后面。当被害人到达既定房屋后,女子就以提供色情服务为由,让其脱下衣裤或者帮对方脱下衣裤,并放在便于偷盗处,通过提供色情服务转移盗窃对象的注意力,同伙男子就悄悄进屋窃取被害人衣裤中的钱财。男子盗窃得手后,女子再借机离开房间。之后,男子尾随被害人观察其是否报案,确认作案安全后再离开。

以上是"教科书版"的做法。近年来审理的相关案件中,"与时俱进"的作案方式也越来越多,有团伙分成若干组分头作案的,也有多男一女、多男多女"协同作战"的,还有"手法好"的在路上就盗窃得手的,更有乘人之危敲诈勒索、抢劫的……

在案例5中,被告人并非单打独斗,而是以团伙形式出现,涉案嫌疑人多为无业在家或者退休的家庭妇女。她们有着明确的分工,年纪较大的一般负责和被害人聊天。而年纪较轻的则专门负责和被害人见面。她们甚至安排了专业的"清场"——在被害人不肯离开时,冒充女方长辈要求被害人离开。该犯罪团伙对聊天对象的选择有三个原则:"年纪越大越好""家中有老婆最好""距离越远越好"。年纪越大,防骗意识越弱;家中有老婆，则在发现被骗后不敢声张；距离越远，则越不知道其底细，出现问题后也越容易放弃维权。

除了有以上团伙分工合作方面的变化以外，在一些案件中，利用现代通信工具实施色诱诈骗的案件也急剧增加。因为这种犯罪手法一般无须见面，人身危险性较小，但一次性财产损失就达上万元的不在少数。

这些犯罪团伙的诈骗"战术"娴熟，"战斗力"强大。只要遇上了，不榨干被害人的钱财绝不会善罢甘休。所以，个别老年人的一时轻浮，多半会导致危机四伏，而且一旦案发，"晚节不保"事大呀！

2. 有的老年人即使发现是对方布下的陷阱，也会脱身乏力

例如，被告人秦某通过色诱方式将被害人荣某骗到其临时出租房内，并与荣某发生性关系后，趁荣某休息之际，窃得荣某金项链1条（价值19723元）、手机1部（价值1933元）；秦某通过色诱方式将被害人刘某骗到其出租房内，并与刘某发生性关系后，趁刘某不注意，窃得刘某金项链1条（价值15412元）。法院以被告人秦某犯盗窃罪，判处有期徒刑1年3个月，并处罚金人民币6000元。

在这起案件中，即使被害人在现场就已发现自己被盗窃了，但因担心一旦发生争执，对方以强奸告发，后果将非常严重，故不得不忍下，不了了之。一旦你掉进了圈套，犯罪分子就会从容、猖狂地侵财作案。因此，嫖娼不仅是违法行为，还会有更大

的人身财产损害风险。

3. 老年人在"享受"之时，其财产意外损失或正在发生

很多案例中，老年人在接受异性按摩之时，随身财产就被洗劫一空了。

例如，在一起抢劫案中，被告人粟某以色情按摩为由将被害人林某带至小巷内，后趁机将戴在林某左手无名指上的金戒指（重9.71克，价值2534元）扯下抢走。

又如，在一起盗窃案中，被告人刘某见被害人王某在市场赶集，遂由被告人周某望风，刘某上前色诱王某。后在农贸市场旁边的一家手机店四楼楼梯间，刘某趁王某搂抱时不备，将王某放在裤袋中的钱包盗走，钱包内有现金1503元。

类似的案例还有：在一起盗窃案中，被告人顿某将被害人宋某（年近七旬）以推拿为由诱至出租房内，趁宋某不备将其戴在左手无名指上的一枚金戒指、放在裤子左前口袋内的一部手机、放在钱包内的400元现金盗走……在一起盗窃案中，被告人万某招揽被害人汪某（已年过八旬）进行性交易，将汪某带至出租房内，被告人田某则尾随至房门外负责望风，万某在房内趁汪某不备从其裤子口袋内盗得现金5600元……

犯罪分子设下"温柔陷阱"就是图财，不发生财产损失才是意外！

4. 老年人一旦身陷险境，学会自保是上上策

案例4中，被告人黄某等冒充警察招摇撞骗。在其他案件中，还有犯罪团伙借机敲诈、抢劫、伤害或绑架的，常常会给涉事老年人带来现实的人身危险。举例如下：

某日，被告人陶某以色诱的方式将被害人李某甲骗至一房内，被告人李某乙、罗某则尾随至门口，罗某负责在门口望风，李某乙则进入房间将李某甲的裤子拿至门外，并拿走李某甲裤子口袋内的现金2010元及身份证、银行卡各一张。李某甲发现裤子不见后，遂抓住陶某上衣不让其离开，陶某大声喊叫，李某乙、罗某随即进入房内，李某乙使用铁棍对李某甲进行殴打，陶某则趁机摆脱李某甲的控制。之后三人逃离现场。

某日，被告人孙某以"按摩"的名义将被害人刘某骗至一楼房内。孙某要求刘某将身上衣服脱下后为其"按摩"，被告人杨某想趁刘某躺在床上按摩之机将刘某衣服口袋内现金12860元偷走时，被刘某发现。刘某将杨某抓住，不让其离开，孙某趁机逃离。杨某从口袋内拿出匕首威胁刘某并与其扭打，被告人葛某进入房间与杨某一起殴打刘某后一同逃跑。

某日，被告人朱某为了趁拉客招嫖之机实施盗窃，找到一名嫖客张某丁，在谈好嫖资后，朱某将被害人张某丁带至一出租房内，在二人发生性关系时，被告人高某潜入房内实施盗窃。由于张某丁发现有异常，拉开被子后发现高某正将其钱包从裤子口袋内偷出来，张某丁一把夺回钱包放到床上，并打了高某一拳。在

张某丁穿好衣服准备离开时，高某随即叫来事先埋伏在附近的被告人常某甲、刘某、涂某、张某甲、张某乙、金某等人，他们冲上来用甩棍、木棒等工具将张某丁打伤，并抢走现金1800元。经鉴定，张某丁此次伤情为轻伤二级。

某日，被告人姚某伙同刘某、汪某经预谋，由汪某以卖淫为由，将被害人李某骗至一间出租房内，欲对李某实施盗窃，后汪某发现李某钱少放弃盗窃，又因嫖资问题与李某发生争吵，守在门外的姚某撞门进入该出租屋后，在汪某的授意下对李某实施殴打，后汪某、刘某、姚某先后逃离现场。李某被殴打后欲离开现场时，因该出租房一楼的门禁系统已自动关闭，无法顺利离开，后李某在从三楼窗户离开现场时坠楼身亡。经法医学鉴定，李某生前损伤为轻伤二级，死亡原因系高坠致颅脑损伤。

某日，被告人何某、谭某甲、柏某伙同覃某、肥仔（另案处理）经过商量，决定以色诱的方式抢劫被害人曾某，先由柏某在一出租屋内假借与曾某发生性关系，后由谭某甲敲门，待柏某开门后，何某与覃某冲入屋内，"肥仔"在门外负责望风。何某与覃某强行将曾某按住，用事先准备的透明胶带封住曾某的口鼻，并用透明胶带和两条毛巾在曾某的口鼻部、颈部重叠缠绕，用两条电线将曾某的双手反绑，用透明胶带、电线、皮带等捆绑曾某的双膝及双脚，抢走曾某身上的手机2部、金镶玉戒指、手表等财物（价值共计14561元），并致曾某死亡。

某日，被告人陈某与刘某、袁某甲经预谋，决定采用"色诱"的方式窃取石某的财物。被害人石某发现现金被盗后与刘某发生争吵。在屋外的陈某及袁某甲见状后与石某发生争执，继而对其进行殴打，后陈某及袁某甲逃离。石某在距离出租屋不远处的停车场找到陈某、袁某甲，又与陈某发生厮打，在厮打过程中陈某掏出随身携带的尖刀捅刺石某左大腿一刀。陈某拨打"120"急救电话后逃离现场。石某经医院抢救无效死亡。

可见，老年人即使老了，也要洁身自好，以上案例尤其致人死亡的更会令人警醒，我们务必远离色诱陷阱，这是防范色诱犯罪的最佳举措。一旦被色诱后遇到了暴力威胁，因为老年人骨质不如从前，体力也不如当年，并且犯罪分子一般也不会听"嫖客"讲道理，所以老年人不要与对方对抗，尽可能避免惹怒犯罪分子，示弱反而是上策。一旦脱离险境，应"将功补过"尽快报警，尽可能提供破案线索，以便将罪犯绳之以法。

5.除了被骗、被抢、被盗，感染艾滋病也时有发生

2017年10月20日，被告人谭某被某疾病预防控制中心检测确定为HIV-1抗体呈阳性，即感染艾滋病病毒。2017年10月26日，某疾病预防控制中心将检测结果告知谭某，谭某自愿接受抗艾滋病病毒药物治疗。2017年11月7日19时许，谭某在明知自己感染艾滋病病毒的情况下，仍在某菜市场居民区后的铁路上招嫖。在未采取任何安全措施的情况下，收取嫖资20元后与曹某在其出租屋内进行卖淫嫖娼活动，曹某欲离开时被民警查获。2018年3月28日，法院以被告人谭某犯传播性病罪，判处有期

徒刑1年，并处罚金人民币3000元。

近年来，新发现的艾滋病病毒感染者中，60岁及以上老年人占比呈上升趋势。① 这与一些老年人存在易感染艾滋病的危险性行为，且未采取安全措施有关。他们不清楚艾滋病的风险，或者年龄比较大，防范意识薄弱。

第二节　孤老无伴夜长，搭伴难，贼"牵挂"

> 单身老人需陪伴，一心求偶有期盼。非法婚介耍乌龙，主动搭讪找上门。如若心切不小心，常遇骗子献殷勤。最是相亲急求成，不查身份就当真。还有网上来勾引，失身失财两手空。

国家统计局公布的数据显示，截至2023年末，中国60岁及以上人口超2.9亿，占全国人口的21.1%，其中65岁及以上人口超2.1亿，占全国人口的15.4%。② 根据《老龄社会研究报告（2019）》的数据，预测到2030年，无配偶老龄人口将增长

---

① 《老年艾滋病感染者快速上升的背后，这些真相需要正视！》，载东莞疾控微信公众号，2023年11月8日发布，最后访问时间：2024年7月19日。

② 《老有所养，做大做优银发经济（民生共话）》，载人民网，http://lianghui.people.com.cn/2024/n1/2024/0310/c458561-40192590.html，最后访问时间：2024年7月11日。

至 1.05 亿人，第四次中国城乡老年人生活状况抽样调查显示，独居/空巢老人在老人中占比为 13.3%，其中农村占比要显著高于城市。① 中国社科院的一项调查显示，80% 的丧偶老年人有再婚愿望。②

正是因为无配偶老年人口越来越多，所以一些不法婚介将魔爪伸向了空巢单身老人，老人婚介维权也是重灾区。不法婚介涉嫌采用多形式、多渠道发布虚假信息，诱导老人去那里找老伴，以吸纳其钱财。同时，骗婚诈骗犯罪的发生率也增长较快。

一些不法分子盯着老年人的钱袋子，利用丧偶老年人独居寂寞、求伴心切的心理特点，通过寻找目标搭讪、在媒体上刊登个人条件优越的交友信息或者通过家政服务上门当保姆，诱骗老年人上当，之后再以种种理由索取钱财。

◎ **典型案例**

【**案例 1**】2017 年至 2020 年，被告人刘某冒充女性通过微信添加被害人刘某 1、刘某 2 等人为好友，通过聊天骗取被害人的信任，与其建立恋爱关系或者亲戚关系，后以讨要节日红包、生日红包、交话费等理由骗取被害人的钱财。其间，刘某骗取刘某 1、刘某 2 等 329 人共计 44741.26 元。2017 年至 2020 年，

---

① 易鹏、梁春晓：《老龄社会研究报告（2019）》，社会科学文献出版社 2019 年版。
② 《80% 丧偶老人有再婚愿望：易受子女干涉 财产纠纷多》，载新华网，http://www.xinhuanet.com/politics/2015-09/09/c_128209528.htm，最后访问时间：2024 年 5 月 27 日。

刘某还冒充离异或者单身女性主动加被害人吴某 1 等 324 名被害人为微信好友后，以同样的方法骗取吴某 1 等 324 名被害人共计 30668.43 元。

法院判决，被告人刘某诈骗老年人财物，酌情从重处罚。故判决被告人刘某犯诈骗罪，判处有期徒刑 3 年，并处罚金人民币 10000 元。①

【案例 2】2018 年 11 月 26 日，某市警方公布了一起老年婚骗系列诈骗案，受害人都是 60 岁以上的老年妇女。

报道称，犯罪嫌疑人以恋爱结婚的名义，将许多老人的银行卡、存折洗劫一空。2018 年 8 月，某市警方接到年近七旬的贾女士报案，说自己的银行存折、身份证，被一名刘姓男子骗走，存折内近 20000 元的退休金都没了。随后，警方接连接到老人报警，被骗情节大致相同，少的几百元，多的有 60000 多元。其中，受害人贾女士是矿区退休职工，2018 年上半年，在公园晨练时偶遇一位穿着讲究、能说会道的 60 岁左右的男子，男子自称姓刘，接触一段时间后，贾女士感觉他是个有本事的人，遂决定交往看看。

贾女士告诉警方："他说他是做生意的，他有钱，要给我存折转款 250000 元，他跟老婆离婚了，有三套房。"刘某以向贾女士账户转款的名义，把贾女士的身份证、银行存折和密码骗到手，陆续取走了贾女士所有的退休金。此后，刘某再未出现。

---

① （2020）渝 0235 刑初 401 号，载中国裁判文书网，最后访问时间：2024 年 5 月 28 日。

据案件侦办民警介绍："犯罪嫌疑人先以跟老太太谈恋爱的方式，在公园寻找目标。他跟老太太接触以后，通过自己的花言巧语说自己在某市做黄金生意，生意做得非常大，想找一个老伴度过自己的晚年。"

民警通过查询犯罪嫌疑人手机号码的通话记录发现，其有十几个固定的联系人。警方逐个调查走访了这十几个人，发现她们全部都是60岁至75岁的老年单身妇女，有的说跟她们处对象的男子姓刘，还有的说姓张。2018年10月16日，民警在一居民小区将犯罪嫌疑人抓获。

民警还介绍说："犯罪嫌疑人供述，诈骗这么多老太太的钱财主要用于自己的高消费，他并不是做黄金生意的，且居无定所，他所谓的'三套房'根本就不存在。"犯罪嫌疑人真实姓名叫牛某，60岁，从1981年开始，他曾三次被判刑，在狱中共服刑17年半，2012年9月是其最近一次刑满释放，释放后不思悔改开始诈骗老年妇女。①

上述内容是男性罪犯诈骗女性老年人的典型案例，实践中也存在女性不法分子瞄准男性征婚老年人诈骗的案例。2019年11月，被告人方某、贾某经商量，由贾某传授犯罪方法，并提供电话卡和被害人的联系电话，由方某出面，通过隐瞒已婚情

---

① 《可恨！多名60岁以上妇女被骗 有的退休工资被全部取光》，载央视网，https://news.cctv.com/m/a/index.shtml?id=ARTIDfEj4hm8902PG8yqWSa8181206，最后访问时间：2024年5月27日。

况，谎称姓名和年龄、家庭住址等身份情况，利用单身老年人的征婚进行诈骗，分别骗取被害人何某 10200 元和两套全新棉毛衣裤，陈某 2000 元。法院以被告人方某犯诈骗罪，判处有期徒刑 7 个月，缓刑 1 年，并处罚金人民币 2000 元；被告人蒉某犯诈骗罪，判处拘役 5 个月，缓刑 10 个月，并处罚金人民币 1000 元。①

【案例 3】2014 年 3 月初，70 岁的被告人刘某在一算命先生的介绍下认识了被害人杨某，并谎称自己是国企退休职工，每月退休金 1 万多元。刘某利用三张不同的电话卡，使用模拟通话功能，冒充其儿子、儿媳及孙子与杨某通话，取得其信任。随后，刘某谎称在其亲戚处存放一保险柜，内有现金几十万元，但取回需要缴纳保管费，进而从杨某处骗得 2.8 万元；后其又以在新疆开办的工厂需要缴纳税金为由，再次从杨某处骗得 3.08 万元。刘某得手后手机关机，杨某多次联系未果后发觉上当受骗，遂报案。

法院以被告人刘某犯诈骗罪，判处有期徒刑 3 年 3 个月，并处罚金人民币 5 万元。此前，刘某曾因两次犯诈骗罪分别被判处有期徒刑 1 年 6 个月和 8 个月。

【案例 4】2016 年 10 月 1 日晚，被害人老屈接到自称"小黄"的犯罪嫌疑人向某的电话，向某说自己在某街做窗帘生意，因为和老屈聊得来，想带他回家见妈妈，让他准备 6000 元的红

---

① （2020）浙 0203 刑初 340 号，载中国裁判文书网，最后访问时间：2024 年 5 月 28 日。

包买礼品；还说妈妈就在身边，想和他讲几句话。电话里，"小黄妈妈"对老屈很满意，表示如果两人结婚会对他这个女婿好。老屈与向某是通过征婚启事认识的，4天前在公园见面后，老屈感觉不错，之后便一直与其保持联系。眼看着这一段感情就要开花结果，老屈十分兴奋，第二天早早地就在约定的商场等候。向某拎着四五个包装精美的礼品袋和老屈一起挑选衣服。结账时，向某把手上的礼品袋让老屈拿着，让老屈在店铺内等候，自己则拿走老屈的6000元红包去柜台付账。老屈等了半天，还不见她回来，打电话没人接，前往收银台也未找到人，随后便报了警。

2016年12月14日，被害人老曹报案说，他在婚介所登记征婚，10天前和一个自称"黄晶晶"的女子见过面，觉得不错，直到今天应约前去她家见岳母。两人先在青年路地铁站见面，"黄晶晶"拿着一个包装袋，说是给老曹买的鞋，老曹感动之余，在首饰店买了一只价值6843元的金手镯送给她，同时给了她500元买烟酒。逛了一会儿，"黄晶晶"把包给老曹看着，说要去厕所，但其却从厕所旁的员工通道悄悄溜走了。老曹等了20多分钟也没有见她出来，打电话也无人接，便打开她的包和鞋盒，看到里面塞满了破布和报纸，这才明白被骗了。

2016年12月17日，向某以假名"陈静"约见老程。一周后，向某故伎重演，约老程在商场见面，希望老程送她圣诞节礼物，然后跟她回家见岳母。老程买了礼品欣然赴约。在商场内，向某表示自己看中一支口红，老程掏出10000元交给向某去买，向某拿到钱后随即消失。

经查，向某2009年因犯诈骗罪被判刑1年。2016年5月，向某打起了骗婚的歪脑筋。她买了一个笔记本，在上面记录征婚人员的信息；另备一部手机，里面的两张电话卡都未进行实名登记，专门用于与征婚人联系；还伪造了一个姓名为"陈静"的假身份证，以免有人查验身份。为骗婚，向某可谓下足了功夫。①

【案例5】2018年4月，66岁的被害人吴某拨通一则征婚广告上的电话，没想到，本来说好的黄昏恋，却变成"黄昏骗"。吴某与女子逛街时，女子说其母亲身患重病，要求吴某一同探望。可到了医院外，女子接过吴某给的2000元，找借口独自进入医院，让他在外等候。约半小时后，女子从医院走出来，约吴某第二天到她家做客，暗示备好彩礼。次日上午，女子送给吴某一件衬衫和短裤，令吴某感动不已，当即为女子购买了一条价值1000元的连衣裙，并给予女子6000元。此时，女子突然接到母亲过世的电话，情绪一下子跌入低谷，让吴某前去购买一包香烟。吴某返回时，女子已经不见，手机也已关机。②

【案例6】60岁的被害人李某在微信上认识了一名20岁的

---

① 《48岁女子以相亲为幌子 诈骗三名老年男子2.3万余元》，载荆楚网，http://news.cnhubei.com/shehui/p/3827110.html?spm=zm1033-001.0.0.1.14fI0N，最后访问日期：2024年5月27日。

② 《66岁男子听信征婚广告 黄昏恋变"黄昏骗"》，载海报新闻网，https://w.dzwww.com/p/1472498.html，最后访问日期：2024年5月27日。

小伙，之后双方约定在宾馆开房，结果双方发生性关系之后李某的 16 万余元都被小伙取走。后小伙被警方抓获。

报道称，小伙姓陈，现年 20 岁，真实身份是一名出租车司机，并不是所谓的干部和老板。陈某通过微信结识李某，白天以开出租车为生，晚上经常混迹在娱乐场所。截至案发，已有多位中老年妇女通过 QQ、微信与他结识后被骗财骗色。

【案例 7】2011 年，琳琳（化名）与 60 多岁的老楼（化名）相识于婚介所，经过 3 个月的短暂交往后，琳琳说她得了白血病，让老楼资助她看病。

琳琳以在无锡治病，无法见面为由，和老楼仅凭电话、短信沟通感情。两人约定，病治好后就结婚。

老楼每个月都给琳琳汇钱，直到 2016 年自己的积蓄都用完了。可是想着"未婚妻"还没有治好病，老楼开始四处借钱，这才引起了亲友的怀疑。

经检察院认定，这是一起诈骗案。经核实，琳琳 6 年间共骗取老楼 523100 元。琳琳到案后表示，自己有正当的工作和稳定的收入。琳琳一直谎称自己比老楼小 8 岁，而事实上她比老楼小了 23 岁。[①]

[①] 《女子谎称治病骗 6 旬相亲老人 52 万！老人相亲如何提防浪漫陷阱？》，载网易网，https://www.163.com/dy/article/DJQ1TMJH0514C3NT.html，最后访问时间：2024 年 5 月 28 日。

◎ 防骗攻略

丧偶或者离异的老年人，会希望得到更多的关怀，而一旦与家人、亲戚之间的联系不足，面对陌生人的"关爱"，加之对再婚的渴望，就很难设防，很容易被欺骗。

1. 要学会识别已出现过的骗术

诸多社会、家庭原因叠加，老年人再婚登记困境是目前老年人婚姻的一个最大的问题。

相亲骗术并不算多高明，但是一些老年人还是会不断陷入"老套路"。老年人一般都忽视恋爱过程，相亲往往急于求成，很多不法分子正是抓住老年人的这一心理，刚见面就提出结婚或其他有利条件等，以表达自己的"诚意"。以上案例中的如"见岳父母"等就是常被利用的诱惑条件，男性老年人为了弥补年龄上的弱势，往往出手大方且毫不犹豫，结果被骗；老年人同意结婚后，不法分子立马索要彩礼、首饰等借机骗取老年人的钱财；取得老年人的信任后，编造理由借款，再玩失踪……无论什么形式，都离不开"索取财物"这个核心点。

社会应当多为单身老年人的婚姻付出努力，普法宣传机构、老年人维权部门和相关社会组织都应当积极行动起来，及时曝光相关骗术，给这些相对孤寂或生活窘困的老年人一些警示，以避免他们重蹈覆辙。

2. 查清对方真实身份是首要任务

结婚登记程序可以审查出双方的真实身份和婚姻的真实状况。一旦报出了真实身份，一般以占有为目的的诈骗犯罪图谋就很难得逞了，因为"跑得了和尚跑不了庙""冤有头债有主"，被害老年人可以通过民事诉讼等手段维护自己的合法权益。

客观上，大部分诈骗犯罪的行为人是虚构身份，以便诈骗得手以后跑路和逃避法律的追究。所以老年人要想与对方一起生活，必须先查明对方的真实身份。案例4中的被告人向某就制作了假名"陈静"的假身份证，因为老百姓通常对伪造的身份证是难以发现的，所以只看身份证是不够的。

老年人相亲交友需谨慎，要到正规的婚介所办理正规的手续，要仔细审查交友对象的个人信息是否真实，以免上当受骗。两人接触以后，老年人也应当对对方的生活环境进行查证，最起码要核实一下对方的真实身份。

最为有效和稳妥的方法是委托律师进行调查。根据《律师法》的相关规定，律师享有调查取证权。比如，2010年9月9日，北京市公安局发布了《对外提供查询人口信息户籍服务工作规范（试行）》，明确规定了律师有权调取当事人的户口信息。这有利于帮助老年人在相亲交友中确定对方的身份信息是否真实。

3. 不要轻信虚拟空间上的信息

如今，社交软件极大地方便、丰富了人们的生活，也给交友带来了便利，但是网络时空也暗藏着很多危险，很多不法分子就混迹其中，利用个别老年人社会知识结构老化、思想固执、子女不在身边等现实问题，制造多种机会去诱骗老年网友，诈骗案件时常发生且屡屡得手。所以，老年人网络交友一定要谨慎。

网络上鱼龙混杂，PS[①]后的图像令人难辨真伪，案例3中就有罪犯利用变声软件让老年人与其所谓"儿子""儿媳""孙子"进行"现场时空交流"……真假难辨，甚至男女难辨。这就提醒我们，老年人生活在现实环境中，不可轻信对方提供的线上信息，要想摸清对方提供信息的真实性，线下考核及交流都是必不可少的。

随着使用微信的老年人逐渐增多，微信红包诈骗也越来越猖獗。一是需要输密码领红包，有可能红包没领到，还会造成财产损失；二是需要输入手机号、姓名、银行卡账号等信息，这是一种典型的诈骗陷阱，后台的木马病毒可能会趁机窃取银行系统随机发送的手机验证码，转走你银行卡内的钱；三是AA红包，骗子对微信AA收款界面进行略微改动，并加上"送钱""现金礼包"等字样，让用户以为是在领红包；四是与好友共抢的红包，领取到的红包只有达到一定的数额才能提现，如果只是吸引粉丝的骗局，那么损失可能是最小的；五是钓鱼链接红包，如"某网站发1亿元现金红包，转到三个群可领50元红包"，这种红包是钓鱼网站所伪装而成的，如果不慎点击了这类红包，应第一时

---

① 全称为Photoshop，是一种图像处理软件，主要用于美化、修改图片。

间关闭手机网络，然后立刻修改网银、支付宝等密码，再通过正规途径彻底删除木马病毒。

4. 没有经过依法认定，彩礼是无法通过诉讼讨回的

对方身份、家庭都清楚了，一般就不会遭遇诈骗了。但是，民事欺诈也不可不防。

彩礼是以结婚为目的，在婚约期间或结婚之前由婚约一方向另一方或另一方亲友按照当地习俗给付的数额较大的金钱或者"三金"等。一般可以将彩礼认定为通过订婚仪式给付的数额较大的见面礼、聘礼等。如果并非按照习俗给付，而是恋爱期间一方为表达感情而给付的金钱或者物品，一般认定为赠与，接收方没有返还义务。根据《最高人民法院关于适用〈中华人民共和国民法典〉婚姻家庭编的解释（一）》第5条第1款第1项的规定，双方未办理结婚登记手续，当事人请求返还按照习俗给付的彩礼的，人民法院应当予以支持。

5. 家人的慰藉是最强预防针

除了以上法律对策以外，如果单身老年人的家人能时常关心老人，多花一些时间来陪伴老人，及时与老人交流社会上经常出现的各种诈骗手法以及一些防骗攻略，老年人就不会感到太空虚，在家人的提醒下也会增强防骗意识，遇到诸如电信诈骗、投资诈骗、街头诈骗、交友诈骗等，也就不会让犯罪分子得逞了。

在我国，老年人再婚难已经是一个公认的社会难题，作为子

女要改变观念，如果老人有再婚想法，不要成为老人的障碍。若有家人的理解、支持和参与，本节诸多案例中的诈骗分子就不会有实施犯罪的空间。

第三节 谋求国家补贴，实有招摇撞骗

> 当下骗局多在村，受害皆是老年人。编着"头衔"施"邪政"，多给补贴代办证。不当得利咱不沾，知法守法骗不着。国家优抚政策多，好事实事要办妥。各级大抓廉洁风，建章立制方治本。

招摇撞骗罪是指为牟取非法利益，假冒国家机关工作人员的身份或职称，进行诈骗，损害国家机关的威信及其正常活动的行为。根据《刑法》第279条第1款的规定，冒充国家机关工作人员招摇撞骗的，处3年以下有期徒刑、拘役、管制或者剥夺政治权利；情节严重的，处3年以上10年以下有期徒刑。

许多老年人对政府是非常信任的，也非常支持政府的各项事业建设。随着国家对困难家庭的各种政策补贴不断出新，老百姓得到了越来越多的实惠，久而久之，犯罪分子就趁机钻了进来，冒充政府工作人员对老年人招摇撞骗，我们一定要学会辨别真伪。

◎ 典型案例

【案例1】2019年4月2日，被告人唐某到湖北省甲县，遇见了打扫卫生的环卫工人李某，唐某冒充甲县领导，称可以帮李某提高低保金待遇，以请客吃饭疏通关系为由，骗取李某2200元。同年4月至7月，唐某以同样的说辞冒充民政部门、财政部门工作人员及其他领导，截至案发，其作案10起，骗取他人财物共计13430元，供其挥霍。案发后扣押违法所得2778元。

法院判决被告人唐某犯招摇撞骗罪，判处有期徒刑4年。

【案例2】2018年2月5日，被告人周某伙同杨某（另案处理）经预谋驾驶小型轿车（京Q牌照，作案时使用的假汽车牌照为津A号牌）到天津市某学校附近伺机骗取老年人钱款。当日8时许，被告人周某自称老同事"王某"与被害人鹿某（男，89岁）搭讪并取得其信任，后周某、杨某冒充政府拆迁办工作人员并谎称被害人居住地即将拆迁，随即驾车与被害人一同来到天津市红桥区被害人家中。周某、杨某以拆迁时能给被害人多增加室内面积以及送礼为名骗取了鹿某、马某（女，79岁）夫妻二人现金7000元。

同年2月7日，周某伙同杨某经预谋又驾驶轿车到天津市某小区附近伺机骗取老年人钱财。当日9时许，周某自称老同事"王某"与被害人宋某（男，81岁）搭讪并取得其信任，后由周某、杨某冒充政府拆迁办工作人员并谎称被害人的房产即将拆迁，随即驾车与被害人一同来到被害人家中。周某、杨某以上述同样的说辞骗取了夫妻二人宋某、高某（女，80岁）现金7000元、白酒3瓶。

法院以被告人周某犯诈骗罪，判处有期徒刑1年，并处罚金人民币4000元。

【案例3】自2018年6月起，被告人韩某伙同被告人刘某虚构自己是审计处工作人员、康复中心老师等身份给熊胆粉消费者打电话，谎称能够为对方报销前期购买熊胆粉的部分费用。之后，韩某、刘某又以办理报销需要对方在北京有入院、出院记录为由，骗被害人朱某、李某等200余人购买自己进购的鲨鱼软骨神经酸等保健品，并谎称用对方支付的购买保健品的费用为其办理入院、出院手续，韩某、刘某通过货到付款的方式将保健品邮寄给被害人。被害人收到保健品后，韩某、刘某又以保健品按疗程吃才有效，将购买保健品费用凑成整数才能报销为由，骗被害人继续购买其保健品。截至2019年8月，韩某、刘某骗取被害人共计134.6992万元。

法院以被告人韩某犯诈骗罪，判处有期徒刑11年，并处罚金人民币6万元；被告人刘某犯诈骗罪，判处有期徒刑11年，并处罚金人民币6万元。①

类似案例：自2016年11月起，被告人池某以公司化形式，组织被告人李某等多人实施电信诈骗。2017年3月，池某将办公

---

① （2020）豫1525刑初165号，载中国裁判文书网，最后访问时间：2024年5月28日。

地点换至河北省张家口市某超市二楼，又招募了多名话务员，继续实施电信诈骗。该诈骗团伙由池某统一组织、指挥、策划，由李某负责给业务员充值话费、进行考勤、发放客户资料、传递配送单等日常管理工作，其中郝某等人自2016年11月开始担任话务员实施诈骗，其他被告人自2017年3月或4月开始担任话务员实施诈骗，所有话务员均按照池某提供的"话术"及客户名单联系老年人，冒充某市慢性病康复中心、某市医保中心或者银行的工作人员等虚构身份，谎称购买保健品可以享受国家政策补助报销。取得被害人进一步信任后，又谎称需要缴纳手续费、激活费、校正费、建档费等费用后才能领取报销补助款，采用向被害人寄送快递包裹、货到付款的手段收取现金，从而骗取董某等18名被害人的钱财，四组被告人涉案金额分别为50.155万元、47.7万元、46.7125万元、31.5498万元。

法院以诈骗罪分别判处池某、李某等10名被告人2年6个月至5年有期徒刑不等，并分别处以人民币1万元至3万元罚金不等。

【案例4】2017年7月至12月，被告人宋某在湖北省多个村以某县财政局工作人员的名义，谎称能帮助办理村民危房改造补助或低保等，骗取18户村民共计12270元。

法院认定，被告人宋某以非法占有为目的，采取冒充国家工作人员，虚构"帮助办理危房改造补助、低保或残疾证"等事实的方法，多次骗取他人钱财，数额较大，其行为构成诈骗罪；被告人宋某以非法占有为目的，入室盗窃他人财物，数额较大，其行为构成盗窃罪；被告人宋某在实施诈骗和盗窃犯罪时，犯罪对象多为老年人、残疾人等弱势群体，可酌情从重处罚。故以被告人宋某犯诈骗罪，判处有期徒刑1年2个月，并处罚金人民币5000元；犯盗窃罪，判处有期徒刑8个月，并处罚金人民币1000元，合并执行有期徒刑1年8个月，并处罚金人民币6000元。

【案例5】 2016年3月，被告人夏某指使被告人董某通过互联网购买老年人个人信息9.8万余条。获取老年人个人信息后，夏某指使其雇佣的董某、刘某、孙某、高某、郭某、闫某等人，分别负责冒充国家扶贫办、药监局、民政局等部门的工作人员给老年人打电话，了解其身体、家庭、收入情况，逐步取得其信任，再以帮助办理"养老抚恤金""慢性病补贴""扶贫款"等虚假名目，收取材料费、保证金、异地转让金等费用，骗取老年人钱财。截至2019年7月案发，夏某等人共骗得41名老年人498万余元。诈骗所得被夏某用于发放员工工资、个人挥霍等。

法院以被告人夏某犯诈骗罪，判处有期徒刑11年，并处罚金人民币8万元；以侵犯公民个人信息罪判处有期徒刑3年，并处罚金人民币2万元，数罪并罚决定执行有期徒刑12年6个月，并处罚金人民币10万元。董某等被告人被判处有期徒刑2

年 9 个月至 6 年 10 个月，并处罚金。①

【案例 6】2017 年 9 月至 2018 年 7 月，被告人杜某、董某（另案处理）组织被告人成某、叶某、王某，在被告人各自家中及一出租楼房内，由被告人杜某、成某、叶某、王某冒充公安局工作人员，给被害人打电话，称与"3·15"打假办联合侦破一起卖假收藏品、假保健品的案件，在骗取被害人信任后，以交纳诉讼费、保险费、办案费、个人所得税排号费、异地转账费等事由，要求被害人对其进行数额不等的汇款。杜某向宋某（另案处理）购买银行卡、被害人信息，并购买手机、手机卡、车辆，提供给董某、成某、叶某、王某诈骗使用，同时负责 5 人的饮食起居；杜某、成某、叶某、王某负责给被害人打电话实施诈骗；董某负责做饭、开车接送其他四被告人、陪同杜某取钱。成某、叶某、王某诈骗成功后，所得诈骗款与杜某五五分成，杜某仅在前两个月从成某、叶某、王某诈骗数额中扣除了几百元的个人信息费。杜某、成某、叶某、王某于 2017 年 9 月至 2018 年 7 月使用 7 部手机，分别以赵某、白某、王某、杨某甲、杨某乙名义开户的 5 张银行卡实施电信诈骗，拨打诈骗电话 7296 人次，发送诈骗信息 1303 条，查证属实的被害人有 11 人，涉案金额共计 280300 元。具体事实分别是：用"韩甲""夏甲""韩乙""王

---

① 《检察机关打击整治养老诈骗犯罪典型案例》案例之五，载最高人民检察院网，https://www.spp.gov.cn/xwfbh/wsfbt/202206/t20220617_560010.shtml#2，最后访问时间：2024 年 5 月 28 日。

甲""王乙"的名字，冒充公安局警察或某分局的刘警官，诈骗被害人左某（76岁）141500元；诈骗被害人李某（71岁）7800元；诈骗被害人刘某4300元；诈骗被害人黄某（77岁）11400元；诈骗被害人于某（79岁）11400元；诈骗被害人周某（80岁）29300元；诈骗被害人张某（82岁）400元；诈骗被害人杜某（74岁）800元；诈骗被害人刘某2（68岁）3700元；诈骗被害人童某（70岁）67500元；诈骗被害人覃某（77岁）2200元。

法院以被告人杜某犯诈骗罪，判处有期徒刑7年，并处罚金人民币20000元；以犯诈骗罪分别判处被告人成某、叶某、王某6年6个月有期徒刑，并分别处以人民币20000元的罚金。

◎ 防骗攻略

一方面，应当加大对老年人招摇撞骗刑事犯罪的打击力度，严惩犯罪分子；另一方面，应当及时有效地做好被害老年人的安抚工作，必要时给予心理辅导等安慰。

个别老年人自身警惕性低、贪图便宜以及容易相信犯罪分子的花言巧语等是其被骗的主要原因。

本书第一版出版以来，有不少读者反映从本节防骗案例中受益较多，但是现实生活中的实例更多，自己不会再上当受骗。但是同时期类似案件仍在全国各地轮番上演。

例如，2021年4月5日，被告人郑某来到某寺庙，上香后与被害人夏某（76岁）聊天时，谎称自己与某局领导"陆某"很熟，可以找人给其维修寺庙并每月提供 500 元补贴，但需要夏某出钱到某市"打点关系"。夏某信以为真，随即带上装有现金的包和郑某一起乘车到某市见"陆某"。郑某将夏某带至某茶餐厅包厢，说"陆某"马上到了，要去买点烟酒送礼，在夏某同意后从其包内取出 5200 元现金，找借口下楼后逃离现场。

又如，2019 年 7 月至 2020 年 10 月，被告人王某在多个乡镇，通过冒充被害人的儿子、女婿和侄子的同学，或谎称其为乡镇村干部，骗取被害人信任，后虚构可以帮助其办理扶贫款、补贴等，以需要被害人给钱找关系等方式骗取王甲等 18 人的财物，共计 7620 元。2021 年 3 月 10 日，法院判决被告人王某犯诈骗罪，判处有期徒刑 1 年，并处罚金人民币 8000 元。①

再如，2020 年 8 月至 10 月，被告人王某虚构自己可以帮助被害人范某甲（老年人、残疾人）升级其残疾等级的事实，而后以需要钱财打点关系等理由，骗走其现金 64360 元和价值 1750 元的香烟 4 条。2021 年 2 月 23 日，法院以被告人王某犯诈骗罪，判处有期徒刑 3 年 6 个月，并处罚金人民币 10000 元。②

"今年以来，我国全力推动乡村产业全链条升级，乡村产业振兴呈现良好势头。今年，农业农村部启动实施了农产品加工业发展行动，1 至 6 月，规模以上农产品加工业企业实现营业收入 8.7 万亿元，同比增长 1.1%。通过实施农业产业融合发展项目，

---

① （2021）皖 0422 刑初 3 号，载中国裁判文书网，最后访问时间：2024 年 5 月 28 日。
② （2021）渝 0233 刑初 25 号，载中国裁判文书网，最后访问时间：2024 年 5 月 28 日。

搭建产业融合发展平台，累计培育全产业链产值超 100 亿元的产业集群 139 个，产值超 10 亿元的农业产业强镇 350 多个。累计培育全国县级以上农业产业化龙头企业 9 万多家，其中国家重点龙头企业 2285 家，构建了国家、省、市、县四级联动的龙头企业队伍。"[①] 在如此大好形势下，只有让农村地区的老年人公平地享受到党和国家的关怀，让好政策光明正大落地，让老百姓信正不信邪，才是减少此类案件、杜绝此类现象的根本出路。

那么，如何防范招摇撞骗呢？

1. 加强正确引导，切实让老百姓明辨是非

随着老龄化社会的到来，面对诈骗老年人案件日益增多的严峻形势，加大有关政策和法律知识的宣传宣讲力度显得尤为迫切。特别是在广大农村地区，对于国家给予的各种惠民政策和制度保障，各级政府部门要采取多种形式让政策切实宣传到位，做到人人皆知、人人尽知。对一些农村地区老年人群的宣传工作更要做扎实、做细致，对残疾老年人、困难老年人的关心一定要落到实处。同时，还要把落实的具体方法和步骤以及相关信息加以公示，引导老年人主动监督政策落地，做到不偏听偏信、不走歪门邪道。

2. 搞好建章立制，确保好政策真正落地

各级政府要逐级建立详细、周密的工作落实体系，引导和

[①] 《乡村产业振兴呈现良好势头》，载中国政府网，https://www.gov.cn/yaowen/shipin/202408/content_6968166.htm，最后访问时间：2024 年 9 月 2 日。

规范落实行为。要通过此类案件的发生，及时反思工作中存在的不足和问题，既要做好事前对接、事中监管，又要做好事后检查、验收等工作，确保让好政策真正在基层落地，让符合条件的困难群众及时得到实实在在的优惠。相反，国家出台了一项惠民政策，如果不能及时地落实到位，那么在一些歪风邪气盛行的地区，一定会让不法分子有空可钻。

3. 加大反腐力度，塑造政府良好形象

要加大对基层政府公职人员的廉洁教育和违纪违法的惩治力度，公职人员不得以职务之便谋取任何私利，坚决杜绝在行政过程中的吃、拿、卡、要等行为发生。

4. 要大力发挥社会组织作用

要引导社会组织结合自身优势和工作实际，立足国家乡村振兴重点帮扶县资源禀赋和基础条件，有针对性地开展产业、就业、教育、健康、养老、消费帮扶或多样化帮扶，助力巩固拓展脱贫攻坚成果。要动员社会组织积极参与乡村振兴，围绕乡村发展、乡村建设、乡村治理等重点工作，打造社会组织助力乡村振兴公益品牌。要针对乡村振兴重点区域和重点领域，开展社会组织乡村行活动，搭建项目对接平台，促进帮扶项目落地实施。要选树一批社会组织参与乡村振兴的先进典型，强化示范带动作

用，推动形成社会组织助力乡村全面振兴的良好局面。①

5. 进行依法公正的刑事追究

刑事审判的重要职能作用，就是公开、有力、准确地惩治犯罪，保护好老百姓的人身财产安全。

只有进行依法公正的刑事追究，严厉打击犯罪行为，才能有效震慑不法分子的犯罪行为，老年人的合法权益才能得到切实维护。这不仅是老年人防骗维权最有效的手段，还有利于净化当地的社会风气。

6. 不要追求不当得利

不当得利，是指没有合法依据，有损于他人而取得的利益。不当得利的法律事实发生以后，就在不当得利人与利益所有人之间产生了一种权利义务关系，即利益所有人有权请求不当得利人返还不应得的利益，不当得利人有义务返还。这在双方之间产生了一种债的关系。

案例 6 中，被害老年人中确实有一部分可能曾经被骗过，但是与所谓的"侦破的诈骗案"并没有关系，他们都不是真正的被害人。他们因为相信了骗子是警察，认为侥幸可能获得犯罪嫌疑人的退赔，有追求不当得利之心，所以被诈骗的概率也就会成倍增加。如果"侦破的诈骗案"真实存在，则该不当得利实际上是

---

① 《274 家社会组织与 160 个国家乡村振兴重点帮扶县形成结对帮扶》，载中国政府网，https://www.gov.cn/lianbo/bumen/202306/content_6885269.htm，最后访问时间：2024 年 9 月 2 日。

来自犯罪嫌疑人的诈骗赃款，但是这些财物的利益所有人是案件的真正被害人，即使"天上掉馅饼"如愿获得了，将来也要依法返还，这本身就是得不偿失的选择。

第四节　密码泄露他人，财产瞬间失盾

> 卡上被盗已成风，受骗多是不小心。不是手机没锁屏，就是密码示他人。卡上余额勤记牢，重要信息值千金。多卡设密不雷同，一卡一码最放心。

如果银行卡是保护我们财产安全的一把锁，那密码无疑就是开启这把锁的钥匙。随着科技的发展和社会的进步，银行柜台逐渐被自动柜员机所取代。中国银联于2015年6月8日宣布，ATM跨行转账业务已在全国所有银行开通，持卡人可在任意银行ATM机上，用任何一张银联卡向其他银联卡跨行转账，限额是每天5万元。[①]自2017年8月1日起，个人异地本行柜台取现手续费取消，暂停收取本票、汇票的手续费、挂失费、工本费等

---

　① 《全国所有银行实现ATM机跨行转账 每日限额5万元》，载人民网，http://finance.people.com.cn/n/2015/0616/c1004-27160146.html，最后访问时间：2024年9月2日。

6项费用。[1] 中国人民银行、国家外汇管理局召开2023年下半年工作会议提出，将"持续推动数字人民币研发试点"作为下半年六个重点工作方向之一。[2] 随着我国银行向365天、24小时更加便民的营业方式发展成为必然趋势，自动柜员机在金融行业的应用也必将越来越广泛。其他社保资金、电费、燃气费等也都存储在银行卡中。银行卡密码是进行银行账户交易的最有效凭证，一旦泄露，后果将不堪设想。因此，保护好个人银行卡密码的隐私安全，对每个老年人来说都至关重要。但是，越来越多的银行保安或者自己信任的亲友成为老年人用ATM机取钱或者进行其他操作时的帮手，出于信任"泄露"了密码，问题往往就出现在这一环节。

◎ 典型案例

【案例1】2021年4月28日，被告人彭某去某村修车结束后驾驶三轮车返回，途中搭载了邓某甲等三位老年人，其中两位老年人在某社区下车，邓某甲随同被告人彭某到某菜市场三岔路口下车。下车时，邓某甲从自己背篓内拿出一红色小挎包取钱支

---

[1] 《好消息丨8月起，取消个人异地本行柜台取现手续费》，载中国政府网，https://www.gov.cn/xinwen/2017-07/14/content_5210331.htm，最后访问时间：2024年9月2日。

[2] 《中国人民银行、国家外汇管理局召开2023年下半年工作会议》，载国家外汇管理局网，https://www.safe.gov.cn/safe/2023/0801/23015.html，最后访问时间：2024年5月28日。

付了车费，彭某趁帮其提背篓时将红色小挎包拿出藏匿在自己三轮车的后排。随后彭某回到自家楼下打开红色小挎包发现包内有现金、银行卡及密码等。当晚7时许，彭某到镇政府对面的银行ATM机使用其中一张户名为邓某乙的储蓄卡盗取现金10000元，随即到斜对面的银行ATM机将其存入自己银行卡内。当晚9时许，彭某使用其中一张户名为邓某甲的社保卡到同一银行ATM机上盗取现金200元。4月29日，彭某又去镇政府对面的银行ATM机使用邓某乙的储蓄卡盗取现金20000元，随即到斜对面银行ATM机将其存入自己银行卡内。后彭某再次使用邓某乙的储蓄卡和邓某甲的社保卡分别去银行ATM机取款时被吞卡，便将所盗红色小挎包内的现金418元拿出据为己有，并于5月7日前后的一天晚上将所盗红色小挎包及包内银行卡、身份证等物品扔弃。

【案例2】2018年4月28日，被害人袁某到银行取钱，因不会操作ATM机，便向保安（被告人）王某求助，将社会保障卡交由王某并告知其密码。王某发现袁某携带的其本人、许某、周某三张社保卡中共有50000余元（许某卡上50000余元，袁某、周某卡上各1000余元），而袁某并不知情，遂起非法占有之念。王某对袁某谎称三张社保卡内总共仅有7000余元，其通过POS机转账的方式盗刷三张社保卡中的4000元至委托其保管使用的廖某的银行卡内（盗刷许某卡上2000元，袁某、周某卡上各1000元）后，又分三次在ATM机上取出现金5000元、

2000 元、3000 元，共计 10000 元。王某将前两次取出的共计 7000 元交给袁某，趁袁某蹲在地上数钱之机，将第三次取出的 3000 元藏于衣服口袋内。袁某离开后，王某将廖某银行卡中的 4000 元取出，并在下班后将盗得的共 7000 元赃款藏于家中。

2018 年 5 月 6 日，被害人罗某来某支行取钱，同样因年纪大，不会操作 ATM 机，请保安即王某帮忙取款，将社会保障卡交由王某并告知其密码。王某发现该卡内有 15558.78 元，而罗某误以为仅有 1000 多元，遂起非法占有之念。王某分四次从 ATM 机取出现金 5000 元、3000 元、3000 元、3000 元，共计 14000 元，趁机将其中的 12500 元藏于自己口袋内，其余 1500 元交给了罗某。

法院以被告人王某犯盗窃罪，判处有期徒刑 1 年，缓刑 2 年，并处罚金人民币 10000 元。

【案例 3】2021 年 3 月至 5 月，被告人张某在某小区其与被害人席某共同居住的租房内，多次趁被害人席某熟睡之际，偷拿被害人的手机，并利用事先知晓的支付密码，采用微信转账的手段窃得被害人席某转账款共计 54340 元。

2021 年 8 月 31 日，法院判决被告人张某犯盗窃罪，判处有期徒刑 3 年，并处罚金人民币 5000 元。[①]

【案例 4】2016 年 11 月 9 日，被告人冯某向信用社申请在其经营的"××自行车"店内开办农村信用社便民服务点，申请

---

① （2021）苏 0509 刑初 938 号，载中国裁判文书网，最后访问时间：2024 年 5 月 28 日。

成功后由信用社配发一部"信用社多媒体自助终端"刷卡机,该机需要绑定冯某的社保卡账户。便民服务点可以通过刷卡机办理查询、存取款、代缴电话费、电费、领取养老金、政府相关补助等便民业务。冯某在办理村民查询和领取养老金、政府相关补助业务中,利用被害人年老及缺乏使用社保卡的基本常识,采取从被害人社保卡内转出比被害人实际取款额多的金额至自己社保卡内的方法,先后盗取 26 名被害人社保卡内金额共计 6297 元。

法院认定,被告人冯某多次盗窃老年人的财物,已具有从重处罚的情节,故以被告人冯某犯盗窃罪,判处有期徒刑 6 个月,并处罚金人民币 7000 元。

【案例 5】2018 年 1 月 12 日,被告人曾某甲、李某甲经预谋窜至某银行自助取款区伺机作案,此时被害人闫某因不识字而请求曾某甲帮忙取款,将银行卡交由曾某甲操作并告诉其密码,曾某甲佯装取款,趁闫某不备拿走银行卡并迅速离开现场。后曾某甲到附近的其他银行 ATM 机将该卡内的 5000 元(养老金)现金取走,赃款被二人平分。

同年 5 月 14 日,被告人曾某甲、李某甲、王某、曾某经预谋决定在某银行自助取款区伺机作案,被害人郭某因不会操作自动柜员机便让旁边的曾某甲帮忙取款,曾某甲谎称自动柜员机内没钱,此时李某甲往地上丢了 10 元钱,并故意对郭某说钱掉了。同时王某、曾某进行遮挡掩护,曾某甲趁郭某捡钱时将银行卡调包,后四人迅速离开现场。之后曾某甲立即到附近的储蓄银行 ATM 机将该卡内的 20000 元现金取走。随后曾某甲、李某甲又持该卡到旁边超市的金店内刷卡购买了一枚价格为 7123 元的金戒指。之后，所盗取的 20000 元现金被四名被告人平分，金戒指由曾某甲持有，曾某甲给其他三名被告人每人 1500 元现金。

同年 5 月 15 日，四名被告人经预谋窜至某银行自助取款区伺机作案，当被害人白某前来取款时便主动向其靠近，白某请曾某甲帮忙取款，曾某甲趁机记住其银行卡密码。这时李某甲故意往地上扔了 10 元钱，并提醒白某钱掉了，曾某甲趁白某捡钱之际将银行卡调包，后四人迅速离开现场，随后到附近银行的 ATM 机将该卡内的 5600 元现金取走。事后被告人曾某甲给其余三名被告人每人分了 1200 元。

法院以被告人曾某甲犯盗窃罪，判处有期徒刑 3 年 10 个月，并处罚金人民币 6000 元；被告人李某甲犯盗窃罪，判处有期徒刑 3 年 2 个月，并处罚金人民币 5000 元；被告人王某、曾某犯盗窃罪，分别判处有期徒刑 3 年，并分别处以人民币 4000 元的罚金。

◎ 防骗攻略

通过上一节案例和本节案例可以看出，老年人很容易相信公职人员和银行保安。

我国各商业银行对客服人员都有严格的规范要求，当客户输入密码时，所有银行从业人员都必须转身回避，这一人为"防火墙"的设立以及各项规范的严格执行，几乎杜绝了相关盗窃客户账户资金犯罪的发生。而从这类案件的多发态势来看，也应当严把银行保安的入职关，进一步规范当值安保人员的行为，加强对其的监督和监控，保护好老年人账户资金的安全。

银行卡的应用无疑属于现代科技，老年人群体比年轻人接受新事物的速度相对要慢，使用银行卡也都比年轻人稍晚一步，且用卡的安全意识也是相对欠缺的。

1. 银行卡密码千万不要告诉他人

相信老年人一般都不会随便把自己家门的钥匙交给他人，甚至交给一个陌生人。案例1中，被害老年人将银行卡密码记在纸上与银行卡一同随身携带，案例2、案例5中，被害老年人都是因为将自己的银行卡密码告诉了他人，相当于把自己财产门锁的钥匙交与了他人，也就等于向他人敞开了大门，财产损失也就难以避免了。

又如，2020年9月23日，在某银行ATM机前，被害人青某因不识字也不会操作ATM机，就让站在他前方的被告人日某帮忙查询卡内余额，日某趁机偷偷将被害人的银行卡掉包，并记取了被害人的银行卡密码，之后被告人拿着被害人的银行卡又在银行的自动柜员机上先后分三次共计取走该卡内9000元现金，挥霍300元，将剩余赃款8700元藏匿于一辆车座下。被告人日某因犯盗窃罪，被判处有期徒刑6个月，并处罚金人民币1000元。[①]

2. 在输入银行卡密码时要防止周围人偷窥

我们取钱的时候，一定要注意遮挡自己的密码输入，也不要一边输入一边在口中念出密码。现在科技比较发达，如果不法分子看到了我们的银行卡号同时又知道了密码，就可以直接利用"黑科技"将我们的银行卡复制下来，从而盗走我们银行卡内的钱。

3. 手机谨防落入他人之手，最好设置开机密码

随着使用手机钱包的人越来越多，手机离身片刻钱就被秒刷盗走的案件也越来越多。

例如，被告人杨某甲与被害人曾某系工友，二人同在某县安置房务工并住在同一工棚。2018年7月16日4时许，杨某甲趁工友曾某熟睡之机，将其放在床头充电的一部白色手机盗走，因杨某甲知道该手机的解锁密码，其通过发微信红包及支付宝转账的方式先后转出6000元到自己的微信及支付宝账户，之后将该手机丢弃。最终，被告人杨某甲因犯盗窃罪，被判处有期徒刑6个月，并处罚金人民币1000元。

再如，2018年5月13日至28日，被告人彭某在被害人沈某家中，趁沈某洗漱、睡觉之机，通过沈某的支付宝，先后10次利用事先知道的支付密码，采取消费、转账等方式，盗得沈某支

[①] （2020）青2722刑初25号，载中国裁判文书网，最后访问时间：2024年5月28日。

付宝内 25199.92 元。最终，被告人彭某因犯盗窃罪，被判处有期徒刑 1 年 6 个月，并处罚金人民币 3000 元。

4. 对银行卡内的钱要做到心中有数

如果工资、补助等采取现金形式发放，许多人又对数钱很感兴趣，仔细数完后塞进钱包，一般记忆比较生动、深刻，也不容易忘记。但是，如今大多数情况是将钱通过银行直接打入银行卡中，不声、不响、不见、不触，老年人的生活对这些钱如果依赖度不是很高，那么时间一长，他们往往就不记得卡内究竟有多少钱了。这时，如果不法分子知道了他们的银行卡密码，又发现卡内还有这么多他们并不知道的钱，那么就很容易发生卡内的钱被盗窃的事件。阅读至此的读者，请提醒身边的老年人查询一下自己的银行卡，看看钱是否还安全。

5. 在 ATM 机上取出银行卡以后，要多按几个数字键

如果没有输入密码的软键盘，当我们取完钱后，请不要直接离开。我们的手指在 ATM 机键盘上按过数字以后，不法分子可能会利用"黑科技"来提取我们的指纹。如果我们多按几个数字，就可以混淆密码防止这种现象发生。笔者虽然没有看到过相关案例，但是案例 5 中的几名被告人就是伺机先获得密码再盗卡后进行盗刷的，若他们有这种技术估计也会使用，所以还是多一道预防措施比较好。

6. 一卡一密码最安全

"一把钥匙开一把锁",这样的锁才具有实际安全意义。银行卡的密码和其他支付平台的密码尽量不要设置成同样的,一些支付平台的账号、密码大多是绑定了你的身份证信息和电话号码的,这就导致我们的银行卡密码被泄露和银行卡被复制的风险大大增加。密码多了本身就不容易记住,何况年龄大了,但是像案例1中的被害人把密码明示在包内的,就等于未设置密码。

第五节 势单力孤体弱,"两抢"[①]小心提防

> 抢劫、抢夺是恶行,下手专找体弱人。老人出行多防备,身上少带贵重品。保险柜里多存金,有财不露是智举。势单力孤搭伴出,一方有事好报警。

一些犯罪分子往往将体弱、反应迟缓的老年人作为抢劫、抢夺的主要犯罪对象,各地类似案件频发。

抢劫罪,是以非法占有为目的,对财物的所有人、保管人当场使用暴力、胁迫或其他方法,强行将公私财物抢走的行为。根据《刑法》第263条的规定,犯抢劫罪的,处3年以上10年以

---

① "两抢",即抢劫与抢夺,下同。

下有期徒刑，并处罚金。《刑法》还规定了下列加重处罚的8种情形，要处10年以上有期徒刑、无期徒刑或者死刑，并处罚金或者没收财产：（1）入户抢劫的；（2）在公共交通工具上抢劫的；（3）抢劫银行或者其他金融机构的；（4）多次抢劫或者抢劫数额巨大的；（5）抢劫致人重伤、死亡的；（6）冒充军警人员抢劫的；（7）持枪抢劫的；（8）抢劫军用物资或者抢险、救灾、救济物资的。

抢夺罪，是指以非法占有为目的，乘人不备，公开夺取数额较大的公私财物的行为。本罪的犯罪对象是一般的财物，如金钱、物品等，不包括枪支、弹药、公文、证件、印章等特殊物品，否则不构成本罪。根据《刑法》第267条第1款的规定，犯抢夺罪的，处3年以下有期徒刑、拘役或者管制，并处或者单处罚金；数额巨大或者有其他严重情节的，处3年以上10年以下有期徒刑，并处罚金；数额特别巨大或者有其他特别严重情节的，处10年以上有期徒刑或者无期徒刑，并处罚金或者没收财产。

一些老年人体弱无力，容易成为不法分子的抢夺对象，或者在诈骗过程中"转化成"抢夺犯罪，或者诈骗不成直接变成抢。后两种抢夺犯罪，属于暴力侵犯老年人财产权利和诈骗老年人财产犯罪行为的交叉部分，故也进入了本书的写作视野。根据《最高人民法院、最高人民检察院关于办理抢夺刑事案件适用法律若干问题的解释》第2条第6项的规定，抢夺老年人、未成年人、孕妇、携带婴幼儿的人、残疾人、丧失劳动能力人的财物的，"数额较大"的标准按照规定标准的50%确定。这体现了法律对老年人等特殊群体的特别保护。

◎ 典型案例

【案例1】2021年1月4日中午，被告人谢某谎称能帮忙补办社保卡和身份证，将被害人李某（男，70岁）从某公园附近的银行门口带到西门外加油站南面的土路上，又编造补办证件需拍照及拍照时衣兜不能装有钱款的理由，哄骗李某将衣兜中的钱款6600元交给谢某。之后谢某趁李某扭头之际，快速将钱款分成薄、厚两沓，分别装进自己的两个裤兜。待拍完照后李某要求返还款项时，谢某仅将薄的那沓钱款2200元返还。李某发现钱款数额不对，向其讨要余款被拒绝，李某提出要搜身，谢某当场对李某进行殴打，后携带剩余钱款4400元逃离现场。

法院认定，被告人谢某以非法占有为目的，秘密窃取他人数额较大的钱款后，为窝藏赃物、抗拒抓捕而当场使用暴力，其行为已构成抢劫罪。本案被害人系年满65周岁的老年人，从其与被告人的年龄、体力对比等方面分析，打耳光的行为足以给被害人造成心理强制而不敢反抗、不敢抓捕，已达到抢劫罪的暴力程度，故该殴打行为并不属于《最高人民法院关于审理抢劫刑事案件适用法律若干问题的指导意见》第3条第2款规定的"以摆脱的方式逃脱抓捕，暴力强度较小"情形，应认定为转化型抢劫犯罪。被告人谢某针对老年人犯罪，亦可酌情从重处罚。据此，法院以被告人谢某犯抢劫罪，判处有期徒刑5年，并处罚金人民币4000元。①

【案例2】 2021年2月10日，被告人王某尾随被害人刘某（86岁）至某街院通道内，趁刘某不备抢夺其右手佩戴的黄金手镯时，因刘某呼叫引来路人，并对其制止后，被告人王某抢夺未遂逃离现场。经认定：黄金手镯重52.74克，价值为23715.6元。法院判决被告人王某犯抢夺罪，判处有期徒刑2年，并处罚金人民币5000元。

【案例3】 2020年8月9日，被告人胡某驾驶一辆两轮摩托车从甲地前往乙地，途中胡某见被害人张某独自一人便上前以可搭载其一程为由进行搭讪。在搭载过程中，胡某借口送礼需换整钱，以随身携带的假币换取张某的真币。连续三次换取800元后，张某察觉胡某行为不正常，便拉扯胡某不让其离开并高声呼救，胡某驾车欲离开现场时不慎将张某剐倒在地，造成其右手肘等部位受伤。胡某见群众赶来便弃车逃离，某村居民吴某、顾某见状后对其进行追击。胡某在逃跑过程中对追赶的二人使用言语相威胁。当追至居民彦某家时，胡某欲捡起地上的菜刀抗拒抓捕，被吴某用竹棒打倒在地，然后胡某起身拿到了地上的菜刀。随后吴某、顾某继续上前控制胡某，吴某在夺刀的过程中右手中指被菜刀划伤。胡某被吴某及顾某制服后带至案发现场，随后被

---

① （2021）晋0224刑初34号，载中国裁判文书网，最后访问时间：2024年5月28日。

接到报警赶来的公安民警带至派出所。

法院以被告人胡某犯抢劫罪，判处有期徒刑 3 年，缓刑 4 年，并处罚金人民币 5000 元。①

【案例 4】 被告人肖某、林某系母子关系，二人合谋抢夺肖某之前在理财公司认识的被害人周某所戴黄金项链。2022 年 7 月 3 日，肖某谎称理财公司请客吃饭，将周某约至某小区西门楼梯附近，并指使林某在附近等候，伺机抢夺项链。当日 11 时许，当周某与肖某步行至楼梯缓步台处时，迎面走来的林某趁周某不备将其所戴黄金项链抢走。后林某、肖某将抢夺的项链以 10850 元的价格卖给某名品店，肖某分得赃款 2000 元。经鉴定，被抢夺的黄金项链价值 13761 元。

法院认定，二被告人系抢夺老年人财物，酌情从重处罚。故法院以被告人林某犯抢夺罪，判处有期徒刑 1 年 10 个月，并处罚金人民币 20000 元；被告人肖某犯抢夺罪，判处有期徒刑 1 年 2 个月，并处罚金人民币 15000 元。②

【案例 5】 2018 年 6 月 15 日上午，被告人张某与何某（另案处理）共谋外出用假币调换真币。商议好后，何某驾驶摩托车搭载张某从湖南省某县驱车至某村，见被害人刘某（84 岁）在家门口站着，何某停车在路边等候，张某则持 5 张面值 100 元的假币上前对刘某称想用面值 100 元的钱换对方的零钱，刘某同意。

---

① （2021）川 1621 刑初 64 号，载中国裁判文书网，最后访问时间：2024 年 5 月 28 日。
② （2022）辽 0211 刑初 646 号，载中国裁判文书网，最后访问时间：2024 年 5 月 28 日。

随后，刘某把张某带入屋内，张某将 500 元假币交给刘某，刘某因身上只有 140 元零钱，便从床铺内拿出用塑料袋包裹着的 1800 元准备与张某兑换，张某见状，遂立即将刘某袋内的 1800 元及 140 元零钱夺走，并迅速与何某驾车逃离。后被告人张某的家属代其退赔了被害人刘某的损失 2000 元，取得了被害人刘某及其家属的谅解。

法院以被告人张某犯抢夺罪，判处拘役 4 个月，并处罚金人民币 1000 元。

【案例6】 2020 年 11 月至 2021 年 2 月，被告人李某在江苏省淮安市某区范围内，抢夺行动不便的老年人现金合计 3950 元。具体分述如下：（1）2020 年 11 月 8 日，李某在公交站台上，不顾被害人陈某阻拦，抢得现金 950 元；（2）2021 年 2 月 21 日，李某进入某小区 1 栋 107 室内，不顾被害人朱某阻拦，抢得现金 3000 元。

法院以被告人李某犯抢夺罪，判处有期徒刑 6 个月，并处罚金人民币 4000 元。[1]

◎ 防骗攻略

"两抢"案件似乎与防骗存在一定距离，但以侵占老年人财物为目的的不法分子往往是能骗就骗、能抢就抢，所以，制定一

---

[1] （2021）苏 0812 刑初 190 号，载中国裁判文书网，最后访问时间：2024 年 5 月 28 日。

套针对老年人的防范财物损害的攻略体系，不可或缺。

1. 切记财不外露

老年人外出时应避免随身携带大量现金和贵重物品，金银首饰更不宜多戴，财物外露的老年人往往会成为不法分子重点关注的对象。案例4中的被害人周某就是外露金项链被"朋友"盯上，并被密谋夺走了。生活中这样的例子有很多，警示意义重大。

2. 尽量避免单独外出

天色昏暗或夜晚时老年人应尽量避免单独外出，尽量不要独自在偏僻路段行走，尽量避开空旷的立交桥、地下通道、茂盛的绿化带、街心花园等，不要给犯罪分子可乘之机。

3. 做好现金保管工作

老年人沿街开设的店铺要做好现金保管，最好将现金放入保险柜或存入银行。店内外安装摄像监控设备，以防被犯罪分子惦记。

4. 建议建立刑事被害老年人的社会救济体系

从这些案件中可以看出，抢夺、抢劫老年人的财物，不仅会造成老年人的财产损失，还会伤害老年人的身心健康，因此司法机关对犯罪分子应当严惩不贷。

在抢夺案件的被害人中，老年人的占比一直很高，因此应当加强老年人的防范意识，加强社会治安管理，严惩犯罪分子。

第六节　判断力相对弱，切莫轻信失财

> 自称"亲戚"来串门，嘘寒问暖表贴心。家中老人智不清，常把骗子当远亲。解囊相助情理中，骗术玩的是"亲情"。电信使诈最猖獗，儿女陪伴多提醒。

现实生活中，一些老年人不仅反应相对迟缓，判断力也有所减弱，加之容易相信他人而被蒙蔽、受骗。从近年来发生的大量类似案件来看，犯罪分子的诈骗手段在不断翻新。

◎ 典型案例

【案例1】男子贺某是个诈骗惯犯，曾因犯诈骗罪被判处有期徒刑，但是重获自由之后的贺某并未因此醒悟，反而又动起了"赚快钱"的歪脑筋，这次，他将目标锁定在警惕性较低的独居老人身上。贺某的计划是，冒充老人女婿、儿媳、小舅子、亲家等相关亲戚朋友进行搭讪，骗取其信任后，便谎称自己有急事需"借钱"周转，金额从500元至5100元不等，并承诺过一两天就会归还。

为了提高诈骗成功率，贺某会根据交谈过程中老人对自己信

任程度的不同而调整"借钱"数额，有时还会直接称已经跟老人的女婿或儿媳说好了，让其难以防备。2022年8月，贺某被抓捕归案。据统计，贺某在8个月内共作案38起，骗取老年人钱财共计60000余元，所骗取的钱款均被其用于享乐挥霍一空。

法院判决，被告人贺某犯诈骗罪，判处有期徒刑7年9个月，并处罚金人民币100000元。追缴被告人贺某诈骗违法所得，返还各被害人。①

【案例2】被告人谭某利用自己已熟知被害人基本情况的便利条件，先更换自己的微信昵称及微信头像，假冒被害人的亲戚或朋友，后以假冒的身份向被害人借钱，钱到手后立马将被害人拉入黑名单，并删除所有记录。利用此方法，被告人谭某分别于2019年6月7日，骗取被害人何某甲1000元；2019年6月7日至14日，骗取被害人何某乙9000元；2020年3月5日至6日，骗取被害人杨某10000元；2020年4月6日，骗取被害人许某10000元。

法院判决被告人谭某犯诈骗罪，判处有期徒刑3年，并处罚金人民币20000元。

【案例3】被害人熊某的报案笔录及陈述证实，2017年11月13日12时许，一名女子跟着她上楼到她家门口并对她说：

---

① 《作案38起！冒充亲戚朋友专骗独居老人？法院判了！》，载湖南省溆浦县人民法院网，http://hnxpxfy.hunancourt.gov.cn/article/detail/2023/07/id/7421753.shtml，最后访问时间：2024年7月9日。

"姑姑，我来你家看看你。"她以为这女子是她的亲戚就让其进入了家里。这名女子还带了一束百合送给她。聊了一会儿后，女子提出要买电脑需要借点钱，她给了这女子1200元现金。女子拿到钱就离开了她家。后来她才发现她没有这个亲戚，就报警了。

经法院审理查明，2017年11月13日，邱某冒充熊某侄女，谎称需要借钱购买电脑，骗得熊某现金1200元。除此之外，2018年3月31日，邱某来到江西省赣州市某区，利用被害人朱某年迈、辨别能力弱，冒充朱某的亲戚，谎称需要借钱买单车，骗得朱某700元；同年4月4日，邱某来到某小区某室，冒充被害人江某老家的亲戚，谎称急需借钱缴纳车辆罚款，骗得江某现金10000元。

法院认定，被告人邱某利用老年人自我保护能力差、反应慢的弱点，多次骗取老年人钱财，故以被告人邱某犯诈骗罪，判处有期徒刑1年2个月，并处罚金人民币8000元。

【案例4】被告人蔡某于2017年11月至12月，在江苏省某市，以老年人为作案目标，冒充老年人的亲戚，并用事先准备好的电话录音骗取老年人信任后，再谎称车辆损坏需要修理费，先后骗得被害人邱某1500元、孙某2300元、唐某5000元，合计8800元。

法院认定，被告人蔡某多次实施诈骗，且都以老年人为作案目标，主观恶性较大，酌情对其从重处罚，故以诈骗罪判处被告人蔡某有期徒刑9个月，并处罚金人民币10000元。

【案例5】2017年1月21日至2018年8月2日，被告人殷某多次到湖南省某市城区以介绍工作和冒充熟人、亲戚的方式进行诈骗，涉案金额达5100元。

法院认定，被告人殷某实施犯罪的对象中年龄最大的已有77岁，年龄最小的也有51岁，属于诈骗老年人财物的行为，其情节较为恶劣，属于酌定从重量刑情节，故以被告人殷某犯诈骗罪，判处有期徒刑6个月，宣告缓刑1年，并处罚金人民币3000元。

【案例6】被害人李某（79岁）陈述称：2017年3月22日8时许，她家里的座机接到一通像其孙女声音的电话，对方没说名字就直接叫奶奶，并称其在外面开车撞了人需要赔钱，让她向一个户名叫何某的银行账户汇钱。她以为对方就是其孙女，挂掉电话后就向何某的账户汇款20000元。13时许，对方又打电话过来说被撞的人病情恶化需要转院，治疗费要20多万元，她再次按对方要求将30000元汇至何某的账户。17时许，对方又打电话让她汇钱，她称没钱，让其问妈妈或同学借就挂断了电话，对方就再未打过来。

被害人孙女的证言证实：她奶奶被骗的那天她一直在上班，没有撞到人。3月27日18时许，她奶奶问她那个人情况怎样、救到没有，她觉得奇怪，后来经追问才知道奶奶被骗的事情，遂报案。

法院以被告人林某等5人犯诈骗罪，分别判处1年5个月至

2年6个月不等有期徒刑，并分别处人民币1000元至3000元不等罚金。

◎ 防骗攻略

如果没有看到这么多真实的案例，笔者相信许多老年人仍认为自己不会因认错人而被骗，对此也不会引起足够的重视。但是许多相同的诈骗话术，相似的被骗情景，每年都会在越来越多新发生的案件中"重演"。其中，冒充的亲属关系越近，诈骗数额就越高，常常出现被诈骗数额达10万元之巨的。

1. 突然上门的不走动"亲戚"，热情又借钱，八成就是骗子

在案例1、案例3和案例5的多起犯罪案例中，犯罪行为人均是冒充亲戚上门行骗的，他们寻找的作案目标一般都是独自留守的老年人。独自留守在家的老年人因平时缺少与人沟通交流，情感上往往处于极度孤独的状态，难得遇到"远房亲戚"又愿意陪自己聊天，自然感觉很亲切，也就放松了警惕。再加上犯罪分子嘴巴又都很甜，"姑姑""姨妈""舅舅"叫得很亲切，还表示要代"自己的长辈"嘘寒问暖……在摸清对方的承受能力后，就马上找理由借钱、盗窃。因为这种情况下一般借的金额也不多，于是老年人便纷纷"慷慨解囊"。直到这个"远房亲戚"快速离开并再无踪影，老人们才察觉自己可能上当受骗了。值得一提的是，有一些老年人在被骗后往往怕被子女责备而选择了沉

默，以至于一些诈骗分子屡屡得手，一旦案发就已背负十数起案件，涉案金额累计也常达数万元。

因此，独居老人在遇到陌生的"亲戚""老家人""老表"时，尽量不要过多透露自己的信息，同时尽快与老家亲戚核实，尤其遇到动用钱财的情况时一定要与子女核实。

2. 晚辈要与老人约定好变更电话的通知方式，违反约定的"出事了"肯定是骗术

案例 6 中，当李奶奶听说宝贝孙女在外面开车撞了人需要赔钱时，毫不犹豫地打款 5 万元。

骗子假借孙辈的身份，以"我打伤了人""被警察抓走"等突发事件制造紧张的氛围，让老年人因紧张焦虑而忽略了辨别真伪。在此种情况下，如若无法通过声音辨别来电，则可用亲友小名、生活习惯等较私密的问题进行提问验证。对于对方提出的各类突发状况，务必联系其他亲友进行核实，不可轻信对方的一面之词。对于对方提出的转账汇款要求，务必与家属亲友商议后再做决定，不可直接转账汇款。

3. 子女要多关爱老年人，多与父母进行沟通，切不能让骗子消费了父母对晚辈的爱

老年人之所以容易被冒充亲戚的不法分子诈骗，其生理上的变化是一个重要因素，而另一个重要因素是老年人一生执着于对晚辈等亲人的爱，两者综合再加上诈骗分子的趁机算计，很容

易上当受骗。作为子女，工作之余要多关心老人，一定要多尽孝道，要多花一点时间陪伴老人，尤其要注意经常对患有阿尔茨海默病的老年人的生活能力及记忆力进行康复训练。

4. 老年人对冒充亲戚诈骗的话术应当有所了解，增强防骗的能力

正是由于宣传较多，近年来发生的"中奖"类电信诈骗得逞率明显降低，案件数量大大减少，故本书也没有再将电信诈骗列为专题予以防范。所以，对于各类典型的骗术都应当大力宣传，增强老年人的安全防范意识。

（1）冒充熟人行骗的

例如，2020年6月14日上午，被告人曹某通过闲聊方式套取到被害人郁某的家庭情况信息，并谎称认识郁某的外甥女婿，其正在筹钱为其外甥女婿购买狂犬疫苗，后以其资金不足需要借钱购买狂犬疫苗为由骗取郁某1000元，并将所得赃款全部挥霍。[①]

（2）"亲戚"谎称换手机号了请留存一下

显示陌生来电，对方冒充亲戚以"旧手机掉水里了改用新手机新号码"等为由，要求老年人留存该号码。一般老年人在留存该电话号码时就标识了自己的亲属名称。第二天或者过一两天，不法分子就会再次打来电话，老年人手机里显示的就是亲属的名称，这时不法分子就会说其正在附近出差或办事，可能顺便过来

[①] （2020）内0902刑初320号，载中国裁判文书网，最后访问时间：2024年5月28日。

看望一下。等到临近约定的时间时，不法分子就会找借口说在路上临时遇到了一点困境，要求汇点钱过去救急……

还有一种是显示陌生来电，冒充亲属称"因被警方拘捕而无法使用原来的号码"等，以筹钱换自由为由进行诈骗的。

（3）在电信诈骗中冒充亲属的也为数较多

诈骗分子在电话中主要提出如"需要做手术""遭遇意外事故入院""招嫖被抓需要交罚款""酒后伤人被抓要交保释金""撞车了需要赔钱""做生意急需用钱""玩牌出事"等各种理由，营造紧迫气氛，目的是让受骗人赶紧转账。

骗子有时会利用老年人"家丑不可外扬"的保守心理，提出"被警方拘捕太丢脸，希望不要告知其他人"，阻断受骗人跟家人沟通从而暴露该骗局的可能性。可见，这种冒充亲属实施诈骗案件的被害人群一直都是老年人占多数。所以，加强对老年人的普法，多做一些防范诈骗的宣传，防患于未然，十分必要。

第七节　孤守独居老人，谨防入室隐患

> 楼道广告多虚假，维修水电找物业。敲门更换有猫腻，多是伪劣充良品。门口保安负起责，非法人员挡在外。群防群治是良策，普法宣传要跟上。

居家老年人在需要上门维修家电、燃气时，不仅要多提防冒充品牌售后的"黑维修"虚要高价的欺诈行为，空巢独居老年人更要谨防不法分子借上门检查、维修家电之际窜入家中实施盗窃、诈骗、抢劫等犯罪活动。

◎ 典型案例

【案例1】2017年9月至2018年1月，被告人郭某、朱某、杨某等人共同或单独按照各自的分工，以帮他人清洗、维修抽油烟机为借口，假冒燃气公司、电器公司的工作人员，专门寻找老年人并跟至其家中，谎称其使用的燃气灶、抽油烟机存在安全隐患，诱使老年人更换劣质燃气灶、抽油烟机，以骗取钱财。郭某提起犯意，负责租房、置办诈骗使用的物品等，其他人则引诱老人、将更换的灶具等送至老人家中。其中郭某参与诈骗8次，诈骗数额共计16090元；朱某参与诈骗4次，诈骗数额共计6790元；杨某参与诈骗3次，诈骗数额共计5280元。其中诈骗被害人谢某（75岁）2500元、沙某（78岁）2700元、刘某（68岁）1330元、王某（77岁）2500元、费某（75岁）1460元、李某（68岁）1380元。

法院认定，各被告人专门针对老年人实施诈骗，可酌情从重处罚，故以被告人郭某犯诈骗罪，判处有期徒刑1年6个月，并处罚金人民币17000元；被告人朱某犯诈骗罪，判处有期徒刑8个月，并处罚金人民币7000元；被告人杨某犯诈骗罪，判处有期徒刑7个月，并处罚金人民币6000元。

【案例2】2017年至2018年，被告人李某假冒电信工作人员登门推销业务，通过骗取老年人、未成年人的信任办理其虚构的存话费优惠业务的方式，诈骗钱财。被告人李某在辽宁大连、营口、盘锦、丹东，河北迁安、石家庄、保定，山东威海，内蒙古呼伦贝尔、牙克石等地流窜作案40起，共诈骗80400元。

法院以被告人李某犯诈骗罪，判处有期徒刑4年，并处罚金人民币150000元。

【案例3】2018年1月，被告人于某伙同张某，在某社区内以冒充燃气设备公司的工作人员检查天然气管线为手段，多次进入该社区居民家中检查天然气阀门，谎称阀门漏气，先后欺骗被害人何某、孙某、白某、牛某、李某、闫某、姚某、李某1、陈某、曾某、周某、王某、魏某、寇某、李某2等购买天然气阀门，从中共计骗取7800元。

被告人张某在案发后主动投案，如实供述了犯罪事实。被告人于某到案后如实供述了犯罪事实。案发后，两名被告人主动赔偿了被害人的全部损失7800元，并得到了被害人的谅解。

法院以被告人于某犯诈骗罪，判处拘役5个月，并处罚金人民币3500元；被告人张某犯诈骗罪，判处拘役4个月，并处罚金人民币3500元。

【案例4】自2017年6月以来，被告人谷某、梁某、陈某、王某等人结成诈骗团伙，在安徽省和江西省等多地市流窜实施诈骗。由被告人梁某提供其办理的空壳公司营业执照、工作证件、更换燃气管道的通知、燃气管道等作案物品，再由被告人谷某、陈某、王某上门假冒燃气公司工作人员，以为住户更换燃气管道的名义，虚构择日上门安装、安装时会有政府补贴或不更换就停气的事实，按每米 200 元的价格骗取被害人钱财，并将诈骗所得赃款由实施诈骗的人与被告人梁某按比例分成。2017 年 9 月，被告人邓某参与该诈骗团伙在安徽省多地实施诈骗。本案中实施的诈骗共计 70 余起。

法院以犯诈骗罪，分别判处被告人梁某、谷某、陈某、王某、邓某 6 个月至 10 个月不等有期徒刑，并处人民币 3000 元至 6000 元不等罚金。

【案例 5】被告人孙某和王某（另案处理）为骗取他人钱财，冒充自来水公司工作人员，以"安装净水机可终身维修，终生不收水费，如果不安装就停供自来水"的方式售卖净水机，在吉林省某市、黑龙江省某市等地向居民销售超滤净水机，先后诱骗被害人周某、邢某等 17 人购买，共骗得 11730 元。

法院以被告人孙某犯诈骗罪，判处有期徒刑 6 个月，并处罚金人民币 5000 元。

【案例 6】2022 年 4 月 1 日 11 时许，被告人柳某、操某在北京市某小区内，冒充燃气公司工作人员以检修天然气为由，入户撬开被害人卓某家中的书桌抽屉，但因被害人发觉而未能窃得财物。同年 7 月 20 日 10 时许，被告人柳某、操某又在另一小区内冒充燃气公司工作人员，仍然以检修天然气为由入户，窃取了被害人杜某放在黑色包内的现金10000元。而被害人亦支付了所谓的"维修费"400元。第二天，被告人柳某、操某被民警查获。

法院认为，被告人柳某、操某以非法占有为目的，入户秘密窃取他人财物，数额较大，二被告人的行为均已构成盗窃罪。被告人柳某曾因故意犯罪被判处有期徒刑以上刑罚，刑罚执行完毕后5年内再犯应判处有期徒刑以上刑罚之罪，系累犯，应当依法从重处罚。又因二人盗窃的是老年人的财物，故该院在量刑时酌情从重处罚。最终，法院以盗窃罪判处柳某有期徒刑1年8个月，并处罚金人民币20000元；判处操某有期徒刑1年，并处罚金人民币10000元。①

◎ 防骗攻略

从以上案例可以看出，入室犯罪案件最多的借口是围绕燃气管道安全的，也有冒充自来水、空调、宽带、门锁等维修或售后工作人员的，还有专门针对老年人优惠电信话费的。如果能够按照下列方法预防，则以上这些骗局多是可以避免的。

---

① 《上门检修实则窃财，两男子因入户盗窃老人财物获刑》，载新京报网，https://www.bjnews.com.cn/detail/1682087561168858.html，最后访问时间：2024年7月9日。

1. 维修要找物业或者拨打使用说明书上的客服电话，切莫相信楼道小广告

小区物业公司一般都配有厨卫用具的维修人员，老年人遇到麻烦时应尽量去找物业帮忙。如果想选择产品的售后服务，那么就要联系正规维修机构或者厂家，按照正规厂家提供的售后联系方式去预约。一定不要根据楼道中张贴的小广告去联系上门服务，更不要相信网络上的小广告。即使是以400开头的电话号码，也不见得是可信的。

2. 如遇敲门检查燃气的，一定不要随便开门，以防引狼入室

上述案例中冒充燃气公司诈骗的犯罪嫌疑人，一般在实施犯罪时都身穿印有燃气公司标识的工作服，有的还佩戴着"实名"工牌。他们常常随机敲门入室实施犯罪，因为是"全副武装"，老年人很容易受到蒙蔽而遭受财产损失。遇到主动上门检修的人员，一定要核实其身份信息并保持警惕，避免财产损失。

3. 切莫贪图便宜，购买安装装置后就可以不再交水费或燃气费的统统都是骗人的

例如，在案例5中，被告人孙某冒充自来水公司工作人员，就是以"安装净水机可终身维修，终生不收水费，如果不安装就停供自来水"的方式售卖净水机，从而实施了多起诈骗犯罪。

4. 做好群防群治工作，将不法分子拒之于社区之外

社区要经常性地开展普法活动，老年人防骗维权讲座更要经常举行。同时，社区应当普及门禁系统，加强巡防监控，核对相关检查活动，努力减少非法推销的进入，及时公布相关警讯，谨防入室犯罪的发生。

第八节　欺侮老人可耻，严惩敲诈勒索

> 借机敲诈常年有，"威胁""碰瓷"是惯技。遇上团伙不逞强，报警选好合适机。设局圈套早识破，保存证据很重要。要想不被勒索累，平时还要多自律。

敲诈勒索罪，是指以非法占有为目的，对被害人使用威胁或要挟的方法，强行索要公私财物的行为。根据《刑法》第274条的规定，敲诈勒索公私财物，数额较大或者多次敲诈勒索的，处3年以下有期徒刑、拘役或者管制，并处或者单处罚金；数额巨大或者有其他严重情节的，处3年以上10年以下有期徒刑，并处罚金；数额特别巨大或者有其他特别严重情节的，处10年以上有期徒刑，并处罚金。

◎ 典型案例

【案例1】 2020年9月8日，被告人张某在云南省某市持刀对被害人施某实施抢劫，施某在躲避过程中摔倒在地，张某见状后逃离现场。同日，被告人张某在某地采用贴身压制的方式对被害人袁某实施抢劫，袁某在反抗时摔倒在地，张某见状后逃离现场。后被告人张某在某地持刀将被害人潘某的一部手机及现金50元抢走。经某市价格认证中心认定，潘某被抢手机价值1400元。抢劫过程中，被告人张某持刀将潘某左上臂刺伤。经鉴定，潘某的损伤程度为轻微伤。公诉机关认为，被告人张某以非法占有为目的，以暴力、胁迫的方法，多次抢劫他人财物，应当以抢劫罪追究其刑事责任。被告人张某有故意犯罪的前科，且为吸毒情形下实施的抢劫，加之抢劫老年人财物，应分别酌情从重处罚。

最终，法院以被告人张某犯抢劫罪，判处有期徒刑7年，并处罚金人民币2000元。[1]

【案例2】 2018年1月底，被害人张某在与被告人王某微信聊天时，将其裸露下半身的视频发送给王某，并向王某索要裸体视频。王某收到视频后非常生气，经与被告人侯某商量后决定以此为由向张某敲诈钱财，之后侯某又联系了被告人张某甲。2018

---

[1] （2021）云2501刑初14号，载中国裁判文书网，最后访问时间：2024年5月28日。

年2月5日19时许，王某伙同侯某、张某甲驾驶侯某的轿车在某村村口以吃饭为由将张某带走，之后侯某、张某甲一直在车上看管张某，至2月6日4时许，侯某将张某看管在某洗浴中心房间内。在此期间，侯某多次以张某对王某性骚扰为由，威胁张某要报警，并在村内公开此事让张某丢人，不给钱就不让张某家好好过年等。2月6日下午，侯某让张某给其微信转账500元。至当日18时许，张某的儿子张A也赶到现场，经与王某、侯某协商，张某答应支付40000元了结此事。当日，张A支付侯某现金3000元、微信转账7000元，并由张某向侯某出具了一张30000元的欠条。2018年2月8日，张某又支付了侯某现金5000元、微信转账5000元。2月10日，侯某再次向张某索要钱款后，张某在家人的帮助下向公安机关报警，公安局接警后于当日在张某家中将侯某抓获。

法院以被告人王某犯敲诈勒索罪，判处有期徒刑2年，并处罚金人民币10000元；被告人侯某犯敲诈勒索罪，判处有期徒刑1年，并处罚金人民币5000元；被告人张某甲犯敲诈勒索罪，判处有期徒刑8个月，并处罚金人民币2000元。

【案例3】 2017年5月，被告人李某提议并伙同高某（已判决）等人多次到某健康管理咨询有限公司南昌分公司以交朋友的名义向该公司老板段某索要"保护费"，并威胁如果不给就不让其公司正常经营。段某被逼无奈，于当年6月将该咨询公司迁往南昌市某地。2017年8月22日，被告人李某及高某等人又找到公司的新地址，继续向段某索要"保护费"并予以威胁。段某无奈之下，只好与高某等人约定从 8 月 22 日开始，前 6 个月每个月支付 10000 元，第 7 个月开始每个月支付 20000 元，并于当日上交了 10000 元的"保护费"。

法院以被告人李某犯敲诈勒索罪，判处有期徒刑 7 个月，并处罚金人民币 10000 元。

【案例 4】被告人孟某于 2017 年 2 月，通过在网上发布不押车、不押证、只装 GPS 即可发放贷款的虚假广告的方式，诱骗外地客户到其位于山东省烟台市某区的办公室内办理车贷。其间，由其雇佣人员以给车辆安装 GPS 的名义将客户的车开走并藏匿。同时，孟某与被告人王某共谋，由王某为客户制作虚假的房产证、银行征信记录等财产证明材料，并在办理贷款前提供给客户，孟某则在担保合同中加入客户如果存在提供虚假材料等欺诈、违约行为就要没收保证金并收取合同额 15% 的违约金，否则可由其任意处置质押车辆的合同条款。在签订合同时，由多名雇佣人员包围并催促客户快速签字，使客户在未充分知晓合同内容的情况下签订合同。在合同签订过程中，孟某等又以收取 25% 保证金、GPS 安装费、资料费、合同填写错误需要重签等各种名目扣除费用。签订合同后，在客户发现被骗索要车辆或要求放弃贷款时，被告人孟某便以客户提供了虚假材料构成诈骗或违约，需依合同没收保证金、收取违约金，否则就报警或者起诉，不予返还车辆相威胁，没收客户的保证金，要求客户按合同金额返还借款，要求部分客户加付贷款金额15%的违约金，对12名客户实施了敲诈勒索。其中，敲诈勒索刘某、刘某1共计108500元；因有多名客户报警，两被告人被及时抓获，故二人对其他10名客户敲诈勒索未遂。被告人王某参与上述犯罪7次，其中敲诈勒索刘某、刘某1共计108500元，其他未遂5次。

法院以被告人孟某犯敲诈勒索罪，判处有期徒刑7年，并处罚金人民币80000元；被告人王某犯敲诈勒索罪，判处有期徒刑5年，并处罚金人民币50000元。

【案例5】2017年11月22日下午，被告人孙某伙同被告人吕某、项某至某街道附近，看到一名卖淫女搭识被害人陈某（77岁）进小区后，由被告人项某跟随他们拍照，被告人孙某、吕某在小区门口守候。等陈某出来后，项某即开车载着孙某、吕某跟着，而后陈某上了公交车，孙某随即下车也上了公交车，一路尾随陈某至前进路烟草大楼附近。后孙某、吕某以发现陈某嫖娼为要挟，向陈某敲诈3000元，之后三被告人均分赃款。

法院以被告人孙某、吕某犯敲诈勒索罪，分别判处有期徒刑8个月，并处罚金人民币2000元；被告人项某犯敲诈勒索罪，判处有期徒刑6个月，并处罚金人民币2000元。

【案例6】被告人张某、吴某、余某经商量，决定到外地自制假药酒售卖以骗取钱财，并约定将骗取的钱财除去开支后三人平分。被告人张某、吴某、余某还纠集了被告人邱某和江某、陈某、胡某、吕某、余某1（上述五人均另案处理）等人。被告人邱某等人明知被告人张某、吴某、余某使用劣质白酒、酱油配制的"神奇药酒",用山楂粉制作的"药丸",用消毒水制作的"解药"均无任何药效,仍帮助其向老年人散发传单、虚构"药酒"可以治百病,将老年人带到其所摆的药摊处,由该三人讲课、给老年人擦药,从而骗取老年人钱财。

2016年10月14日8时,张某、吴某、余某、邱某等人来到某菜市场,拿着事先准备好的"神奇药酒"宣传单到菜市场专向老年人散发,推荐该"药酒"能治百病,并谎称可免费提供"药酒"试用。被害人谢某(69岁)、资某(62岁)、张某1(58岁)三人被骗到张某处,由张某鼓吹药效,称任何病都可以治好,先免费擦药,再给上述三名被害人切脉,并称她们病重需要吃药,便拿出"药丸"给资某吃了3颗、张某1吃了6颗、谢某吃了20颗,随后便向资某索要1800元、向张某索要3600元、向谢某索要12000元。三名被害人均不愿意付款。被告人张某则威胁称,刚才涂在被害人手上的"药酒"会让被害人的手腐烂,必须用其提供的"解药"擦拭后才能解除,若不付款则三人家中会不太平。三名被害人听后均感到害怕,随即表示愿意付款。张某安排陈某拿着一包所谓的"解药"跟随谢某去银行取钱,谢某从银行取了钱之后给了陈某12000元,陈某给了谢某一包"解药",并留下一个电话号码后就离开了;张某安排江某跟随张某1到家中取钱,张某1的丈夫觉得这是骗局,准备抓江某时,江某逃跑;张某安排邱某跟随资某到家中取钱,被资某的儿子伍某抓获并报警，将被告人邱某交给了公安机关。

陈某收到钱后，赶回租住的宾馆，与其余人会合，并将12000元交给了张某。张某、吴某、余某各分得3600元。

法院以被告人张某、余某犯敲诈勒索罪，分别判处有期徒刑1年，并处罚金人民币4000元；被告人吴某犯敲诈勒索罪，判处有期徒刑11个月，并处罚金人民币4000元；被告人邱某犯诈骗罪，判处有期徒刑8个月，并处罚金人民币2000元。

◎ 防骗攻略

被告人的行为是构成敲诈勒索罪还是抢劫罪，其差异主要在于犯罪的客观方面。在手段行为上，两罪在实施过程中都可以使用胁迫方法，而且敲诈勒索罪的行为可能包含一些暴力行为。抢劫罪中的胁迫，是指以当场立即使用暴力相威胁，使被害人心理产生恐惧而不敢反抗，这种胁迫应达到足以压制对方反抗的程度。敲诈勒索罪中的胁迫，是指以恶害相告，使对方产生恐惧心理。抢劫罪和敲诈勒索罪的行为都可以使用暴力，但两罪的暴力程度差别在于是否足以压制对方反抗。暴力程度是判断两罪的实质性因素，行为人对被害人实施了足以压制其反抗的暴力后，迫使其日后交付财产的行为，也应被认定为抢劫罪。在上述案例中，行为人虽实施了一定的暴力，但还没有达到足以压制被害人反抗的程度，被害老年人也是为了摆脱纠缠而交付财物的，故认定为敲诈勒索罪是正确的。

在案例4中，法院判决认为：被告人孟某、王某以非法控制被害人车辆、向被害人提供虚假担保资料制造违约事由为手段，以拒不返还车辆、报警或起诉相胁迫，敲诈勒索他人财物，数额巨大，符合敲诈勒索罪的犯罪构成，应以敲诈勒索罪定罪量刑。敲诈勒索罪与诈骗罪的犯罪主体都是一般主体，犯罪主观方面都是直接故意，且以非法占有为目的。两罪的根本区别在于犯罪客体和犯罪客观方面的不同。在犯罪客体上，敲诈勒索罪侵犯的是复杂客体，即公私财产所有权和公民人身权利或其他权益；而诈骗罪侵犯的是单一客体，即公私财产所有权。在犯罪客观方面，敲诈勒索罪表现为以威胁或要挟的方法，迫使被害人因恐惧而被迫交付财物；诈骗罪则表现为以虚构事实或隐瞒真相的方法，使被害人受蒙蔽而"自愿地"交付财物。在敲诈勒索案件中，有的行为人具体实施的行为可能包含欺诈因素，但这种欺诈因素仅为敲诈勒索的"由头"或"借口"，而非敲诈勒索的实行行为，即并非本罪客观方面的行为。换言之，构成敲诈勒索罪，不以是否有"借口"，或者"借口"是否真实为要件。

1. 暴力劫财多选择体弱老年人，外出遛弯尽可能避免落单

案例1中，被告人张某一天三起抢劫都选择了老年人作为实施犯罪的对象，作案地点也都选择了僻静的地点。尽管抢劫事件发生的概率很小，但是为以防万一，我们外出遛弯时一定要避免落单以免发生不测。

2. 对于设局型敲诈勒索应当注意收集证据线索，及时报警

案例4就是一种典型的敲诈勒索骗局。犯罪行为人狡猾地利用了被害人随意在合同上签字的法律行为，预谋敲诈犯罪的布局。所谓法律行为，是指以意思表示为要素，依照意思表示内容发生法律效果为目的的行为。"包括签署法律文件在内的法律行为一旦发生就要受到法律的约束，意思表示是法律行为产生的核心，签字认可又是意思表示最为通常的重要表现形式，所以签署名字不能当儿戏。"[1]如果只发生了被害人刘某被敲诈的一起案件，则可能无法证明自己签字确认的虚假文件系被告人王某提供的，单凭个案一般是无法追究各被告人的刑事责任的。

案例4中，恰恰是多数被害人能主动报案，积极提供证据线索，侦查机关将线索集中梳理以后，才使犯罪分子为了敲诈故意设计的骗局水落石出。案例3中，被害人段某在受到敲诈威胁时，一开始选择了"惹不起躲得起"的策略，将公司搬到了新址，迁址损失自不必说，但两名被告人很快就找到了新址并加码进行敲诈。在第一笔敲诈得逞后段某选择了报警，才终于得以摆脱"恶魔"。案例6中，敲诈另一位被害人的犯罪已经得逞，是伍某认为他母亲资某被敲诈了，将被告人邱某扭送至公安机关，才惩治了罪犯，也为被害老年人谢某追回了被敲诈的12000元。

有的蓄谋敲诈勒索犯罪，如果我们能及时报案，那么不仅可以让犯罪难以得逞，还可以有效避免犯罪分子逃脱。

---

[1] 陈洪忠：《老年人权益维护案例精选与解析》，中国法制出版社2018年版，第266页。

司法实践中，每当敲诈勒索犯罪案事发，常会牵出若干起其他案件，使其他被害人的应有正义得以伸张。相信还有许多案件都是因为被害人感到恐惧而选择了隐忍，放纵了犯罪分子更加嚣张地继续危害社会，这种选择是非常错误的。

3. 对于自己过错导致敲诈犯罪得逞的被害人，需要勇敢地选择报警处理

在许多敲诈勒索的案件中，犯罪分子都会事先设局，比如引诱被害人发生性关系，或者趁被害人疏忽大意制造违法事态，或者碰瓷形成交通违章事故的假象等，然后以报警或者公开隐私相胁迫，达到侵占被害人财产的犯罪目的。

尤其是掉入圈套的老年人，往往会因为担心自己晚节不保、让晚辈家人蒙羞，而选择"打落牙齿往肚里咽"，即使财产损失巨大也不去报案。从客观上来说，尽管老年人的先前行为是违法的，但通过公安机关侦查，确系犯罪分子设局引诱才导致老年人一时犯错的，这种错误一般是不予追究的。在这种情况下，通过司法追究程序，既惩罚了对老年人的罪行，也挽救了他的家庭财富，家人多半是会原谅的。如果能够借此事件调整一下家中的生活节奏，家人从此多一些团聚，互相更加关心，亲人之间的关系可能很快就会"康复"如初。如案例2中张某就是在家人的帮助下选择了报警，既避免了财产损失，借机敲诈勒索钱财的人也因此被追究了刑事责任，张某的选择是值得点赞的。

4. 老年人报警要选择好时机，身处险境时一般不要威胁对方

敲诈勒索罪是指以非法占有为目的，对被害人使用威胁或要挟的手段，强行索要数额较大或者多次敲诈勒索的行为。行为人使用了威胁或要挟手段，非法取得了他人的财物，就构成了敲诈勒索罪的既遂。如果行为人使用了威胁或者要挟手段，但被害人并未产生恐惧情绪，因而没有交出财物，或者被害人虽产生了恐惧心理，但并未交出财物的，则均属于敲诈勒索罪的未遂。如果老年人感觉到对方要实施敲诈犯罪就立即选择报案，对方到案后否认将要实施勒索钱财的预谋，而不能形成完整的证据链条，那么根据疑罪从无的原则，行为人可能连敲诈勒索罪未遂都不能构成。因此，向公安机关报案也要选择好时机。

案例2中，被害人张某先以吃饭为由被骗出并被限制了人身自由，在与不法分子独处时如果不择时机报警或者以言语威胁报警，很可能会惹祸上身，危及健康和生命，得不偿失。相对来说，在存在危险的环境下，佯装害怕，先暂时答应对方提出的条件，约定好时间、地点和交钱或物的方式，待对方离开后再报警，才是上上策。例如，2010年10月20日夜间，被告人药某驾车不小心撞上前方同向骑电动车行驶的张某，因见张某用笔记录其车牌号，便将张某杀人灭口……药某并无犯罪前科，只因其追求理想中的完美人生而动了杀机。针对老年人犯罪的多数是累犯或有前科劣迹的不法分子，相对更容易被激怒，而可能会抱着"一不做二不休"的心态下狠手。

5. 对于仍可能接触、打交道的犯罪嫌疑人、被告人，在诉讼程序中可以通过刑事和解缓释社会危害程度

刑事和解，是指在刑事诉讼过程中，通过辩护律师、代理人或其他组织使被害人与犯罪嫌疑人、被告人直接沟通、协商，双方达成民事赔偿和解协议后，司法机关根据案件的具体情况从轻、减轻刑事责任或对犯罪嫌疑人、被告人不再追究刑事责任的诉讼活动。

对于被告人与被害人原本就相识、有交往，以后还可能继续有往来的，往往还是自己有错在先的，如案例2中确属事发有因，通过刑事和解，知情人和嫌疑人家属均明白了其中的利害关系，体会到被害人不得已而为之的苦衷，通过家属向被害人请求出具谅解书以争取对嫌疑人的从轻处罚以及被告人的认罪悔罪，降低了其行为的社会危害程度，从而依法获得相对较轻的刑罚。

第九节　非法行医误治，生命重要远离

> 所谓"神医"有玄妙，无非迷信那一套。有些"庸医"胆子大，不明病理就下药。千万莫信百病消，几次试水把命要。无证行医是违法，人人见了要举报。有病不要乱投医，正规医院是首选。现在看病有医保，花费多了能报销。

生命只有一次，非法行医会贻误治疗时机，老年人一定要远离非法诊治。从近年来审理的案件来看，在老年人遭遇非法行医犯罪的案件中，造成被害老年人死亡的占多数。

非法行医罪，是指未取得医生执业资格的人擅自从事医疗活动，情节严重的行为。根据《刑法》第336条第1款的规定，未取得医生执业资格的人非法行医，情节严重的，处3年以下有期徒刑、拘役或者管制，并处或单处罚金；严重损害就诊人身体健康的，处3年以上10年以下有期徒刑，并处罚金；造成就诊人死亡的，处10年以上有期徒刑，并处罚金。

根据《最高人民法院关于审理非法行医刑事案件具体应用法律若干问题的解释》第2条的规定，具有下列情形之一的，应认定为《刑法》第336条第1款规定的"情节严重"：（1）造成就诊人轻度残疾、器官组织损伤导致一般功能障碍的；（2）造成甲类传染病传播、流行或者有传播、流行危险的；（3）使用假药、劣药或不符合国家规定标准的卫生材料、医疗器械，足以严重危害人体健康的；（4）非法行医被卫生行政部门行政处罚两次以后，再次非法行医的；（5）其他情节严重的情形。

◎ 典型案例

【案例1】被告人刘某于2020年6月4日，接到被害人赵某1（男，86岁）女儿赵某4的电话，让其到赵某1的住所为赵某1打针，刘某在不具备医师执业资格、未取得独立处方权的情况下，自带药品擅自为赵某1静脉注射头孢哌酮钠舒巴坦钠、阿昔洛韦、赖氨匹林、利巴韦林四种药物，注射药物期间赵某1的身体状态出现异常，后经抢救无效死亡。经鉴定：（1）被鉴定人赵某1生前患有冠心病（冠状动脉粥样硬化Ⅲ级）、急性心肌梗死、轻度间质性肺炎，在静脉输液过程中心肌梗死处心脏破裂，导致心包填塞死亡；（2）赵某1的死亡与刘某擅自实施静脉输液之间存在一定的因果关系；（3）刘某非法行医对赵某1的死亡应负轻微责任。

法院认定，被告人刘某在明知自己未取得医师执业资格的情况下，为私利擅自为他人注射药物，开展医疗活动，造成被害人死亡的后果，其非法行医的行为与被害人赵某1死亡存在因果关系，但不属于造成就诊人死亡的直接、主要原因，只需负轻微责任。但根据《最高人民法院关于审理非法行医刑事案件具体应用法律若干问题的解释》第4条第2款的规定属情节严重。其行为构成非法行医罪，应予惩处。故判决被告人刘某犯非法行医罪，判处有期徒刑3年，缓刑5年，并处罚金人民币5000元。[①]

【案例2】被害人胡某死亡时已年满77岁，其生前因患骨髓炎瘫痪在床，先后被亲属送往甲医院和乙医院进行治疗，但均未见好转。胡某的亲属遂遵照医嘱将其接回家疗养。胡某的女儿杨某1经他人介绍邀请未取得医师执业资格的被告人雷某前往胡某的家中为胡某治疗。2020年8月21日，雷某前往胡某的家中

---

① （2021）黑7524刑初28号，载中国裁判文书网，最后访问时间：2024年5月28日。

查看其病情之后，认为胡某是寒湿过重造成坐骨神经损伤而导致的双腿瘫痪，当日便给胡某口服干姜粉、小分子活性肽等药物帮助其祛寒湿提高身体的热量。2020年8月23日19时许，雷某开始给胡某穿温敷服、戴温敷头套，以通电加热升温出汗的方式祛除胡某体内的寒气和湿气，至胡某8月24日16时死亡。其间，雷某吩咐胡某亲属不要给胡某喂食。雷某在用温敷服和温敷头套通电加热给胡某治疗的过程中，胡某感觉难受并不断呻吟，胡某的亲属曾向雷某反映胡某体温过高，但雷某解释属于正常现象。胡某死亡时，胡某的亲属发现胡某的膝盖等部位被烫出水泡。经司法鉴定：胡某符合长时间穿着"加热服"导致体温持续升高、大量出汗并脱水，同时体表多部位被烫伤、渗出进一步加重体液丢失，加之期间未进食进饮，进而导致机体严重水电解质平衡紊乱，最终致循环功能衰竭而死亡。

法院以被告人雷某犯非法行医罪，判处有期徒刑7年，并处罚金人民币8000元。①

【案例3】2021年12月15日，被告人靳某在未依法取得《医疗机构执业许可证》、本人未取得《医师资格证书》和《医师执业证书》的情况下，私自在家中给被害人韩某（男，卒年72岁）静脉输入两支克林霉素（系韩某自带），约定费用10元，未实际给付。韩某在输液过程中突发出汗、咳嗽、呼吸困难等症状，靳某采取拔针、人工呼吸等急救措施，同时拨打120急救电

---

① （2021）黔0628刑初24号，载中国裁判文书网，最后访问时间：2024年5月28日。

话将被害人韩某送往医院进行抢救并垫付抢救费1919.13元，最终韩某经抢救无效死亡。经司法鉴定：本案中韩某系因冠状动脉粥样硬化性心脏病导致心肌梗死，继发心脏破裂，引起心包压塞而死亡。又经某司法科学证据鉴定中心司法鉴定：靳某为死者韩某静脉输入克林霉素的治疗行为，与死者韩某在冠心病基础上发生急性心肌梗死致心脏破裂、心包压塞而死亡的病情结果没有直接因果关系；但其存在在未能了解病因的情况下盲目输液以致延误病情诊治的间接因果关系。

法院以被告人靳某犯非法行医罪，判处有期徒刑10个月，缓刑1年，并处罚金人民币5000元。①

【案例4】2020年1月16日，被告人孔某在没有取得医生执业资格的情况下，对被害人白某（男，卒年65岁）采取针灸、"跳大神"的方式帮其治疗疾病，后白某出现流口水、神志不清直至没有了生命体征的状况，于当日19时在孔某的家中死亡。经公安局刑事科学技术支队鉴定，白某在患有支气管肺炎、冠心病的情况下，未能及时住院对症治疗，又因孔某诊断及治疗方法错误延误治疗，致其呼吸、循环衰竭死亡。

法院以被告人孔某犯非法行医罪，判处有期徒刑8个月，并处罚金人民币5000元。②

【案例5】被告人周某未取得医生执业资格。2017年6月30

---

① （2023）辽0381刑初163号，载中国裁判文书网，最后访问时间：2024年5月28日。
② （2020）黑1222刑初101号，载中国裁判文书网，最后访问时间：2024年5月28日。

日，周某应被害人曾某邀请，到贵州省某县曾某家中为其治疗风湿、腰椎疼痛。同日，周某为曾某进行了针灸和拔火罐。同年8月22日，周某再次到曾某家中为其诊疗。当日15时许，周某给曾某进行针灸、拔火罐、用酒搓背部，治疗过程中曾某曾称身体不适。当日18时许，曾某死亡。经鉴定，曾某的死因在排除机械性损伤、自身疾病及药物中毒致死后，不能排除其因针灸致气胸而死亡。

法院以被告人周某犯非法行医罪，判处有期徒刑10年，并处罚金人民币30000元。

◎ 防骗攻略

有句俗话叫"病急乱投医"，一般都是做比喻。但在本节案例中，因为"病""医"客观真实存在，所以是本意上的"病急乱投医"。非法行医者不具备执业的基本条件，医疗服务无法保证，导致侵犯就诊老年人的身体健康和生命安全的案件频发。

1. 不要相信无证"神医"

有的非法行医者利用"巫术"、封建迷信行医，他们大多不懂医术，有的懂一点医学常识，主要是凭各种封建迷信手法愚弄就诊病人。还有的非法行医者则打着气功治病的旗号，其实大多数根本就不懂气功，却号称自己的气功如何了得，由此挂牌行医，骗取钱财。

2. "包治百病"的医生更可怕

2017年10月16日，被告人王某在未取得医师执业资格的情况下，采取自制中药输液的方式给拉某1治病。拉某1输液后于当日18时许便出现发热、头痛、呕吐、四肢无力等不良反应，后经医院医生抢救无效死亡。被害人拉某1的妻子贺某的证言证实："2017年10月17日下午，我老公找到姓王的土医生为我治疗胃病，并把王医生带回我们的租房处。我老公把我在医院做的检查报告给王医生看后，说愿意出2万元为我治疗胃病。王医生说我的病能治好，还说他也能治疗脑梗、白血病、骨质增生。我们聊了很久，后来我老公说他的腰痛，王医生说可以免费为我老公治疗，我们相信了他，然后王医生拿出一个装有液体的胶瓶，往里面加了两支药后给我老公输液。在输液过程中，王医生说我的胃病百分之百能医好，还叫我们先付1万元给他。后来我老公输完液，王医生在我们家吃完饭就走了。过了一会儿，我老公说他身上发烫、头痛，眼睛看不清东西，四肢无力，之后就开始呕吐、拉肚子，我就立即拨打120，但医生来了检查后说人已经死了。我们问过王医生药是怎么来的，他说他是土医生，自己挖的中草药制作的，还把他的身份证给我老公看过。"

王某供述称："他说他有骨质增生，天气变化时腰部、胯部一直到脚都会痛，我认为是风湿病，就对他说可以用我自制的特效药，一针见效，血管上的问题输液就能治好……"①

---

① （2018）川3427刑初17号，载中国裁判文书网，最后访问时间：2024年5月28日。

可见，被告人王某不仅吹嘘自己医术高深，连注射到体内的中药制剂都是自制的。

3. 一定要找正规医生看病

看了本节案例中"郎中"的真实出身，很容易判断出他们的非法行医对造成老年人伤亡具有相当大的必然性。所以，看病要去医院，这是根本，很重要。

在前述案例中，被告人王某供述："我没有医师执业资格证，自制的中药也没有经过医药部门备案。"

在案例5中，被告人周某供述："我没有取得医师执业资格证，平时就是摆地摊卖草药。"

4. 遇到非法行医的要举报

现在仍然有许多老年人存在过度医疗现象。其实，我们有许多生理现象并不属于病症，根本无须医治，还有一些小恙根本无须用药。所以，一些无证"土医生"积攒的所谓"神医"业绩，成为一些老年人的"依赖"。非法行医罪的被告人多数有过成绩，有的在一方水土还小有声望，甚至某些因"非法行医被卫生行政部门行政处罚两次以后，再次非法行医"而构成非法行医罪被判刑的"医生"，当地许多百姓还为他们喊冤呢。但是，我们人人都应当自觉地与非法行医行为作斗争，如若发现要及时拨打12320、12345或者110进行举报。

5. 社会应当注重打击非法行医活动，保护老年人权益

一是，卫生行政部门要加强对非法行医现象的综合治理，引导、培养一批有一定基础的土郎中进入医生队伍，正规服务乡里，并纳入标准化管理，防止侵犯老年人生命健康权的非法行医事件发生。二是，司法部门要依法严厉打击非法行医行为，严格规范司法行为。

第十节 藏品价格无常，梦想翻倍难圆

> 藏品升值经常见，投资理财莫跟进。高价销售是噱头，诈骗非吸藏身后。帮销开店专业强，专家买家均假扮。固定回购尝甜头，收割财富陷阱后。收藏自古富人玩，类似赌博需远离。

以收藏品高价回收为诱饵，专向老年人下手的案件近年来越来越多。通过虚报藏品价格、假装查防伪码和网页、举办虚假拍卖会、虚构身份包装成"权威专家"等诈骗手段，吸引了很多老年人投入巨额养老金，结果梦破发现被骗。

通过签订回购诈骗合同的藏品诈骗，已经在第二章第四节有关合同诈骗一节中予以剖析。除此种类型的藏品诈骗以外，

还有很多非常典型的专门诈骗喜爱收藏的老年人钱财之手段。

◎ 典型案例

【案例1】2017年3月至2020年7月,被告人刘某伙同他人通过某公司,在北京市海淀区、朝阳区等地,以展示、销售邮票为平台,向被害人谢某等5人编造出售、代卖指定邮票等藏品和投资理财等事由,骗取各被害人的邮票等藏品及钱款1100000余元。

法院以被告人刘某犯诈骗罪,判处有期徒刑14年,剥夺政治权利3年,并处罚金人民币140000元。

【案例2】2015年8月至2017年4月,李某(另案处理)以他人名义成立某收藏品公司,聘用被告人谭某为店长,负责公司的日常管理,对李某负责;被告人喻某系销售经理,被告人王某系人事部主管,负责员工招聘、培训等,其间也参与过销售;被告人胡某、张某等系销售人员。李某低价购买世界纸币全鉴、至尊钞王、世界财富、绝版金钞等共计十余种钱币的纪念钞,其中大部分是世界上已经停止发行的钱币,交给某收藏品公司后再以每套19800元、16800元、14800元、666元不等的高价出售。谭某作为店长负责组织销售人员对外销售,并采用以老带新的方式培训销售人员的推销技巧。某收藏品公司以中老年人为主要销售对象,为取得被害人信任,诱骗被害人购买,谭某、王某等人伪造盖有中国收藏家协会印章的文件,销售人员向被害人鼓吹纪念币有极高的升值潜力和收藏价值，宣称购买的收藏品一两年后，某收藏品公司会对收藏品进行高价拍卖，如不能拍卖出去就给予双倍赔偿。为营造产品供不应求的假象，销售人员可以从公司借款，交由被害人帮其代买。为坚定被害人的购买决心，销售人员还假冒某收藏家协会的工作人员向交了订货申请的被害人拨打欺骗电话，让被害人陷入藏品稀缺的错误认知。成功售卖后，销售人员按实际销售额进行提成，将所获利润均交与李某。经统计，现有证据能够证实某收藏品公司共向金某、冯某等136名被害人销售收藏品价值共计14560000余元。

法院以被告人谭某犯诈骗罪，判处有期徒刑4年，并处罚金人民币50000元；被告人喻某犯诈骗罪，判处有期徒刑3年3个月，并处罚金人民币40000元；被告人胡某、王某、张某犯诈骗罪，分别判处有期徒刑3年，缓刑4年，并分别处罚金人民币30000元。[①]

【案例3】 2020年4月至6月，被告人郭某伙同邵某（已判决）在其租住的某小区内，通过伪装成某艺术网的工作人员，以帮助被害人销售藏品等名义添加被害人微信，并以收取藏品宣传制作费、保真鉴定费等为由，诈骗作案共5次，骗取被害人孙某等人共计23352元。其中，由邵某提供被害人微信信息、添加被害人微信好友，与被害人进行前期微信聊天；郭某在被害人有交易意向后继续与其联系，骗取钱财。

---

① （2020）川01刑终772号，载中国裁判文书网，最后访问时间：2024年5月28日。

法院判决被告人郭某犯诈骗罪，判处有期徒刑1年4个月，并处罚金人民币6000元。①

【案例4】被害人苏某听说某公司有固定的收藏品回收渠道，对此很感兴趣，但还是担心受骗，遂仅象征性地支付680元购买了两张生肖纪念钞。3个月后，"售后"打电话给苏某，称目前生肖纪念钞已升值，原本价值680元的产品公司现以980元回购。苏某第一次尝到甜头后，觉得某公司信守承诺，又听销售人员鼓动称买得多赚得多，于是便先后以36800元的价格购买了一套"十二生肖邮票大全"、以18800元/套的价格购买了10套"马年生肖纪念钞"等。苏某后又介绍自己的女儿进行投资，母女俩共计投资600000余元。苏某满怀信心地等待回购日期的到来，但2015年春节后再到该公司时，却发现早已人去楼空，同时公司门前聚集着近30名和苏某一样等着回购的投资人。这些投资人大部分为60岁以上的老人，最少的投资20000元，最多的投资600000余元，涉案金额近4000000元。承办检察官认为，被告人张某等人销毁账目并携带集资款逃匿的行为，符合《最高人民法院关于审理非法集资刑事案件具体应用法律若干问题的解释》关于集资诈骗罪中"以非法占有为目的"的认定，另外接待投资人的销售人员"安然""李静"均是使用的化名，二人在接待过程中谎称该公司系某收藏公司的分公司，虚构、夸大公司的

---

① （2021）苏1202刑初36号，载中国裁判文书网，最后访问时间：2024年5月28日。

经济实力，亦使用了诈骗方法。①

【案例5】侯某（已判刑）于2019年12月10日以杨某（已判刑）的名义成立了某文化艺术公司后，与杨某、施某（已判刑）租用某小区、某大酒店作为场所，实施诈骗犯罪活动，并于2020年3月至5月，先后招募被告人侯某等13人以某文化艺术公司员工的名义，通过网络收集具有出售藏品意愿的人员名单后，以电话、微信等方式联系多名被害人，虚构某文化艺术公司可以帮被害人代为销售古玩藏品为由，骗取被害人信任，并冒充买家与被害人商谈交易事宜，以收取网络店铺注册费、店铺升级费、藏品鉴定费、交易行程金、质保金等名义骗取多名被害人的钱财。具体犯罪事实如下……以帮助被害人梅某出售藏品为由，以收取注册网络店铺费、开设及升级店铺等名义骗取梅某6698元……以帮助被害人高某出售藏品为由，以收取注册网络店铺费、开设店铺费、行程抵押金等名义骗取高某7499.82元……以帮助被害人朱某出售藏品为由，以收取开设店铺费、鉴定费、交易保证金等名义骗取朱某7598元……

法院判决被告人侯某等13人犯诈骗罪，分别判处2年5个月以下不等有期徒刑，并分别处人民币4000元至60000元不等的罚金。②

---

① 《一公司以溢价回购收藏品为由 集资诈骗近400万元》，扬州市江都检察院网，https://yzjd.jsjc.gov.cn/zt/fyktx/201808/t20180827_610727.shtml，最后访问时间：2024年5月28日。

② （2021）黔0402刑初97号，载中国裁判文书网，最后访问时间：2024年5月28日。

◎ 防骗攻略

随着人们生活条件的不断改善，收藏品市场也随之越来越活跃，由于对收藏品交易市场的管理尚未健全，藏品诈骗也在快速增长。通过用诈骗手段签订藏品回购合同的诈骗活动，一种情形是回购公司是虚假的，签订合同的目的就是骗钱；另一种情形是利用回购合同服务关系，虚构藏品升值假象，以骗取各种手续费。而一般的藏品诈骗活动，主要有以下五种形式。只有识破骗局，才能有效防范诈骗。

1. 投资理财型藏品诈骗

投资理财型藏品诈骗，主要是指诱骗老年人投资购买藏品，使其相信将来出售可以获利的诈骗形式，多以集资诈骗或者非法吸收公众存款的犯罪形式出现。比如案例1就属于投资理财型藏品诈骗，而且被骗的都是老年人，投入数额都较大，有的甚至押上了全部的养老钱。

对于投资理财型藏品诈骗的防范：一是要注意藏品市场水很深，甚至没有绝对的专家，不识水性就别进来。二是要注意收益越高风险也就越大。三是投资数额较大时，一定要聘请专业律师对理财主体和项目做尽职调查。

2. 高价出售型藏品诈骗

高价出售型藏品诈骗，主要是指通过制造藏品可以快速升值和供不应求的假象，取得被害人信任，诱骗被害人购买藏品，或者用虚高藏品将老年人本身有价值的藏品骗到手卖掉，或者操纵价格"薅羊毛"，以获取不义之财。案例2中，被告人伪造盖有中国收藏家协会印章的文件，鼓吹纪念币有极高的升值潜力和收藏价值，宣称藏品一两年后，公司会对收藏品以高价进行拍卖，如不能拍卖出去就给予双倍赔偿，并假冒某收藏家协会的工作人员给交了订货申请的被害人拨打欺骗电话，让被害人陷入藏品稀缺的错误认知。为营造假象坚定被害人购买的决心，销售人员还在公司拿钱假装私下求助被害人帮自己代买等。

对于高价出售型藏品诈骗的防范，一定要记住：投资有风险，入市需谨慎！

3. 助老帮销型藏品诈骗

助老帮销型藏品诈骗，是指针对持有藏品的老年人期待藏品升值或急于将藏品变现的心理，犯罪分子通过伪装成藏品拍卖服务的专家，或者冒充精通网络销售的工作人员，以帮助被害老年人销售藏品等名义添加被害人微信，以骗取被害人的宣传制作费、保真鉴定费、拍卖费等形式的诈骗作案。案例3中的系列藏品诈骗就属于这种类型。

在一起案件中还发现了"2.0版"的帮助销售藏品的诈骗套路：通过"喊单""断代""做单""拍卖"的套路有组织地对被害人实施诈骗犯罪活动。

"喊单"是指业务员通过电话联系被害人，向其询问藏品情况，吹嘘公司实力强劲，将在国外多地组织拍卖会，且拍卖成交率高，能将被害人的藏品卖出高价，引诱被害人加微信好友，向其索要藏品的图片等资料信息。

"断代"是指业务员将被害人传来的藏品图片，发送至公司建立的所谓的"专家鉴定"微信群，伪专家即对图片进行相关的鉴定，并出具所谓的"专家意见"，说明该藏品的种类、名称、年代等信息。业务员则通过查询、截取文物互联网的相关信息资料，向被害人吹嘘该藏品的历史渊源，并肆意夸大其市场价值，诱骗被害人携带原物前来公司洽谈拍卖、展销等事宜。

"做单"是指业务员向被害人宣称其所持藏品市场价值高，谎称公司领导对此藏品极为重视，想尽办法将被害人骗至公司面谈。为显示公司的操作规范，极力营造严格管理的假象，业务员下楼迎接、引领被害人，经过层层门禁、登记，将被害人带至鉴定室。伪专家对藏品进行"现场鉴定"，讲解藏品的文化背景、历史渊源、市场前景及价值等，每件藏品收取被害人200元的鉴定费。所谓的"鉴定"进行完毕后，业务员则引领被害人与部门总监或副总监见面，商谈所谓的拍卖、展销、展览委托事宜。部门总监、业务员等人利用伪造的"市场评估调查结果"，再次虚构被害人所持藏品的市场价值高、受藏友追捧的假象，虚构公司在文玩藏品市场的地位、实力，虚报在海外拍卖市场组织专场拍卖会的高成交率，诱骗被害人将藏品委托其公司拍卖、展销等，与被害人签订"高端艺术品服务协议"，诱骗被害人设定最低交易价格，并向被害人发放所谓的"拍卖会邀请函"，以展览费、拍卖费、宣传费、海关税费、保险费等名义收取一万至数十万元不等的高额服务费。

"拍卖"是指该犯罪团伙骗取被害人高额的服务费后，收取被害人的藏品，利用时空距离和信息的不对称，对被害人谎称是在海外举行的专场拍卖会。"拍卖"步骤大致如下：对藏品进行拍照、编号保存，制作图录，并传送给合作公司，制作相应的幻灯片、PPT，委托专门从事组织虚假拍卖会的经纪公司，组织虚假拍卖。拍卖时，会在现场播放事先制作的幻灯片、PPT，并让人假装对部分涉案物品举牌竞拍，但均不会超过被害人设定的最低交易价格，从而导致流拍。拍卖经纪公司将拍卖现场的视频转发给业务员周某甲，周某甲将视频发送至公司的信产部，信产部再将视频转发到公司的微信群，各业务员最后将视频转发给对应的被害人，让其形成自己的藏品流拍的错觉。此时，业务员为平息被害人的不满情绪，对被害人称可将其藏品放置至公司展厅进行展示或参加展览，帮助物色购买者，并视被害人的经济情况骗取相应的费用。

可见，藏品诈骗的狡猾程度非常高，针对其市场管理的研究应当提速加强。

4. 钓鱼回购型藏品诈骗

钓鱼回购型藏品诈骗，是指犯罪分子先用假公司或空壳公司和化名业务员布局成实力雄厚、信誉良好、固定可回购的藏品营销商假象，先主动回购一两次让被害老年人打消心中疑虑，投入"鱼饵"进行"钓鱼"，使老年人因期待回购更多盈利而大量买进价格虚高的藏品，当骗取的钱财达到一定数额后，犯罪分子就会卷款跑路。案例4中，被害人苏某仅象征性地支付680元购买了两张生肖纪念钞，3个月后，"售后"主动打电话以980元回购该藏品，尝到甜头的苏某觉得该公司信守承诺，又听销售人员鼓动称买得越多赚得越多，于是母女俩先后共投资600000余元购买了大量藏品，之后却发现"公司"突然人去楼空了。包括第二章第四节藏品合同诈骗案例中，犯罪分子根本不担心"钓鱼"高价回购造成的损失，因为他们使用的话术会让你觉得藏品的持有时间越长、数量越多，将来的回报就越大，客观上老年人要求回购的数量非常有限，诈骗获利空间非常可观，并且铤而走险的犯罪成本特别低。

对于钓鱼回购型藏品诈骗的防范，因为该类犯罪大多是犯罪分子先找上门，给了我们一些好处，消除我们的顾虑以后再进行洗脑，然后开始收割我们的血汗钱。首先，要始终记住我们是如何进入的，对于"偶遇"的背后一定要保持高度警惕。其次，不要被微信头像、昵称所迷惑，上述案例中犯罪集团的"成功秘诀"之一就是伪装好自己。最后，老年人在使用大额资金前一定要咨询律师或者子女，他们的参谋是最佳"防火墙"。

5. 网店名义型藏品诈骗

网店名义型藏品诈骗，是助老帮销型藏品诈骗的线上骗钱形式，是指针对持有藏品的老年人期待藏品变现或者方便藏品交易，犯罪分子通过伪装成精通网络销售可以帮助打理网络平台的工作人员，以帮助被害老年人线上销售藏品等名义骗取被害人的信任，随后冒充买家与被害人商谈交易事宜，以收取网络店铺注册费或者上架费、会员费、店铺升级费、藏品鉴定费、交易行程金、拍卖佣金、质保金等名义骗取被害人的钱财。案例5中的藏品诈骗就属于这种类型。

对于网店名义型藏品诈骗的防范，因为该类案件是犯罪分子通过某公司的互联网平台设下的骗局，通过互联网、电话、短信等方式散布虚假藏品价格信息及升值走势，获取持有藏品老年人的信任后，又引导其在自身搭建的虚假交易平台上架藏品，从而以收取各种费用的名义骗取被害人资金。所以，首先，应确定该平台的真实所属地、性质、资金流向、以往历史等相关资料，待做足功课后再考虑上架藏品。其次，如果平台是假的，那么专家、鉴定、买家，以及有关链接就都一定是假的，不要被其名头所蒙蔽。最后，在需要交纳费用时，应当由精通互联网防骗的律师把关，这是非常必要的。

第四章
老年人维权途径

党的二十大报告提出："实施积极应对人口老龄化国家战略，发展养老事业和养老产业，优化孤寡老人服务，推动实现全体老年人享有基本养老服务。"[①] 实施积极应对人口老龄化国家战略已经成为中国长期发展的一项主要任务，也为"十四五"时期乃至今后更长时期内应对人口老龄化提供了基本遵循。我国第一部老龄基本法就是《老年人权益保障法》，说明对老年人权益的保护在老龄法律中具有重要地位。

第一节　老年人权利概述及维权途径

> 老年人是社会中的一个特殊群体，其生理、心理调节能力降低，需要社会的特别关爱。

一、老年人依法享有的主要权利

老年人除享有公民的应有权利以外，还享有一些社会的特别关怀。

[①] 《习近平：高举中国特色社会主义伟大旗帜　为全面建设社会主义现代化国家而团结奋斗——在中国共产党第二十次全国代表大会上的报告》，载中国政府网，https://www.gov.cn/xinwen/2022-10/25/content_5721685.htm，最后访问时间：2024年5月28日。

1. 从国家和社会获得物质帮助的权利

物质帮助权是《宪法》规定的我国公民的一项基本权利，是指公民在年老、疾病、残疾等丧失劳动能力或部分丧失劳动能力的情况下，有权利从国家和社会获得物质帮助，从而维持基本生活。

（1）基本养老保险制度

国家通过基本养老保险制度，保障老年人的基本生活。基本养老保险是四大社会保险的主要险种之一，是指缴费达到法定期限并且个人达到法定退休年龄后，国家和社会提供物质帮助以保证老年人拥有稳定、可靠的生活来源的社会保险制度。我国的基本养老保险制度由三部分组成，即职工基本养老保险制度、新型农村社会养老保险制度、城镇居民社会养老保险制度。

（2）社会救助制度

社会救助，是指国家和社会组织对遭受自然灾害、失去劳动能力或者其他低收入公民给予物质帮助或精神救助，以维持其基本生活需求，保障其最低生活水平的各种措施。社会救助包括最低生活保障、特困人员供养、受灾人员救助、医疗救助、住房救助、教育救助、就业救助和临时救助八项社会救助制度。

社会救助的原则：一是社会救助制度坚持托底线、救急难、可持续，与其他社会保障制度相衔接，社会救助水平与经济社会发展水平相适应；二是社会救助工作应当遵循公开、公平、公正、及时的原则。

（3）发挥社会力量

国家鼓励慈善组织以及其他组织和个人为老年人提供物质帮助。一是主体多元化原则。即应充分发挥市场机制的基础性作用，尽快扭转"老年人的钱好骗不好赚"等背离市场发展规律的现象，积极引导和鼓励企业、慈善组织、社会组织以及公民个人等社会力量参与到专门为老年人提供服务的行列中。二是形式多样化原则。既可以为老年人提供捐赠、救助、物质帮助，也可以通过提供其他第三产业服务、设立帮扶项目、创办服务机构、提供志愿服务等方式，为老年人的吃、穿、住、行提供实实在在的便利，在全社会营造尊老、敬老、爱老的社会风气。

社会力量参与社会救助，应按照国家有关规定享受财政补贴、税收优惠、费用减免等政策。

2. 享受社会服务的权利

享受社会服务的权利，主要是指满足老年人在基本生活、日常照顾服务、医疗保健等基本需要的基础上，享受由政府或其他社会组织所提供的各种相关服务的权利。

社会福利的法治目标，应当定位为社会成员多元需要的满足、生活质量的提高以及社会成员幸福感的提升。政府的基本职能，决定了其在社会福利事业的发展中应居于主导地位，并承担主要责任。由政府主导社会福利既是推动社会福利事业健康持续发展的基础，也是充分发动社会力量参与社会福利服务体系建设的前提和保证。政府在社会福利中的职责主要在于制定社会福利的法律法规和发展规划，扩大财政投入，提供基本社会福利，建立健全服务标准，监管社会福利，推动社会福利的发展。

现代意义上的居家养老不同于传统意义上的家庭养老，其主要立足于家庭，以规范且专业的社会服务进家庭为标志，为老年人提供情感交流、精神慰藉和日常照料服务，是绝大多数老年人的意愿和实际选择。

所谓居家养老服务，是指以家庭为基础，在政府主导下，以城乡社区为依托，以社会保障制度为支撑，由政府提供基本公共服务，企业、社会组织提供专业化服务，基层群众性自治组织和志愿者提供公益互助服务，满足居住在家老年人社会化服务需求的养老服务模式。其主要内容包括：（1）为老年人提供社区老年餐桌、定点餐饮、自助型餐饮配送、开放单位食堂等用餐服务；（2）为老年人提供体检、医疗、护理、康复等医疗卫生服务；（3）为失能老年人提供家庭护理服务；（4）为失能、高龄、独居老年人提供紧急救援服务；（5）利用社区托老所等设施为老年人提供日间照料服务；（6）为老年人提供家庭保洁、助浴、辅助出行等家政服务；（7）为独居、高龄老年人提供关怀访视、生活陪伴、心理咨询、不良情绪干预等精神慰藉服务；（8）开展有益于老年人身心健康的文化娱乐、体育活动；（9）对经济困难、失能的老年人，政府应当给予养老服务补贴，提高其生活自理能力和生活质量。

老年人的子女及其他依法负有赡养扶助、扶养义务的人，应当履行对老年人经济上供养、生活上照料和精神上慰藉的义务。需要由社会提供服务的，老年人家庭根据服务项目的性质和数量，承担相应费用。

3. 享受社会优待的权利

尊老敬老是中华民族的传统美德，社会不仅要尊重老年人，更要给老年人提供优待。《老年人权益保障法》第五章"社会优待"对社会优待的具体内容作出了明确的规定。其中第58条规定，提倡与老年人日常生活密切相关的服务行业为老年人提供优先、优惠服务。城市公共交通、公路、铁路、水路和航空客运，应当为老年人提供优待和照顾。

2013年，全国老龄办等24部委发布的《关于进一步加强老年人优待工作的意见》中指出：老年人优待是政府和社会在做好公民社会保障和基本公共服务的基础上，在医、食、住、用、行、娱等方面，积极为老年人提供的各种形式的经济补贴、优先优惠和便利服务。做好老年人优待工作，是增进老年人福祉的重要举措，也是社会文明进步的重要标志。根据《老年人权益保障法》和《中共中央、国务院关于加强老龄工作的决定》的规定，明确优待的基本对象为60周岁以上的老年人。优待项目和范围包括政务服务优待、卫生保健优待、交通出行优待、商业服务优待、文体休闲优待、维权服务优待六类，共38项。

（1）政务服务优待。①各地在落实和完善社会保障制度和公共服务政策时，应对老年人予以适度倾斜。②鼓励地方建立

80周岁以上低收入老年人高龄津贴制度。③政府投资兴办的养老机构，要在保障"三无"老年人、"五保"老年人服务需求的基础上，优先照顾经济困难的孤寡、失能、高龄老年人。④各地对经济困难的老年人要逐步给予养老服务补贴。对生活长期不能自理、经济困难的老年人，要根据其失能程度等情况给予护理补贴。⑤各地在实施廉租住房、公共租赁住房等住房保障制度时，要照顾符合条件的老年人，优先配租配售保障性住房；进行危旧房屋改造时，优先帮助符合条件的老年人进行危房改造。⑥政府有关部门要为老年人及时、便利地领取养老金、结算医疗费和享受其他物质帮助，创造条件，提供便利。鼓励和引导公共服务机构、社会志愿服务组织优先为老年人提供服务。⑦政府有关部门在办理房屋权属关系变更等涉及老年人权益的重大事项时，应依法优先办理，并就办理事项是否为老年人的真实意愿进行询问，有代理人的要严格审查代理资格。⑧免除农村老年人兴办公益事业的筹劳任务。经农村集体经济组织全体成员同意，将未承包的集体所有的部分土地、山林、水面、滩涂等作为养老基地，收益供老年人养老，纳入国家和地方湿地保护体系及其自然保护区的重要湿地除外。⑨政府有关部门要完善老年人社会参与方面的支持政策，充分发挥老年人参与社会发展的积极性和创造性。⑩对有老年人去世的城乡生活困难家庭，减免其基本殡葬服务费用，或者为其提供基本殡葬服务补贴。对有老年人去世的家庭，选择生态安葬方式的，或者在土葬改革区自愿实行火葬的，要给予补贴或奖励。

（2）卫生保健优待。①医疗卫生机构要优先为辖区内65周岁以上常住老年人免费建立健康档案，每年至少提供1次免费体格检查和健康指导，开展健康管理服务。定期对老年人进行健康状况评估，及时发现健康风险因素，促进老年疾病早发现、早诊断、早治疗。积极开展老年疾病防控的知识宣传，开展老年慢性病和老年期精神障碍的预防控制工作。为行动不便的老年人提供上门服务。②鼓励设立老年病医院，加强老年护理院、老年康复医院建设，有条件的二级以上综合医院应设立老年病科。③医疗卫生机构应为老年人就医提供方便和优先优惠服务。通过完善挂号、诊疗系统管理，开设专用窗口或快速通道、提供导医服务等方式，为老年人特别是高龄、重病、失能老年人挂号（退换号）、就诊、转诊、综合诊疗提供便利条件。④鼓励各地医疗机构减免老年人普通门诊挂号费和贫困老年人诊疗费。提倡为老年人义诊。⑤倡导医疗卫生机构与养老机构之间建立业务协作机制，开通预约就诊绿色通道，协同做好老年人慢性病管理和康复护理，加快推进面向养老机构的远程医疗服务试点，为老年人提供便捷、优先、优惠的医疗服务。⑥支持符合条件的养老机构内设医疗机构，申请纳入城镇职工（居民）基本医疗保险和新型农村合作医疗定点范围。

（3）交通出行优待。①城市公共交通、公路、铁路、水路和航空客运，要为老年人提供便利服务。②交通场所和站点应设置老年人优先标志，设立等候专区，根据需要配备升降电梯、无障碍通道、无障碍洗手间等设施。对于无人陪同、行动不便的老年人给予特别关照。③城市公共交通工具应为老年人提供票价优惠，鼓励对65周岁以上老年人实行免费，有条件的地方可逐步覆盖全体老年人。各地可根据实际情况制定具体的优惠办法，对落实老年优待任务的公交企业要给予相应经济补偿。④倡导老年人投保意外伤害保险，保险公司对参保老年人应给予保险费、保险金额等方面的优惠。⑤公共交通工具要设立不低于座席数10%的"老幼病残孕"专座。铁路部门要为列车配备无障碍车厢和座位，对有特殊需要的老年人订票和选座位提供便利服务。⑥严格执行《无障碍环境建设条例》《社区老年人日间照料中心建设标准》《养老设施建筑设计规范》等建设标准，重点做好居住区、城市道路、商业网点、文化体育场馆、旅游景点等场所的无障碍环境建设，优先推进坡道、电梯等与老年人日常生活密切相关的公共设施改造，适当配备老年人出行辅助器具，为老年人提供安全、便利、舒适的生活和出行环境。⑦公厕应配备便于老年人使用的无障碍设施，并对老年人实行免费。

（4）商业服务优待。①各地要根据老年人口规模和消费需求，合理布局商业网点，有条件的商场、超市设立老年用品专柜。②商业饮食服务网点、日常生活用品经销单位，以及水、电、暖气、燃气、通信、电信、邮政等服务行业和网点，要为老年人提供优先、便利和优惠服务。③金融机构应为老年人办理业务提供便捷服务，设置老年人取款优先窗口，并提供导银服务，对有特殊困难、行动不便的老年人提供特需服务或上门服务。鼓励对养老金客户实施减费让利，对异地领取养老金的客户减免手续费。对办理转账、汇款业务或购买金融产品的老年人，应提示相应风险。

（5）文体休闲优待。①各级各类博物馆、美术馆、科技馆、纪念馆、公共图书馆、文化馆等公共文化服务设施，向老年人免费开放。减免老年人参观文物建筑及遗址类博物馆的门票。②公共文化体育部门应对老年人优惠开放，免费为老年人提供影视放映、文艺演出、体育赛事、图片展览、科技宣传等公益性流动文化体育服务。关注农村老年人文化体育需求，适当安排面向农村老年人的专题专场公益性文化体育服务。③公共文化体育场所应为老年人健身活动提供方便和优惠服务，安排一定时段向老年人减免费用开放，有条件的可适当增加面向老年人的特色文化体育服务项目。提倡体育机构每年为老年人进行体质测定，为老年人体育健身提供咨询、服务和指导，提高老年人的科学健身水平。④提倡经营性文化体育单位对老年人提供优待。鼓励影剧院、体育场馆为老年人提供优惠票价，为老年文艺体育团体优惠提供场地。⑤公园、旅游景点应对老年人实行门票减免，鼓励景区内的观光车、缆车等代步工具对老年人给予优惠。⑥老年活动场所、老年教育资源要对城乡老年人公平开放，公共教育资源应为老年人学习提供指导和帮助。贫困老年人进入老年大学（学校）学习的，给予学费减免。

（6）维权服务优待。①各级人民法院对侵犯老年人合法权益的案件，要依法及时立案受理、及时审判和执行。②司法机关应开通电话和网络服务、上门服务等形式，为高龄、失能等行动不便的老年人报案、参与诉讼等提供便利。③老年人因其合法权益受到侵害提起诉讼，需要律师帮助但无力支付律师费用的，可依法获得法律援助。对老年人提出的法律援助申请，要简化程序，优先受理、优先审查和指派。各地可根据经济社会发展水平，适度放宽老年人经济困难标准，将更多与老年人权益保护密切相关的事项纳入法律援助补充事项范围，扩大老年人法律援助覆盖面。④要健全完善老年人法律援助体系，不断拓展老年人申请法律援助的渠道，科学设置基层法律援助站点，简化程序和手续，为老年人就近申请和获得法律援助提供便利条件。⑤老年人因追索赡养费、扶养费、养老金、退休金、抚恤金、医疗费、劳动报酬、人身伤害事故赔偿金等提起诉讼，缴纳诉讼费确有困难的，可以申请司法救助，缓交、减交或者免交诉讼费。因情况紧急需要先予执行的，可依法裁定先予执行。⑥鼓励律师事务所、公证处、司法鉴定机构、基层法律服务所等法律服务机构，为经济困难的老年人提供免费或优惠服务。

4. 参与社会发展和共享发展成果的权利

参与社会发展，是指老年人发挥自己的才智和特长，力所能及地为社会进步作出新的贡献。我国 GDP 已经位居世界前列，财政收入也呈现连年快速增长的态势。这些发展成果为实施基本公共服务均等共享提供了物质条件。当前，国家以解决人民群众最关心、最直接、最现实的利益问题为重点，把更多的财政资金投向了公共服务领域，以发展社会事业和解决民生问题为重点，优化公共资源配置，注重向农村、基层、欠发达地区倾斜，向老年人、残疾人等弱势群体倾斜，逐步形成惠及全民的基本公共服务体系，逐步实现基本公共服务均等，使全体公民在基本公共服务方面的权利得到实现和维护；努力促进区域之间、城乡之间、经济社会之间协调发展，使不同社会阶层均衡受益，由此确保全体人民公平分享经济社会的发展成果，有效解决我国转型期出现的各种社会问题。

（1）国家鼓励老年人从事社会活动

根据《老年人权益保障法》的规定，国家鼓励老年人在自愿和量力的情况下，从事下列活动：①对青少年和儿童进行社会主义、爱国主义、集体主义和艰苦奋斗等优良传统教育；②传授文化和科技知识；③提供咨询服务；④依法参与科技开发和应用；⑤依法从事经营和生产活动；⑥参加志愿服务、兴办社会公益事业；⑦参与维护社会治安、协助调解民间纠纷；⑧参加其他社会活动。

（2）积极应对老龄化

"积极老龄化"的概念最早由世界卫生组织于1996年作为工作目标提出，2002年由联合国第二届世界老龄大会讨论修订并写进《政治宣言》，正式成为应对 21 世纪人口老龄化的政策框架。该理念认为：老年人有巨大的潜力。"积极老龄化"的提出，标志着"老年人是资源"的观点获得了国际社会的认同。[①]

积极老龄化就是要以积极的态度、积极的政策、积极的行动应对人口老龄化，让全社会积极接纳老年人，形成良好氛围；各方面应积极做好老龄工作，促进老年人的保障、健康、参与、发展；老年人应积极面对老年生活，保持身心健康，积极参与社会发展，提高生活品质；青壮年也要积极为未来养老做好物质和精神准备。积极老龄化包括三个方面的基本支柱，即保障、健康、参与。

树立"积极老龄观"，就要做到"三个积极看待"。一要积极看待老年人。老年人曾为国家建设作出过重要贡献，在经验、知识、技能方面具有其独特优势，是经济社会发展可以依靠的重要力量。全社会都要尊重和接纳老年人，形成敬老、爱老、助老的良好氛围，同时要重视继续发挥老年人的作用。二要积极看待老年生活。老年期是人生发展的重要阶段，人人都要积极面对老年生活，老有所学、老有所为、老有所乐，保持身心健康，实现终身发展。三要积极看待人口老龄化。我国人口老龄化是经济社会发展进步的产物。我们既要看到人口老龄化带来的不利影响和各种挑战，又要看到应对人口老龄化的有利条件和发展机遇；既

[①] 《权威解读〈关于培育和践行社会主义核心价值观 加强老龄宣传教育工作的通知〉》，载江苏省老龄事业发展基金会老年康复专业委员会网，http://www.lnkf.org.cn/news_show.aspx?id=209，最后访问时间：2024 年 5 月 28 日。

要发挥老年人的作用，又要努力满足广大老年人不断增长的物质文化精神需求，实现经济社会的持续稳定、繁荣发展。积极老龄观是积极老龄化的内核，体现了积极老龄化的根本性质和基本特征，反映了积极老龄化的丰富内涵和实践要求，是对积极老龄化的高度凝练和集中表达。

《关于进一步加强老年人优待工作的意见》要求，政府有关部门要完善老年人社会参与方面的支持政策，充分发挥老年人参与社会发展的积极性和创造性。实施积极应对人口老龄化国家战略已经确定。习近平总书记在中共中央政治局第32次集体学习时强调，坚持党委领导、政府主导、社会参与、全民行动相结合……推动老龄事业全面协调可持续发展。①

5. 其他的一些具体权利

老年人享有的其他一些具体权利，例如，公民政治权利；婚姻自由的权利；对个人的财产，依法享有占有、使用、收益和处分的权利；有依法继承父母、配偶、子女或者其他亲属遗产的权利；有接受赠与的权利；等等。

同时，法律规定禁止歧视、侮辱、虐待或者遗弃老年人。保障老年人的合法权益是全社会的共同责任。

近年来，老龄法学者对于老年人的劳动权、体育权（以广场

---

① 《中共中央政治局就我国人口老龄化的形势和对策举行第三十二次集体学习》，载中国政府网，https://www.gov.cn/xinwen/2016-05/28/content_5077706.htm，最后访问时间：2024年6月7日。

舞为背景）、同居权（搭伴养老），以及新权利（如过世后信息封存权）等研究成果丰富，促进了对老年人权利更加全面保护的研究。

二、老年人的维权途径

因为对维权渠道不够熟悉，老年人在生活中受到权益侵害，事后主动维权的可能性很小，能够主动维权的老年人维权能力也较弱。

《老年人权益保障法》第73条规定，老年人合法权益受到侵害的，被侵害人或者其代理人有权要求有关部门处理，或者依法向人民法院提起诉讼。人民法院和有关部门，对侵犯老年人合法权益的申诉、控告和检举，应当依法及时受理，不得推诿、拖延。

1. 政府服务热线

12345，即"非紧急救助服务系统"，有的地方也称"市长热线""市政府便民电话"，是用来帮助诉求人解决生活、生产中所遇到的困难和问题，是地方政府关注民生、倾听民意的平台。

各级老龄工作委员会办公室或老龄协会为了更好地为老年人提供服务，基本上都开通了老年人维权热线，主要受理内容包括法律咨询、老年证办理、老年优待政策落实等咨询类问题。大多数城市的老年人维权热线也与12345建立联动机制，实现一号受理，为老年人服务的水平和效率不断得到提升提供了条件。

2. 向消费者协会、旅游投诉受理机构投诉或者申请调解

消费者协会和其他消费者组织，是依法成立的对商品和服务进行社会监督的保护消费者合法权益的社会组织。中国消费者协会的宗旨是：依据国家有关法律法规，对商品和服务进行社会监督，保护消费者的合法权益，引导消费者合理、科学地消费，促进社会主义市场经济健康发展。若老年人在消费活动中自身权益受到侵犯，则可以直接拨打12315热线进行投诉。

食品药品投诉也可以拨打12315。除拨打电话外，单位、个人还可通过信件、互联网、传真、走访、手机短信等方式，向监管部门反映药品、医疗器械、保健食品、化妆品在研制、生产、流通、使用环节中存在的违法行为以及餐饮服务环节有关食品安全的违法行为。根据《市场监督管理投诉举报处理暂行办法》第4条规定，国家市场监督管理总局主管全国投诉举报处理工作，指导地方市场监督管理部门投诉举报处理工作。县级以上地方市场监督管理部门负责本行政区域内的投诉举报处理工作。第36条规定，市场监督管理部门应当畅通全国12315平台、12315专用电话等投诉举报接收渠道，实行统一的投诉举报数据标准和用户规则，实现全国投诉举报信息一体化。第37条第1款规定，县级以上地方市场监督管理部门统一接收投诉举报的工作机构，应当及时将投诉举报分送有处理权限的下级市场监督管理部门或者同级市场监督管理部门相关机构处理。

旅游投诉，是指旅游者认为旅游经营者损害其合法权益，

请求旅游行政管理部门、旅游质量监督管理机构或者旅游执法机构，对双方发生的民事争议进行处理的行为，需要时可拨打12345政务服务便民热线。

地方各级旅游行政主管部门应当在本级人民政府的领导下，建立健全相关行政管理部门共同处理旅游投诉的工作机制。旅游投诉处理机构应当在其职责范围内处理旅游投诉。

旅游投诉处理机构在处理旅游投诉中，发现被投诉人或者其从业人员有违法或犯罪行为的，应当按照法律、法规和规章的规定，作出行政处罚，向有关行政管理部门提出行政处罚建议或者移送司法机关。

3. 提请仲裁

如果老年人购买商品、服务签署了书面合同，有仲裁条款或者达成了仲裁协议的，可以据此提请仲裁机构进行仲裁。仲裁是当事人双方自愿将其争议提交由非司法机构的仲裁员组成的仲裁庭进行裁判，并受该裁判约束的一种制度。仲裁活动和法院的审判活动一样，关乎当事人的实体权益，是解决民事争议的方式之一。

4. 向人民法院提起诉讼

出现侵权纠纷时一般是协商解决，当事人也可以向人民法院提起诉讼。对公民提起的民事诉讼，由被告住所地人民法院管辖；被告住所地与经常居住地不一致的，由经常居住地人民法院管辖；因合同纠纷提起的诉讼，由被告住所地或者合同履行地人民法院管辖。

5. 向公安机关报案

如果侵权行为影响了社会治安或者依据《刑法》规定应当受到刑罚制裁的，则可通过拨打110报警电话向公安机关报案或者提出控告。本书前三章中所涉案件，都属于应当向公安机关举报的案件。

民事案件一般遵循"不告不理"原则，即当事人不主动向国家司法机关请求的，国家司法机关一般不得介入干预当事人之间的纠纷。而刑事案件一般都由国家刑事司法机关主动介入，受害人或者群众报案、举报后，公安机关即会介入侦查，然后由检察院代表国家对被告人提起公诉，由法院进行公正的审判从而达到制裁犯罪人和保护人民的刑法目的。

第二节　律师的作用和如何聘请律师

律师，是指通过国家统一法律职业资格考试并依法取得律师执业证书，接受委托或者指定，为当事人提供法律服务的执业人员。按照工作性质划分，律师可分为专职律师与兼职律师；按照服务对象和工作身份划分，律师可分为社会律师、军队律师、公司律师和公职律师。

一、律师的作用

依照《律师法》第 2 条第 2 款的规定，律师应当维护当事人合法权益，维护法律正确实施，维护社会公平和正义。

（一）律师的业务范围

1. 担任法律顾问

律师可以接受自然人、法人或者其他组织的委托，担任法律顾问。担任法律顾问是我国律师的主要业务之一。

法律顾问，是指解答法律询问，提供法律帮助的专门人员。例如，受当事人聘请，为当事人处理有关法律事务；或接受非诉讼事件当事人的委托，提供法律帮助。其责任是为聘请单位或个人就业务上的法律问题提供意见，草拟、审查法律事务文书，代理参加诉讼、调解或者仲裁活动，维护聘请单位或个人的合法权益。

侧重于为老年人提供法律顾问服务的律师，通常称为家庭律师或者私人律师，可以受委托承担持续性代理的法律服务。

2. 担任村（居）法律顾问

担任村（居）法律顾问的律师，目前主要是指政府购买法律服务的"一村一居（社区）一法律顾问"律师。

在村居（社区），生活中大大小小的事情涉及的法律问题复杂多样，如果单纯依靠政府职能部门的普法以及法律援助等法律服务工作，根本无法为每一个基层村（居）提供个性化以及精细化的法律服务。所以，国家要求依托网格化管理体系，推动法律服务下沉基层，落实"一村一居（社区）一律师"工作模式，实现矛盾纠纷化解在基层，不断推进我国基层法治化建设。村（居）法律顾问不同于常年法律顾问。村（居）法律顾问律师是新时代全民普法的生力军，该律师能主动介入邻里纠纷，定分止争，促进睦邻和谐。

我国各地政府还应当参照村（居）法律顾问模式设立养老机构的法律顾问。[①]老年人群的身体状况需要调理，有些虽为社会弱势群体，但积累的财富也需要传承，因此，老年人需要的是医养结合和律师服务。养老机构，是指为老年人提供饮食起居、清洁卫生、生活护理、健康管理和文体娱乐活动等综合性服务的机构。在养老机构，老年人相对集中，针对老年人的法律服务也需要具有很强的专业性。应当参照政府为村民、居民购买公共法律服务的模式，为每一家具有一定床位规模的养老机构配备一名养老机构法律顾问，为老年人的权益保护提供专业服务。

养老机构法律顾问有别于养老机构聘请的常年法律顾问。前者是由政府购买的公益法律服务，而后者则是由养老机构聘请律师担任的有偿法律服务；前者首先服务住养老人，助力养老机构

[①] 养老机构法律顾问制度，是北京老龄法律研究会提出的一种针对老年人的新法律服务制度构想，由政府向律师事务所购买服务，担任顾问的律师为养老机构依法管理、为老年人个人财富传承等提供法律咨询，律师事务所为老年人遗嘱见证、监护见证只收取成本费。

的规范化管理，调解住养老人及亲属与养老机构间的纠纷，而后者只是负责依法维护养老机构的合法权益。

3. 担任民事、行政案件代理人

律师可以接受民事案件、行政案件当事人的委托，担任当事人的代理人，参加诉讼。民事诉讼代理人在一定权限内代替或协助当事人进行民事、行政诉讼。被代替或被协助的当事人称为被代理人。"一定权限"又称为诉讼代理权限，即诉讼代理人为诉讼行为和接受对方当事人诉讼行为的权利范围。民事、行政诉讼一般由当事人亲自进行，但在当事人不能亲自到场或难以进行诉讼时，就需要有人代替或帮助其诉讼。

4. 担任辩护人、刑事诉讼代理人

律师可以接受刑事案件犯罪嫌疑人、被告人的委托或者依法接受法律援助机构的指派，担任辩护人，接受自诉案件自诉人、公诉案件被害人或者其近亲属、附带民事诉讼的当事人及其法定代理人的委托，担任代理人，参加诉讼。

辩护人是指接受被追诉一方委托或者受人民法院指定，帮助犯罪嫌疑人、被告人行使辩护权以维护其合法权益的人。辩护人具有独立的诉讼地位，他既不从属于犯罪嫌疑人、被告人，也不从属于人民检察院和人民法院。辩护人的责任是根据事实和法律，提出证明犯罪嫌疑人、被告人无罪、罪轻或者可以减轻、免除其刑事责任的材料和意见，维护犯罪嫌疑人、被

告人的合法权益。

刑事诉讼代理，是指律师接受公诉案件的被害人及其法定代理人或近亲属、自诉案件的自诉人及其法定代理人以及附带民事诉讼的当事人及其法定代理人的委托，以被代理人的名义参加诉讼，进行活动，由被代理人承担代理行为法律后果的一项法律制度。

5. 代理申诉、仲裁

律师可以接受委托，代理各类诉讼案件的申诉，参加调解、仲裁活动。

律师代理申诉，是指律师在代理诉讼案件的过程中，对人民法院已经生效的民事、行政、刑事判决、裁定，认为其认定事实的主要证据不足，或适用法律确有错误，或违反法定程序，影响案件正确裁判的，经当事人授权，律师可以代理向人民法院或检察机关提出申诉。

仲裁代理，是指在一定权限范围内，律师以仲裁当事人的名义，为当事人的利益参加仲裁活动。仲裁代理的种类有：（1）法定仲裁代理。由法律规定行使仲裁代理权的人，其代理权是基于亲权或监护权而产生。（2）指定仲裁代理，是指被仲裁机关指定代理当事人进行仲裁活动，其代理权是基于仲裁机关的委托而产生。（3）委托仲裁代理，是指根据被代理人的委托授权而代为进行仲裁活动。委托代理人参加仲裁必须向仲裁机关提交由委托人签名或者盖章的授权委托书，授权委托书必须证明委托事项和权限。由委托代理人代被代理人承认、变更请求、提起反诉，必须有被代理人的特别授权。

6. 非诉讼法律服务

律师可以接受委托，提供非诉讼法律服务：解答有关法律的询问、代写诉讼文书和有关法律事务的其他文书。

非诉讼法律事务，从广义上来讲，是针对诉讼法律事务而言的，是诉讼法律事务的对称，而在此应作狭义解读，是指法律顾问、诉讼、仲裁以外的法律事务。

（二）聘请律师的意义

新时代全面推进依法治国的总目标，是为建设中国特色社会主义法治体系、建设社会主义法治国家。法治化必然会导致国家法律体系的纷繁复杂，法律事务的处理已经成为一项理论性、技术性要求都非常强的专业活动，客观上要求法律事务需要由法律专业人士来处理。律师正是这种社会分工和社会需求的产物。

老龄法律服务专业律师，是应对老龄法律不可或缺的重要力量。因为"法律规定的不完善与缺位，是应对老龄化的短板。律师的作用之一就是专业'造法'，在法律制度不健全的领域，或者一时规范不能的方面，律师可以在法不禁止的空间内通过建立有效合同关系来弥补法律规定的不足或者不能"[1]。法不禁止且

---

[1] 陈洪忠：《律所的转型与突围——如何打造老龄法律专业律师团队》，载陈洪忠、王冬梅：《全国老龄法律论坛 2016 年卷》，法律出版社 2017 年版，第 215 页。

不违背公序良俗皆可为，有效合同即合同当事人之间必须遵守的法律文件。

实践证明，由具备一定法律知识和工作经验的律师来处理法律事务，既可以防范法律纠纷，也可以更好地解决法律纠纷，最大限度地避免或降低经济损失，有效地保障公民、法人的合法权益。

在诉讼或仲裁程序中，最好聘请律师作为代理人，至少也应当向律师进行一些咨询。

首先，律师通晓法律，能够指点迷津，较快而准确地指出已经存在的和可能面临的法律问题，并且给出相应的对策。

其次，律师熟悉诉讼、仲裁中的程序性事务，从而使诉讼、仲裁工作的效率大大提高。

最后，律师作为诉讼代理人，在调查取证、查阅案卷以及参加诉讼活动时比普通公民代理更为方便，有利于案件审理的进行。

在从事一般的人身权、财产权等民事活动中，如权利的取得、转让、交易、许可使用，合同的订立、履行，商务谈判等，聘请律师是为了防范法律纠纷：一方面，可以尽可能地避免、减少纠纷；另一方面，可以确保在纠纷发生时自己处于最有利的法律地位。

二、如何聘请律师

老年人如何找律师为自己提供法律帮助呢？一般分为聘请律师、申请法律援助和向村（居）法律顾问咨询三种主要渠道。

1. 聘请律师

到律师事务所聘请律师提供法律服务，这是最正统、最通常、最有效的维权途径。

律师必须在一家律师事务所执业，大多数律师事务所的律师都有专业分工，且都有自己的业务专长。这就像是医院分科室，医院规模越大，科室也就越多，医生分工越细也就越专业。

一般律师事务所都是自负盈亏，客户应当按照律师事务所的收费标准交纳服务费。律师费会因律师事务所的不同和具体承办律师的不同而有区别，有的差距还是比较大的，所以在聘请律师时可以多选择几家律师事务所进行比较后再行确定。

确定律师费时，首先，要考虑当地律师费的平均水平。其次，要考虑律师本人和所在律师事务所的实际情况。一般来说，处理法律事务所需时长，律师本人的资历、学历、工作业绩，律师事务所的规模、影响力、可提供的保障条件、支持等，都是影响律师费的重要因素。另外，客户还需支付律师在办案中的合理支出，如鉴定费、公证费、差旅费等。

收费方法主要有三种：计件收费，主要针对法律咨询、代写文书等事务；按标的比例收费，主要针对涉及财产关系的法律事务；计时收费，主要针对代理诉讼、仲裁等案件。

确定律师以后，要与律师事务所签订律师服务合同，根据律师服务合同的约定向律师事务所支付律师费，并由律师事务所出具税务发票。

2. 申请法律援助

法律援助，是国家建立的为经济困难公民和符合法定条件的其他当事人无偿提供法律咨询、代理、刑事辩护等法律服务的制度，是公共法律服务体系的组成部分。法律援助工作应坚持中国共产党领导，坚持以人民为中心，尊重和保障人权，遵循公开、公平、公正的原则，实行国家保障与社会参与相结合。县级以上人民政府应当将法律援助工作纳入国民经济和社会发展规划、基本公共服务体系，保障法律援助事业与经济社会协调发展。

第一，根据《法律援助法》第31条的规定，下列事项的当事人，因经济困难没有委托代理人的，可以向法律援助机构申请法律援助：

（1）依法请求国家赔偿；

（2）请求给予社会保险待遇或者社会救助；

（3）请求发给抚恤金；

（4）请求给付赡养费、抚养费、扶养费；

（5）请求确认劳动关系或者支付劳动报酬；

（6）请求认定公民无民事行为能力或者限制民事行为能力；

（7）请求工伤事故、交通事故、食品药品安全事故、医疗事故人身损害赔偿；

（8）请求环境污染、生态破坏损害赔偿；

（9）法律、法规、规章规定的其他情形。

根据《法律援助法》第32条的规定，有下列情形之一，当事人申请法律援助的，不受经济困难条件的限制：

（1）英雄烈士近亲属为维护英雄烈士的人格权益；

（2）因见义勇为行为主张相关民事权益；

（3）再审改判无罪请求国家赔偿；

（4）遭受虐待、遗弃或者家庭暴力的受害人主张相关权益；

（5）法律、法规、规章规定的其他情形。

根据《法律援助法》第33条的规定，当事人不服司法机关生效裁判或者决定提出申诉或者申请再审，人民法院决定、裁定再审或者人民检察院提出抗诉，因经济困难没有委托辩护人或者诉讼代理人的，本人及其近亲属可以向法律援助机构申请法律援助。

第二，根据《法律援助法》第25条的规定，刑事案件的犯罪嫌疑人、被告人属于下列人员之一，没有委托辩护人的，人民法院、人民检察院、公安机关应当通知法律援助机构指派律师担任辩护人：

（1）未成年人；

（2）视力、听力、言语残疾人；

（3）不能完全辨认自己行为的成年人；

（4）可能被判处无期徒刑、死刑的人；

（5）申请法律援助的死刑复核案件被告人；

（6）缺席审判案件的被告人；

（7）法律法规规定的其他人员。

其他适用普通程序审理的刑事案件，被告人没有委托辩护人的，人民法院可以通知法律援助机构指派律师担任辩护人。

第三，根据《法律援助法》第26条的规定，对可能被判处无期徒刑、死刑的人，以及死刑复核案件的被告人，法律援助机构收到人民法院、人民检察院、公安机关通知后，应当指派具有3年以上相关执业经历的律师担任辩护人。

第四，对老年人的法律援助各地规定不尽相同。

国家规定，老年人因其合法权益受到侵害而提起诉讼，需要律师帮助但无力支付律师费用的，可依法获得法律援助。对老年人提出的法律援助申请，要简化程序，优先受理、优先审查和指派。各地可根据当地的经济社会发展水平，适度放宽老年人经济困难标准，将更多的与老年人权益保护密切相关的事项纳入法律援助补充事项范围，扩大老年人法律援助覆盖面。

根据《法律援助法》第42条第1项的规定，无固定生活来源的老年人申请法律援助的，免予核查经济困难状况。

有的地方规定，凡是对行动不便的老年人通过电话、网上申请援助的，法律援助中心将提供"上门式、预约式、一站式"服务，指派律师进行上门服务，代理老年人诉讼。

天津市《关于制定和实施老年人照顾服务项目的实施方案》规定，将老年人合法权益受到侵害的案件纳入法律援助范围，对 70 周岁（含）以上和患有重大疾病的老年人申请法律援助的，免予经济困难审查。开辟老年人法律援助"绿色通道"，对老年人申请法律援助实行优先受理、优先审查、优先指派，并快速办理。

第五，根据《法律援助法》第 22 条的规定，法律援助机构可以组织法律援助人员依法提供下列形式的法律援助服务：

（1）法律咨询；

（2）代拟法律文书；

（3）刑事辩护与代理；

（4）民事案件、行政案件、国家赔偿案件的诉讼代理及非诉讼代理；

（5）值班律师法律帮助；

（6）劳动争议调解与仲裁代理；

（7）法律、法规、规章规定的其他形式。

法律援助是为经济困难或因案件特殊而未聘请律师的人无偿提供法律服务帮助，由国家向有意公益付出的律师事务所购买的律师服务。法律援助人员应当依法履行职责，及时为受援人提供符合标准的法律援助服务，维护受援人的合法权益。法律援助人员应当恪守职业道德和执业纪律，不得向受援人收取任何财物。法律援助机构、法律援助人员对提供法律援助过程中知悉的国家秘密、商业秘密和个人隐私应当予以保密。

3. 村（居）法律顾问

2018年，我国全力推进公共法律服务平台建设，公共法律服务中心、村（居）法律顾问基本实现全覆盖。[①] 老年人可以通过村委会、居委会（社区）加入本村（居）法律顾问微信群，有法律上的问题可以通过线上进行咨询。

4. 中国法律服务网（12348中国法网）

目前，我国已经逐渐完善12348中国法网。老年人足不出户，通过网络就能享受到便捷高效的法律服务，可以就相关问题进行提问、咨询、查询，由专人予以解答，可以通过12348中国法网了解律师的服务"产品"，了解律师的基本情况，为线下聘请律师提供客观帮助。

我国正在大力推进法网的四级平台建设，在区县和乡镇两级建设公共法律服务中心，逐渐把法律援助、法律服务、法治宣传、人民调解等职能都放在这个中心平台内，建立窗口化的服务平台，为老年人提供窗口化的服务。

---

① 《我国全力推进公共法律服务平台建设 法律顾问基本实现全覆盖》，载重庆长安网，https://www.pacq.gov.cn/archives/84705.html，最后访问时间：2024年6月7日。

第三节　社会组织在老年人维权中的作用

> 社会组织，是人们为了有效地达到特定目标，按照一定的宗旨、制度、系统建立起来的共同活动集体，包括政党、政府、企业、公司、学校、医院等。根据《民法典》的规定，社会组织包括法人组织和非法人组织，法人组织包括营利法人、非营利法人和特别法人。

法人是具有民事权利能力和民事行为能力，依法独立享有民事权利和承担民事义务的组织。以取得利润并分配给股东等出资人为目的成立的法人，为营利法人；为公益目的或者其他非营利目的成立，不向出资人、设立人或者会员分配所取得利润的法人，为非营利法人。机关法人、农村集体经济组织法人、城镇农村的合作经济组织法人、基层群众性自治组织法人，为特别法人。非法人组织是不具有法人资格，但是能够依法以自己的名义从事民事活动的组织。

非营利法人，包括捐助法人（基金会、社会服务机构、宗教活动场所）、社会团体法人、事业单位法人等；特别法人包括基层群众性自治组织、农村集体经济组织、机关法人等；非法人组织包括个人独资企业、合伙企业、律师事务所等不具有法人资格的专业服务机构。

社会团体，是指由公民或企事业单位自愿组成，为实现会员共同意愿，按照其章程开展活动的社会组织，包括行业性社团、学术性社团、专业性社团和联合性社团；基金会，是指利用捐赠财产从事公益事业的社会组织，包括公募基金会和非公募基金会；社会服务机构，是指自然人、法人或者其他组织为了提供社会服务，主要利用非国有资产设立的非营利法人。

一、助老社会组织概况

根据《老年人权益保障法》第7条第1款至第3款的规定，保障老年人合法权益是全社会的共同责任；国家机关、社会团体、企业事业单位和其他组织应当按照各自职责，做好老年人权益保障工作；基层群众性自治组织和依法设立的老年人组织应当反映老年人的要求，维护老年人合法权益，为老年人服务。

助老社会组织，是指依法设立的以服务老年人为主要内容，以满足老年人需求为主要活动目的，或以老年人为参与主体的，非政府性的社会组织，如老年学协会、老年大学协会、老年医学会、老年保健协会、老龄基金会、老龄法学会、老年人体育协会、老龄产业协会、阿尔茨海默病防治协会、老科技工作者协会、老教授协会等。

社会组织在经济、社会、环境及文化等多个领域均扮演着重要角色。党的十八大对如何转变政府职能、发挥社会组织在社会管理和公共服务中的作用指明了方向。[①]越来越多的地方政府通过购买社会组织服务，让辖区内老年人的生活更加丰富多彩。

1. 基层群众性自治组织

基层群众性自治组织，是我国在城市和农村按居民的居住地区建立起来的居民委员会或者村民委员会，是城市居民或农村村民自我管理、自我教育、自我服务的组织。

民政部等部门联合发布的《关于加强农村留守老年人关爱服务工作的意见》要求，发挥村民委员会在农村留守老年人关爱服务中的权益保障作用。村民委员会要在县乡两级政府的统筹协调和组织引导下，加强对留守老年人的关爱服务工作。协助做好辖区内留守老年人的基本信息摸查；以电话问候、上门访问等方式，定期探访留守老年人，及时了解其生活情况，将存在安全风险和生活困难的留守老年人作为重点帮扶对象，村民委员会要及时通知并督促其子女和其他家庭成员予以照顾，同时报告乡镇人民政府。将关爱服务纳入村规民约，推动形成孝敬父母、尊重老人、互帮互助、邻里相亲的良好乡村社会风尚。鼓励乡贤人士、社会爱心企业和个人资助开展留守老年人的关爱服务。

[①] 唐铁汉：《以党的十八大精神为指导进一步加快政府职能转变步伐》，载人民网，http://politics.people.com.cn/n/2013/0128/c1001-20346291.html，最后访问时间：2024年6月7日。

2. 依法设立的老年人组织

社区老年协会，是社区老年人互助组织，其宗旨是维护老年人的合法权益，提高老年人的社会福利水平。社区老年协会接受村委会、居委会领导，其活动场所与经费由村委会、居委会或自己解决。由于社区老年协会获得社会资源的渠道较多，开展的老人互助与社会公益活动也较多，因而在许多地区，社区老年协会成为最富有活力的民间草根组织。

从近年来的情况看，仍有一些地方对基层老年协会的重视程度不高，经费投入相对较少；有的基层老年协会能力水平偏低，工作活动形式化；有的基层老年协会功能发挥"空壳化"；还有的老年协会运行被"边缘化"；等等，存在的问题不容忽视。

3. 依法成立的社会团体

以北京老龄法律研究会为例，它是北京市法学会所属的法学专门研究机构，是在北京市民政局登记注册的独立社团法人单位，是学术性群众团体。研究会是以老龄法为研究对象的社会组织，倡导"法护老人权益，保驾老龄产业"，以"研究老龄法律、繁荣老龄法学、培养专业律师，积极应对老龄化"为办会宗旨。该研究会得到了北京各法学院校专家学者的大力支持，并与社会上信誉良好的多家律师事务所形成了良好的合作关系，获得了诸多社会组织、养老机构和老龄产业界的充分肯定。该研究会还吸收了北京大学、中国政法大学、西南政法大学、辽宁大学、辽宁师范大学、华东政法大学、西南交通大学、河南科技大学、长春理工大学、厦门大学、西北政法大学、曲阜师范大学、山东师范大学、首都经济贸易大学、中央财经大学、北方工业大学等多家院校100余名老龄法学专家学者为特约研究员，合作开展了多项研究。北京老龄法律研究会承接各种应对老龄化的法律问题研究课题，为各级政府、老龄产业、老年人提供专业的咨询顾问服务，培训老龄业的管理人才，开展国际交流等日常活动。该研究会设有"法律应对老龄化专家智库""助孝信托法律服务""长照法律服务""慈善信托""涉外遗产管理""财富传承""老年人防骗维权""老年人犯罪预防""遗嘱见证""军休干部法律服务"等研究中心，每年举办一届全国老龄法律论坛，定期出版专业书刊，开展老龄法治的普法宣传等工作。2021年，"法律养老"和"助孝信托法律服务"都获批成为北京市政府财政支持项目。

二、助老社会组织的作用

社会组织是我国社会养老服务体系的重要依托。国家发展城乡社区养老服务，鼓励、扶持专业服务机构及其他组织和个人，为居家的老年人提供生活照料、紧急救援、医疗护理、精神慰藉、心理咨询等多种形式的服务。

1. 监督赡养协议的履行

根据《老年人权益保障法》第 20 条的规定，经老年人同意，赡养人之间可以就履行赡养义务签订协议。赡养协议的内容不得违反法律的规定和老年人的意愿。基层群众性自治组织、老年人组织或者赡养人所在单位负责监督协议的履行。

赡养人、扶养人不履行赡养、扶养义务的，基层群众性自治组织、老年人组织或者赡养人、扶养人所在单位应当督促其履行。

2. 承担遗赠扶养协议义务

根据《老年人权益保障法》第36条的规定，老年人可以与集体经济组织、基层群众性自治组织、养老机构等组织或者个人签订遗赠扶养协议或者其他扶助协议。负有扶养义务的组织或者个人按照遗赠扶养协议，承担该老年人生养死葬的义务，享有受遗赠的权利。

3. 承担居家养老服务

根据《老年人权益保障法》第38条第1款的规定，地方各级人民政府和有关部门、基层群众性自治组织，应当将养老服务设施纳入城乡社区配套设施建设规划，建立适应老年人需要的生活服务、文化体育活动、日间照料、疾病护理与康复等服务设施和网点，就近为老年人提供服务。

后　记

综观本书案例，老年人频频上当受骗已经成为一个不容忽视的社会现象。除要严厉打击相关诈骗犯罪活动，依法严惩不法分子，不断提高老年人识骗、防骗的能力以外，治标更要治本，还要加强立法引导与规范，为老年人创造一个良好的社会环境。

一、提倡积极养老，推动老年人劳动权的立法保护

国家统计局发布数据显示，2023年末，16—59岁的劳动年龄人口86481万人，占全国人口的比重为61.3%；60岁及以上人口29697万人，占全国人口的21.1%，其中65岁及以上人口21676万人，占全国人口的15.4%。[①] 中国已成为世界上老龄人口规模最大的国家，并呈现出高度老龄化的发展态势。

"人活七十古来稀"的年代相去不远，在传统文化中，老年群体身体机能衰弱、反应迟钝，是一副依附性的形象，老年人是

[①] 《中国60岁及以上人口超2.9亿人》，载光明网，https://m.gmw.cn/2024-01/17/content_1303633858.htm，最后访问时间：2024年5月25日。

养老服务被动的接受者，即"待养群体"，我们称为消极的养老模式。

随着"长寿时代"的到来，大部分60多岁的人都明确反对用"养老"来形容自己。他们有的去周游世界，有的希望学习新知识，有的希望继续工作，甚至有的希望再创业。在自由职业领域，80多岁仍在执业的律师不在少数，94岁的叶传岵律师仍能挤地铁出行，还能全国各地出差办案。积极老龄化，是指人到老年时为了提高生活质量，使健康、参与和保障的机会尽可能获得最佳的过程。积极老龄化行动包含三个主要的方向，即健康、参与、保障。积极老龄化，就是要改变消极养老的局面，倡导和依法保障老年人用自己积累的知识、技能和经验，多做有益于国家、社会和邻里之事，使老年人退休后仍可作出贡献。

本书中许多欺诈老年人的犯罪案件都是老年人消极养老造成的孤独、空虚所导致的，积极老龄化则可以有效避免类似案件的发生。但是，不仅现行法律对积极养老缺乏保障，而且《劳动合同法实施条例》第21条还规定"劳动者达到法定退休年龄的，劳动合同终止"，即《劳动合同法》所调整的劳动合同，只能是用人单位与未达到法定退休年龄的劳动者之间建立的劳动合同。

中央全面依法治国委员会在第二次会议上指出："要积极推进重点领域立法，深入推进科学立法、民主立法、依法立法，提高立法质量和效率，不断完善以宪法为核心的中国特色社会主义法律体系，推动形成比较完善的党内法规制度体系。"①我们应当通过积极建立养老法律保障体系，消除社会对老年人的歧视和偏见，设计提升老年人价值创造能力的措施，规范老年人价值创造的机会、条件和环境，保障老年人的价值创造活动。"莫道桑榆晚，为霞尚满天。"通过理念引领、政策支持和系统化的制度安排，使积极老龄化落到实处，赋予老年群体新的社会使命，让他们有途径释放更多的正能量，作出更多的新贡献。

二、推动以房养老，解决好美好晚年生活的资金困境

2018年7月31日，《中国银保监会关于扩大老年人住房反向抵押养老保险开展范围的通知》发布，该通知将老年人住房反向抵押养老保险推广至全国范围。

以房养老，是指老年人将拥有产权的房屋资产抵押给保险公司，老年人不仅可以继续居住，每个月还可以从保险公司领取一笔养老保险金，如果入住养老机构后将房屋出租又可得一份租金。老年人身故后，保险公司再通过处理遗产房屋来获得保费等相关费用。房屋是许多老年人的重要资产，按传统观念，一般要将房产传承给后人继承，因此以房养老将房产价值的 1/2 至 2/3

---

① 《习近平主持召开中央全面依法治国委员会第二次会议并发表重要讲话》，载中国政府网，https://www.gov.cn/xinwen/2019-02/25/content_5368422.htm，最后访问时间：2024年5月25日。

转换成稳定的现金流，如果将此部分资金用于75周岁以后的养老，那么保守估计也要远高于现在的养老金数额，这无疑可为老年人实现美好的晚年生活提供不可替代的资金支持，还关系到老年人十分重要的财产权利处分。只有规范以房养老市场，该类型的诈骗案才有可能被杜绝，大部分"理财"类骗术也就难以施展了。

从我国目前现状来看，自2015年开始的以房养老保险试点总体是运行平稳的[①]。这一举措虽对"以房养老"工作有一定的促进作用，但其作用不甚理想，甚至还存在着一些亟待解决的问题。这些问题的存在不仅阻碍了对这一措施的进一步推广，而且也使"以房养老"的措施趋于"萎缩"。就主要问题而言，其主要表现在：我国"以房养老"政策宣传的力度不够，社会上的"养儿防老"传统观念短时间内难以改变；房价走势难料，保险、银行等险企行动懈怠；为避免社会的负面作用，个别地方政府规避相关"以房养老"措施的落地；缺乏专业法律服务，"以房养老"进入市场途径有偏差；等等。

为了进一步推进和落实我国老年人住房反向抵押养老保险的工作，特提出以下六点对策与建议。

其一，积极宣传，正确引导。就我国国情而言，目前我国老

[①] 《银保监会：银行保险业服务实体经济持续有效 "以房养老"试点五年运行平稳》，载中国经济网，http://m.ce.cn/cj/gd/201910/22/t20191022_33401001.shtml，最后访问时间：2024年6月11日。

年人的收入及养老保险金等较低，但大多数老年人都拥有一定的不动产，因此政府应在养老政策的正确实施下，充分发挥国家、单位与个人三方的作用，并有效地利用我国老年人这一特点。我们应当积极宣传，正确引导，使"以房养老"的政策与措施得以推广、贯彻与切实执行。

其二，建规立制，保障运行。应当抓紧制定"以房养老"的法治体系，引导和规范市场行为。既要保障好老年人的合法利益防止相关险企暴利，又要平衡好房价不稳带来的企业风险；既要促进"以房养老"的稳步发展，又要保证不会给房价和消费市场带来太大的冲击（考虑到房屋财产盘量巨大）；既要做好事前、事中的市场监管，保障好老年人的权益，又要在事后管理好所遗房产，投入必要的修缮资金，注重遗产房屋的智慧功能与环保安全，促使房屋的保值增值，保障好后人的合法权益。

其三，扩大产品供给端，使"以房养老"产品更加多元化。根据我国房地产市场的变化，在"以房养老"政策下，可建立政府"以房养老"的补偿基金制度，以应对险企所面临的房价波动等不确定因素造成的亏损风险，使"以房养老"措施得到平稳实施。与此同时，"以房养老"措施在向全国推广的过程中，还可以考虑逐步扩大"不动产"的范围，将其他类型的不动产，如商业类房产、共有产权住房、农村宅基地房产、农村家庭承包的土地使用权等也列入抵押范围，以便于解决更多老年人（包括城乡）的收入问题。

其四，强化政府协调与监管功能和作用。对于金融与保险机构所面临的房价下跌的风险，政府可以成立专门的担保或保险机构，以资产证券化、保险产品等风险缓释工具来化解因房价下跌给险企带来的风险。与此同时，政府还应当强化其监管的功能与作用。为确保"以房养老"的老年人的合法权益，政府应当对"以房养老"的金融及保险公司的资质进行相应的事前许可、事中监管与事后监察，从而使"以房养老"依法得到真正的贯彻执行。

其五，发挥社会组织作用。因为房屋性质、权属、价值计算、市场等均可能存在差异，在事中、事后利益分配的诉求方面也会存在差异，所以需要专业复杂的法律服务、财务服务的参与。在做好"以房养老"的同时，可以研究扩大到老年人运用其他不动产财产权益反向抵押保险的举措，开发老年人养老的资金来源。

其六，"老年人住房反向抵押养老保险"已是国际上较为成熟、普遍的金融养老、"以房养老"方式之一。因此，在实施"以房养老"过程中，可根据我国老龄化社会以及关于老年人的具体国情，积极研判国外的先进经验，借鉴相应的教训，从而使"他山之石"为己所用。

三、普及法律服务，为老年人财富安全筑起钢铁长城

人生中的老年阶段，对医、法的需求最为迫切。提升老年人

法律意识，或者身边有律师经常提供法律服务，可以帮助其传承家庭财富、合理有效支配个人财产，最重要的是可以防范大部分欺诈类犯罪行为的侵害。

自2012年以来，全国各地陆续组织开展了律师深入村（居）委会开展"法律服务村居行"和担任村（居）委会法律顾问的活动，为城乡居民就近、便捷地提供了优质、高效的公益法律服务，取得了良好的法律效果和社会效果。目前，全国已经基本建成村（居）法律顾问全覆盖，村（居）法律顾问制度基本建立。从村（居）法律顾问实践看，接受法律服务的老年村（居）民占总服务量的80%以上，说明老年人的法律服务需求更加迫切。养老机构是老年人相对集中的场所，该机构实行封闭式管理并以高龄老年人居多。政府应当投入必要资金，参照"一村一居（社区）一律师"的模式，建立养老机构法律顾问制度。

建立养老机构法律顾问制度，可以促使律师更加专业地服务于老年人，同时还可以促进村（居）民法律顾问为适应老龄社会开展专业培训。这既促进了律师队伍对老龄法律知识的学习，提高了其服务水平，也从根本上解决了老年人普法维权的制度化工作。

除以上三个重要方面急需加强立法引导与规范之外，老年人再婚难的案例也很多，搭伴养老的同居法律保障仍然有待完善；长照护工的人才培养、发展、表彰机制均未建立，教育仍停留在一般技能培养阶段；律师提供见证服务的行为规范疏密无序，服务老年人的执业风险较大；行政执法、司法裁判在事关老年人权益保护方面的尺度不一，法律效果彰显不够；孝老、敬老的制度体系和社会环境远未形成，伤老、坑老、轻老行为缺乏法律引导、规范与震慑；养老服务体系尚不规范，服务监督市场化基本空白……老年人权益保障积极宣传、常抓不懈固然重要，但是，只有在以上这些法律制度安排得当且有序之日，才是老年人的权益得到切实保障之时。"让老年人拥有幸福的晚年，后来人就有可期的未来。"期待法律人积极行动起来，让我们共同构建老龄社会应有的法律制度体系。

　　本书案例多是以人民法院审判的典型案例为基础，能够为老年人的财产安全提供有益的帮助，是笔者的最大期待。本书的法律宣传是否有作用，还需看"疗效"。如果读者因为本书而识破了某一骗局，免遭财产损失，还希望能够及时给笔者寄一封简短信件告知经过，以便我们在继续研究时参考。有来无回非礼也，待下一本老年人维权著作出版后，我们将在第一时间寄送一本新书以示敬意。[反馈邮寄地址：北京市石景山区石景山路金融街（长安）中心54号院4号楼7层，老年人防骗维权专委会收；电子邮箱：bjhongzhong@163.com]

　　本书第二版作者赵雅薰，中央民族大学法学院法律硕士，毕业后担任律师助理工作，为二版写作作出了重要贡献。在此要感谢北京冠楠律师事务所刑辩律师窦利萍，她在办案之余参与了本书刑事案件的梳理，提出了很多宝贵的修改建议，也付出了辛勤劳动。还要感谢苏梅芝律师、陈金丽律师、徐晓颖律师、孙琪律师，她们为本书的校稿都做了很多细致的工作，都是本版图书的功臣。

图书在版编目（CIP）数据

老年人防骗维权攻略 / 陈洪忠，赵雅薰著. -- 2 版. -- 北京：中国法治出版社，2024.12. -- ISBN 978-7-5216-4700-6

Ⅰ.D669.8

中国国家版本馆 CIP 数据核字第 2024BN7584 号

策划/责任编辑：黄会丽　　　　　　　　　　　　　封面设计：李宁

老年人防骗维权攻略
LAONIANREN FANGPIAN WEIQUAN GONGLÜE

著者/陈洪忠　赵雅薰
经销/新华书店
印刷/三河市紫恒印装有限公司
开本/710 毫米×1000 毫米　16 开　　　　　印张/ 19.75　字数/ 167 千
版次/2024 年 12 月第 2 版　　　　　　　　　2024 年 12 月第 1 次印刷

中国法治出版社出版
书号 ISBN 978-7-5216-4700-6　　　　　　　　　　　　定价：68.00 元
北京市西城区西便门西里甲 16 号西便门办公区
邮政编码：100053　　　　　　　　　　　　　传真：010-63141600
网址：http://www.zgfzs.com　　　　　　编辑部电话：010-63141784
市场营销部电话：010-63141612　　　　　　印务部电话：010-63141606

（如有印装质量问题，请与本社印务部联系。）